VEDISCHE KOCHKUNST

VEDISCHE KOCHKUNST

Die erlesensten Gerichte der vegetarischen Küche Indiens

Adiraja Dasa

THE BHAKTIVEDANTA BOOK TRUST

Sollten Sie Fragen oder Kommentare zu diesem Buch haben, wenden Sie sich bitte an eine der folgenden Adressen:

Deutschland und Österreich
ISKCON Deutschland-Österreich e. V.
Aarstraße 8, 65329 Hohenstein
Tel. +49 (0)6120 90 41 07
info@iskcon.de • www.iskcon.de

Schweiz
Sankirtan-Verein
Bergstrasse 54, 8032 Zürich
Tel. +41 (0)44 262 37 90 • Fax +41 (0)55 533 01 85
sa-ve@pamho.net • www.krishna.ch

www.bbt.se
www.bbtmedia.com
www.bbt.org
www.krishna.com

ISBN 978-91-7149-937-0

The Hare Krishna Book of Vegetarian Cooking (German)

Printed in India, 2017

WIDMUNG

Meinem spirituellen Meister,
His Divine Grace A. C. Bhaktivedanta Swami Prabhupada,
der sein Leben der Verbreitung der vedischen Kultur widmete,
um die Menschheit auf der ganzen Welt zu erheben.

Vorwort

Liebe Leser!
Liebe glückliche Besitzer dieses einzigartigen Kochbuchs!

Es ist mir eine ganz besondere Freude, für dieses wunderbare Buch einige einleitende Worte schreiben zu dürfen. Denn dieses Buch sucht seinesgleichen. Und „einzigartig" nenne ich es deshalb, weil es so viel mehr ist als ein Kochbuch im herkömmlichen Sinn. Es vermittelt vielmehr eine geistig und körperlich gesündere Art zu leben, eine ganze Philosophie.

Es heißt doch: „Sage mir, was du isst, und ich sage dir, was du bist." Nach der Lektüre dieses Buches werden Sie dieses Sprichwort vielleicht noch mit „Sage mir, *wie* du isst" ergänzen wollen.

Vielleicht sind Sie Vegetarier, weil Ihnen klar wurde, wie unnötig und grausam es ist, dass Tiere gemästet und kaltblütig geschlachtet werden, nur damit wir ein Schnitzel oder Steak auf dem Teller haben.

Oder Sie sehen einfach nicht ein, warum eine Unmenge von Getreide an Tiere verfüttert wird, das eine viel größere Anzahl von Menschen ernähren könnte. Um ein Beispiel aus dem Buch anzuführen: Die Getreidemenge, die für die Produktion eines 200-g-Steaks als Futter benötigt wird, reicht aus, um 45 bis 50 Menschen mit einer vollwertigen Mahlzeit zu versorgen.

Oder Sie sind dabei, Vegetarier zu werden, sind es aber leid, sich von Marmeladenbrot mit Nüssen und Joghurt zu ernähren.

Ich erinnere mich noch genau an meine rastlosen Fahrten mit leerem Einkaufswagen durch endlos-übervolle Supermarktgänge, verzweifelt auf der Suche nach Anregung, geschweige denn Abwechslung bei meiner neuen Ernährung. Aber wundersamerweise schienen fast alle Produkte aus Wurst, Fleisch oder Eiern zu bestehen oder diese Substanzen zumindest zu enthalten.

Erstaunlicherweise hält sich in unseren Breitengraden noch immer hartnäckig die Vorstellung, Vegetarier würden nur Brot mit Erdnussbutter, Gurken, Karotten und Quark, und im Restaurant bloß „Beilagen" essen. Deshalb seien sie auch alle grau-blass mit zerknittertem Gesichtsausdruck, blutarm, schwächlich und mager. Denn woher soll man bei fleischloser Kost die lebensnotwendigen Proteine bekommen? Und Essen soll doch schließlich auch Spaß machen!

Heute kann ich über solche Einwände nur lachen, wenn ich an all die köstlichen *sabjis* mit frittiertem Käse, die verschieden gefüllten *samosas*, die exotisch gewürzten *pakoras* und endlose Variationen von Milchsüßigkeiten, wie *sandesh*, *rasagullas* usw., denke.

Keine Angst, all diese verlockenden Dinge werden Ihnen sehr bald vertraut sein, ebenso wie die Kunst, eine im Bezug auf den Nährwert ausgewogene Mahlzeit zu servieren, deren Schmackhaftigkeit Sie Fleisch schlichtweg vergessen lässt.

Und auch die „Wissenschaft des Würzens" – wie nämlich viele Gewürze gleichzeitig gesundheitsfördernd wirken – ist keine Hexerei und leicht erlernbar.

Diese Gesamtheit, dieses Allumfassende, ist das Wunderbare und Einmalige an der vedischen Küche, der Art zu kochen, die Ihnen dieses Buch vermittelt.

Ich habe die Gottgeweihten erstmals 1980 getroffen – und war zutiefst beeindruckt von der Art, wie sie leben, was und wie sie essen, wie sie, selbstlos und demütig, versuchen, in einer chaotischen Welt ein besseres, sinnvolleres Leben zu führen und durch ihr eigenes Beispiel andere von dieser Möglichkeit zu überzeugen. Hierbei kann dieses Buch, als Wegweiser zu einer bewussteren Ernährung, ein wichtiger Schritt sein.

Ich wünsche Ihnen, liebe Leser, dass Sie aus diesen von alters her überlieferten Rezepten, Anregungen und Ratschlägen für sich und die Ihren den größtmöglichen Nutzen ziehen – und einen „höheren Geschmack" entwickeln, um ein gesünderes, bewussteres und – nicht zuletzt – gottgefälligeres Leben führen zu können.

Hare Krishna!
Herzlichst, Ihre

Christiane Rücker
Juni 1987
München

Einleitung

Dieses Kochbuch ist als praktischer Leitfaden für all diejenigen gedacht, die original-indische Gerichte zu Hause zubereiten wollen und die Tradition der indisch-vegetarischen Küche kennenlernen möchten. Es lehrt nicht nur die Techniken der vedischen oder klassisch-indischen vegetarischen Kochkunst, sondern auch die vedische Art zu essen, die sowohl Körper und Geist als auch die Seele ernährt.

Die ersten vier Kapitel dieses Buches behandeln vedische Philosophie und Vegetarismus, mit Argumenten aus Religion und Ethik sowie der klassischen und modernen Wissenschaft.

Die folgenden drei Kapitel haben die Mahlzeit selbst zum Thema: die nötigen Küchengeräte, die Zusammenstellung verschiedener Gerichte und viel anderes Wissenswertes über die Zubereitung, das Servieren und Essen einer indischen Mahlzeit.

Der anschließende Teil enthält 120 küchenerprobte Rezepte – das ist nur ein Bruchteil der Tausenden Möglichkeiten, die sich aus der vedischen kulinarischen Tradition ableiten lassen. Diese Rezepte, die vor allem ihrer Verschiedenheit und einfachen Zubereitung wegen ausgewählt wurden, bieten also nur eine kleine Kostprobe aus der unermesslichen Vielfalt der vedischen Kochkunst. Sie wurden von den versiertesten Köchen der Hare-Krishna-Bewegung zusammengestellt, die Srila Prabhupada, der Gründer-Acarya der Bewegung, teilweise noch persönlich unterwiesen hat.

Im Anhang findet der Leser ein Glossar und Ratschläge, wo wichtige Zutaten zu bekommen sind, sowie Adressen von Hare-Krishna-Zentren, wo man nach den Rezepten dieses Buches zubereitete Speisen probieren kann.

Um das vedische Kochen wirklich zu verstehen, muss man es im Zusammenhang mit der vedischen Kultur sehen. Das Wort „vedisch" kommt von dem Sanskritwort *veda* und bedeutet „absolutes Wissen". Die klassischen Sanskritschriften Indiens heißen vedische Schriften oder Veden, weil sie Wissen vom Absoluten enthalten. Viele Menschen leben noch heute nach der vedischen Kultur des alten Indien, die auf ebendiesen Schriften basiert.

Nach Aussage der Veden ist es die Aufgabe des Menschen, seine wahre Identität als ewiger Diener Gottes zu verwirklichen. Dieses vedische Verständnis beginnt mit dem Wissen, dass wir nicht unser vergänglicher materieller Körper sind, sondern die ewige spirituelle Seele im Körper. Weil wir uns fälschlicherweise mit unserem materiellen Körper identifizieren, leiden wir, obwohl wir von Natur aus ewig, voller Wissen und glückselig sind. Der Prozess der Wiederherstellung unseres ursprünglichen Bewusstseins und das Wiedererwecken unserer schlummernden Liebe zu Gott wird *bhakti-yoga* oder Krishna-Bewusstsein genannt.

Der Name „Krishna" hat eine besondere Bedeutung. Auch wenn es nur einen Gott gibt, kennen Ihn die Menschen unter verschiedenen Namen, und jeder Name beschreibt einen Aspekt Seiner Persönlichkeit. Die Veden aber erwähnen einen Namen, der die Gesamtheit von Gottes unendlichen Eigenschaften ausdrückt. Dieser allumfassende Name ist Krishna und bedeutet „der Allanziehende".

Die Veden sind eine Fundgrube des Wissens über Krishna und unsere ewige Beziehung zu Ihm. Sie unterscheiden sich insofern von anderen heiligen Schriften, als sie nicht nur Gottes persönliche Eigenschaften sehr ausführlich beschreiben, um unsere Liebe zu Ihm zu erwecken, sondern auch die Wege aufzeigen, wie wir diese Liebe bei allem, was wir tun, ausdrücken können. Das ist Indiens Geschenk an die Welt: eine Kultur, die auf allen Bereichen menschlichen Strebens spirituelle Vollkommenheit ermöglicht, welche oft als alleiniges Sonderrecht in der Abgeschiedenheit lebender Yogis gilt. In der Tat durchdringt das Krishna-Bewusstsein in der vedischen Kultur jeden Aspekt des Lebens: nicht nur Kunst, Musik, Architektur und Literatur, sondern gleichermaßen auch die Kochkunst und das Essen.

Was das vedische Kochen von anderen Arten des Kochens unterscheidet, ist das spirituelle Bewusstsein des Kochs, das darauf gerichtet ist, eine Opferung für Gott zuzubereiten. In den meisten Religionen bitten die Menschen Gott um ihr tägliches Brot; ein Gottgeweihter im Krishna-Bewusstsein dagegen bringt sein tägliches Brot Gott dar, um Ihm seine Liebe zu zeigen. Und Gott erwidert diese Liebe. In der *Bhagavad-gita*, einer der vedischen Schriften, sagt Sri Krishna, dass Er vegetarisches Essen – und sei es auch nur ein Blatt, eine Frucht oder ein Glas Wasser – annehme, wenn es Ihm mit Hingabe dargebracht werde. In Seiner grenzenlosen Barmherzigkeit spiritualisiert Er die Opferung, indem Er persönlich davon kostet. Was gewöhnliche Nahrung war, wird damit zu Krishna-*prasada*, Sri Krishnas Barmherzigkeit.

Und was sonst gewöhnliches Speisen gewesen wäre, wird zur Verehrung, zum liebevollen Austausch mit dem Herrn.

Das Essen von *prasada* und das Essen gewöhnlicher Nahrung, die um des Profits willen, zur Freude des Gaumens oder auch des bloßen Überlebens wegen zubereitet wurde, unterscheiden sich in ihrer Wirkung grundlegend voneinander.

Während des Kochens denken wir normalerweise an alle möglichen Dinge, doch kaum daran, Gott zu erfreuen. Und wenn Essen ohne Gottesbewusstsein zubereitet wird, beeinflussen die materiellen Gedanken des Kochs unwillkürlich denjenigen, der es isst. Wenn wir jedoch *prasada* essen, Nahrung, die mit Hingabe zu Gott gekocht und mit Liebe geopfert wurde, wird unser Herz geläutert.

Natürlich erwarten wir nicht, dass nun alle unsere Leser zum indischen Kochstil überwechseln. Wenn auch das vedische Kochen aus Indien stammt, so ist doch das Prinzip, seine Nahrung zuvor zu Krishna zu opfern, transzendental zu allen weltlichen Bezeichnungen. Das Rezept braucht nicht aus Indien zu kommen, wichtig ist nur, dass die Zutaten und die Zubereitung den vedischen Prinzipien entsprechen. In Deutschland zum Beispiel sind die meisten unserer Gottgeweihten und Freunde ihrer heimatlichen Küche noch sehr verbunden, und zu fast jedem indischen Gericht wird noch etwas Brot gereicht; italienische Gottgeweihte haben eine besondere Vorliebe für Pizza, etc. Kurzum, wichtiger als der Kochstil ist die Hingabe zu Krishna, mit der gekocht wird.

Wenn in diesem Buch der Ausdruck „indisches Kochen“ gebraucht wird, so ist damit vedisches Kochen gemeint, nicht irgendwelche „Geflügel-Curry“-Schulen der modernen indischen Küche. Fleischessen war in der alten vedischen Kultur praktisch unbekannt. Es wurde erst von ausländischen Eroberern eingeführt, besonders von den Moguln, die im 16. Jahrhundert via Persien in den Subkontinent eindrangen, von den Portugiesen, die vier Jahrhunderte lang Goa beherrschten, und schließlich von den britischen Kolonialherren. Aber trotz der jahrhundertelangen Vorherrschaft von Fleischessern gibt es in Indien noch heute zahllose Vegetarier.

In Indien leben die Menschen traditionsgemäß vegetarisch (Fleischesser werden als „Nichtvegetarier“ bezeichnet). Die zeitlose vedische Kultur lehrt, dass alles Leben heilig ist. Das unnötige Töten unschuldiger Kreaturen durch den Menschen stellt somit einen groben Verstoß gegen die Gesetze Gottes dar. Alle pflanzlichen und tierischen Lebensformen sind, was die Auswahl ihrer Nahrung betrifft, durch die Naturgesetze an ihren Instinkt gebunden. Dem Menschen jedoch ist es aufgrund seiner höheren Intelligenz möglich, bei der Wahl seiner Nahrung höhere, spirituelle Prinzipien zu berücksichtigen. In einem seiner Bücher erklärt Srila Prabhupada: „Obgleich das Gesetz (der Natur) besagt, dass der Mensch sich von anderen Lebewesen ernähren muss, gibt es auch noch das Gesetz des gesunden Menschenverstandes, denn dem

Menschen ist es bestimmt, die Gesetze der Schriften zu befolgen. Das ist für Tiere nicht möglich."

Nach Definition der Veden ist ein wahrer Vegetarier jemand, der weder Fleisch, Fisch noch Eier isst. Diejenigen, die zwar Fleisch ablehnen, aber Eier oder Fisch essen, sind gemäß den Veden keine echten Vegetarier, weil sie im Grunde doch Fleisch essen, selbst wenn es, wie bei den Eiern, unter einer Schicht aus Kalziumkarbonat verborgen ist. Wenn natürlich jemand allein deshalb Vegetarier wird, um das Töten zu vermeiden, sieht er vielleicht keinen Grund, unbefruchtete Eier abzulehnen. Wenn wir jedoch die vedische Sicht in Betracht ziehen, die besagt, dass jegliches Fleisch für den menschlichen Verzehr ungeeignet sei, so ist es sehr wohl sinnvoll, auch Eier zu vermeiden, da diese, ob nun befruchtet oder nicht, nichts anderes sind als eine Ansammlung von Materie, um Kükenkörper zu bilden. Krishnas Geweihte sind strikte Vegetarier im vedischen Sinne des Wortes: Sie essen weder Fleisch, Fisch noch Eier.

Veganer lehnen nicht nur Fleisch, Fisch und Eier ab, sondern auch Milch und Milchprodukte, und zwar aus moralischen Bedenken gegen den Missbrauch der Kühe in der modernen Milchwirtschaft. Auch die Veden verurteilen die Misshandlung von Tieren, aber sie sehen Milch als ein Grundnahrungsmittel des Menschen an. Anstatt also aus Protest auf Milch zu verzichten, zeigen die Geweihten Krishnas ihr Mitleid auf positive Weise, indem sie die vedischen Prinzipien des Kuhschutzes lehren und – soweit wie möglich – nur Milch von Hare-Krishna-Farmen benutzen, wo die Kühe geliebt und beschützt werden.

Viele wenden sich zunächst dem Vegetarismus zu, verfallen aber aus Mangel an Überzeugung und Geschmack später wieder ihren alten Essgewohnheiten. Wie viel mehr Menschen würden es in Erwägung ziehen, das Fleischessen aufzugeben, würden sie nur eine alternative Kost kennen, die besser schmeckt und wissenschaftlich gesehen sogar gesünder ist! Wir hoffen, dass die Weisheit des alten Indiens, die diesem Buch zugrunde liegt, auch Sie zu der Erkenntnis führen wird, dass es keine bessere Art zu essen gibt – sei es in Bezug auf Gesundheit, Geschmack oder spirituellen Fortschritt –, als zu Krishna geopferte Speisen zu essen. Es ist nicht nur einfach, sondern auch höchst genussvoll. Wenn Sie erst einmal eine Speise gekostet haben, die zur Freude Krishnas zubereitet wurde, werden Sie wissen, was wir meinen, wenn wir von einem „höheren Geschmack" sprechen.

Aus vedischer Sicht also ist Vegetarismus nur ein Teilaspekt von etwas Bedeutsamerem; er ist die natürliche Ernährungsweise für diejenigen, die das Beste aus ihrem Leben als Mensch machen wollen. In den Veden heißt es, dass Krishna, dem unbegrenzte Freude innewohnt, die unzähligen Lebewesen erschaffen habe, um Seine Freude mit ihnen zu teilen. In welchem Maße auch immer wir den vedischen Lehren folgen – ob wir nun vollkommene Spiritualisten werden oder einfach unsere Essgewohnheiten läutern –, wir werden glücklicher werden und dabei helfen, das Leid in der Welt um uns herum zu mindern.

„Alles, was du tust, alles, was du isst, alles, was du opferst oder fortgibst, sowie alle Entsagung, die du dir auferlegst, solltest du, o Sohn Kuntis, Mir als Opfer darbringen."
(Krishna zu Arjuna, Seinem Geweihten, in der *Bhagavad-gita,* Vers 9.27)

Vegetarismus: ein Mittel zum Zweck

Das Wort „Vegetarier", das im Jahre 1842 von den Gründern der Britischen Vegetarischen Gesellschaft geprägt wurde, hat seine Wurzel in dem lateinischen Wort *vegetus* – unversehrt, gesund, frisch oder kräftig, wie in *homo vegetus* – ein geistig und körperlich gesunder Mensch. Die ursprüngliche Bedeutung des Begriffs beinhaltet eine philosophisch und moralisch ausgeglichene Lebenseinstellung, weit mehr als nur die Ernährung auf Grundlage von Gemüsen und Früchten.

Die meisten Vegetarier sind Menschen, die verstanden haben, dass wir, um zu einer friedlicheren Gesellschaft beizutragen, zunächst das Problem der Gewalt in uns selbst lösen müssen. Es kommt also nicht von ungefähr, dass Tausende von Menschen aus allen Gesellschaftsschichten bei ihrer Suche nach der Wahrheit Vegetarier geworden sind. Vegetarismus ist ein grundlegender Schritt auf dem Weg zu einer besseren Gesellschaft. Wer sich die Zeit nimmt, die Vorteile der vegetarischen Ernährung zu erwägen, tritt damit in die Fußstapfen großer Denker wie Pythagoras, Sokrates, Platon, Plutarch, Kaiser Ashoka, Leonardo da Vinci, Montaigne, Akbar, John Milton, Sir Isaac Newton, Emanuel Swedenborg, Voltaire, Benjamin Franklin, Jean-Jacques Rousseau, Lamartine, Percy Bysshe Shelley, Ralph Waldo Emerson, Henry David Thoreau, Leo Tolstoi, George Bernard Shaw, Rabindranath Tagore, Mahatma Gandhi, Albert Schweitzer und Albert Einstein.

Als Nächstes wollen wir die Gründe untersuchen, warum Menschen Vegetarier werden.

Gesundheit und Ernährung

Kann eine rein vegetarische Ernährung die Gesundheit wiederherstellen oder verbessern? Kann sie bestimmte Krankheiten verhüten? Verfechter des Vegetarismus haben diese Fragen seit vielen Jahren bejaht, wenngleich ihnen die moderne Wissenschaft lange Zeit nicht viel Unterstützung angedeihen ließ. Seit jüngste medizinische Forschungen wachsende Beweise für ein direktes Verhältnis zwischen Fleischessen und tödlichen Krankheiten wie Koronarsklerose und Krebs erbracht haben, ist die vegetarische Lebensweise in ein anderes Licht gerückt.

Seit den sechziger Jahren haben Wissenschaftler den Verdacht geäußert, dass zwischen einer fleischzentrierten Ernährung und der Entstehung von Arteriosklerose und Herzkrankheiten eine Verbindung bestehe. Bereits 1961 schrieb das *Journal of the American Medical Association:* „90 bis 97 Prozent der Herzkrankheiten könnten durch fleischlose Kost vermieden werden."[1] Seit jener Zeit haben zahlreiche sorgfältige Studien wissenschaftlich bewiesen, dass der Verzehr von Fleisch mit dem Entstehen vieler chronischer Krankheiten und einer erhöhten Sterblichkeit in Verbindung steht.[2]

Ebenso erkennt die Wissenschaft eine Verbindung zwischen fleischhaltiger Ernährung und dem Auftreten von Diabetes an. Gemäß Schätzungen der Weltgesundheitsorganisation beläuft sich der Anteil von Diabetes-Erkrankten an der Gesamt-Weltbevölkerung auf 9 Prozent unter Erwachsenen.[3] Im Jahr 2012 wurden 1,5 Millionen Sterbefälle auf diese Krankheit zurückgeführt[4]; sie könnte im Jahr 2030 die siebthäufigste Todesursache weltweit sein.[5] Diabetes steht im engen Zusammenhang mit Folgeerkrankungen wie Nervenschäden, Nierenversagen und Augenkrankheiten. Eine vegetarische Ernährung führt zu einem besser ausgeglichen Blutzuckerspiegel und der langsameren Aufnahme von Kohlehydraten ins Blut – Faktoren, die sich sowohl auf das Entstehen von Diabetes als auch auf die Kontrolle einer bestehenden Diabetes-Erkrankung günstig auswirken. Ebenso kommt fleischloser Ernährung durch den damit einhergehenden geringeren BMI eine bedeutende präventive Rolle zu.[6]

Der menschliche Körper kann übermäßige Mengen von tierischen Fetten und Cholesterin nicht vertragen.[7] Eine Umfrage mit 214 Wissenschaftlern aus 23 Ländern, die Untersuchungen über Arteriosklerose angestellt hatten, ergab nahezu einstimmig, dass zwischen der Art der Ernährung, dem Cholesterinspiegel und Koronarsklerose eine enge Verbindung besteht.[8] Wenn jemand mehr Cholesterin zu sich nimmt, als der Körper braucht, was bei einer fleischorientierten Ernährung meist der Fall ist, wird das überschüssige Cholesterin langsam, aber sicher zum Problem. Es lagert sich an den inneren Arterienwänden ab, behindert den Blutfluss zum Herzen und kann so zu erhöhtem Blutdruck, Herzinfarkt oder Schlaganfall führen.

Auf der anderen Seite haben Wissenschaftler der Katholischen Universität São Paulo in Brasilien bewiesen, dass Menschen mit einer vegetarischen Ernährung bei Gesamtcholesterin, LDL und Triglycerid deutlich niedrigere Blutwerte im Vergleich zu Omnivoren aufwiesen.[9] In einem Artikel des britischen

Ärztejournals *The Lancet* kam C. R. Sirtori zu dem Schluss, dass Menschen mit zu hohem Cholesterinspiegel und gleichzeitiger Herzkranzgefäßverengung „von einer Ernährung, bei der das Eiweiß ausschließlich aus pflanzlicher Nahrung stammt, profitieren können".[10]

Und wie steht es mit Krebs? Die Forschung der letzten 50 Jahre weist unverkennbar auf einen direkten Zusammenhang zwischen Fleischessen und Darm-, Brust- sowie Gebärmutterkrebs hin. Unter den Siebenten-Tags-Adventisten, den Japanern und den Ostindern (die entweder sehr wenig oder gar kein Fleisch essen) sind diese Krebsarten relativ selten, während sie unter den Fleischessern des Westens zu den am häufigsten auftretenden Krebsarten zählen.[11]

In einem anderen Artikel in *The Lancet* heißt es: „Menschen, die in Gebieten mit nachweislich hoher Darmkrebsrate wohnen, neigen zu einem starken Verbrauch an Fett und tierischen Eiweißen, wohingegen diejenigen, die in Gebieten mit niedriger Darmkrebsrate wohnen, sich größtenteils vegetarisch ernähren, mit wenig Fett und wenig tierischen Stoffen."[12]

Rollo Russell sagt in seinen *Notes on the Causation of Cancer*: „Ich bin zu dem Ergebnis gekommen, dass von 25 Nationen mit großem Fleischkonsum 19 eine hohe und nur eine einzige eine niedrige Krebsrate hatten, wohingegen von 35 Nationen, die nur wenig oder gar kein Fleisch essen, keine eine hohe Rate aufwies."[13]

Warum nun sind Fleischesser offenbar anfälliger für derartige Krankheiten? Einer der Gründe, die Biologen und Ernährungswissenschaftler nennen, ist die Tatsache, dass der menschliche Darm einfach nicht für die Verdauung von Fleisch geeignet ist. Fleischfressende Tiere haben einen kurzen Darmtrakt (die dreifache Körperlänge), so dass das rasch faulende, toxische Fleisch den Körper schnell verlassen kann. Da sich pflanzliche Nahrung viel langsamer zersetzt als Fleisch, haben Pflanzenfresser Gedärme von mindestens sechsfacher Körperlänge. Der Mensch hat den langen Darm eines Pflanzenfressers. Wenn er Fleisch isst, kann es deshalb geschehen, dass die Toxine die Nieren überlasten und Krankheiten wie Gicht, Arthritis, Rheuma und selbst Krebs verursachen.

Ein weiterer negativer Aspekt sind die Chemikalien, mit denen das Fleisch behandelt wird. Sobald ein Tier geschlachtet wird, beginnt sich das Fleisch zu zersetzen; nach einigen Tagen nimmt es eine widerwärtige, grau-grünliche Färbung an. Die Fleischindustrie wirkt dieser Verfärbung mit Nitraten, Nitriten und anderen Konservierungsstoffen entgegen; dadurch sieht das Fleisch dann rot aus, doch in den letzten Jahrzehnten hat sich wiederholt gezeigt, dass viele dieser Stoffe karzinogen sind.[14] Und was das Problem noch verschlimmert, sind die ungeheuren Mengen von chemischen Präparaten, die an das Vieh verfüttert werden. Gary und Steven Null machen uns in ihrem Buch *Poisons in Your Body* auf etwas aufmerksam, was jeden Steak- oder Schinkenkonsumenten sehr nachdenklich stimmen sollte: „Die Tiere werden durch ständige Verabreichung von Beruhigungsmitteln, Hormonen, Antibiotika und 2 700 weiteren Medikamenten am Leben erhalten und gemästet. Diese systematische Vergiftung beginnt schon vor der Geburt und erstreckt sich weit über den Tod hinaus. Obgleich die Medikamente noch im Fleisch stecken, wenn es gegessen wird, schreibt kein Gesetz eine entsprechende Kennzeichnung auf der Verpackung vor."[15]

Aufgrund derartiger Forschungsergebnisse erklärte die American National Academy of Sciences schon im Jahre 1983: „Viele der üblichen Krebsarten könnten verhütet werden, wenn die Verbraucher weniger fettes Fleisch und mehr Gemüse und Getreide essen würden."[16]

Doch halt! Ist der Mensch nicht von Natur aus Fleischesser? Brauchen wir nicht tierisches Eiweiß?

Die Antwort auf beide Fragen ist nein. Auch wenn einige Historiker und Anthropologen behaupten, der Mensch sei ein Allesfresser (der sich von Pflanzen und Tieren ernährt), so spricht doch unsere Anatomie – Zähne, Kiefer, Verdauungssystem – für fleischlose Kost. Die American Dietetic Association stellt fest: „Der größte Teil der Menschheit hat während des größten Teils der Menschheitsgeschichte von vorwiegend oder rein vegetarischer Nahrung gelebt."

Und der größte Teil der Weltbevölkerung lebt noch heute so. Selbst in den meisten Industrieländern hat das Liebäugeln mit dem Fleisch noch keine hundertjährige Geschichte. Alles begann mit dem Aufkommen des Kühltransporters und der modernen Konsumgesellschaft des 20. Jahrhunderts. Beispielsweise lag der Pro-Kopf-Verbrauch von Schweinefleisch in Deutschland in den Jahren 1909–13 noch bei jährlich 22 kg, 1935–38 bei 29 kg und 1950–51 bei 19 kg. Erst in der zweiten Hälfte des 20. Jahrhunderts ist der Verbrauch drastisch angestiegen. 2013 lag er bei 52,8 kg.[17]

Nachdem der Fleischverzehr in Deutschland im Jahr 1988 mit insgesamt ca. 70 kg pro Kopf einen Höchstwert erreichte, ging der Wert in den darauffolgenden 25 Jahren um rund 15 Prozent zurück.[18] Gründe dafür liegen nicht nur bei einem geänderten Gesundheitsbewusstsein, sondern auch am schlechten Ansehen der Fleischindustrie auf Grund einer Reihe von medienwirksamen Skandalen, wie BSE-Erkrankungen, Dioxin-Belastungen und dem verdeckten Verkauf von Schlachtabfällen.[19]

Aber selbst im 21. Jahrhundert hat sich der menschliche Organismus nicht der Fleischernährung angepasst. Wie es der bekannte schwedische Naturwissenschaftler Carl von Linné ausdrückte: „Ein Vergleich der inneren wie auch

FLEISCHFRESSER	PFLANZENFRESSER	MENSCH
hat Klauen	keine Klauen	keine Klauen
keine Hautporen: kühlt den Körper durch Verdunstung über die Zunge	Hautatmung durch Millionen von Poren	Hautatmung durch Millionen von Poren
scharfe, spitze Vorderzähne, um Fleisch zu reißen	keine scharfen, spitzen Vorderzähne	keine scharfen, spitzen Vorderzähne
kleine Speicheldrüsen im Maul (da nur wenig Getreide und Früchte vorzuverdauen sind)	gut ausgebildete Speicheldrüsen (notwendig, um Getreide und Früchte vorzuverdauen)	gut ausgebildete Speicheldrüsen (notwendig, um Getreide und Früchte vorzuverdauen
saurer Speichel: kein Ptyalin-Enzym zur Vorverdauung von Getreide	alkalischer Speichel: viel Ptyalin, um Getreide vorzuverdauen	alkalischer Speichel: viel Ptyalin, um Getreide vorzuverdauen
keine abgeflachten Backenzähne zum Zermahlen der Nahrung	abgeflachte Backenzähne, um Nahrung zu zermahlen	abgeflachte Backenzähne, um Nahrung zu zermahlen
viel starke Salzsäure im Magen, um zähe Tiermuskeln, Knochen etc. zu verdauen	10mal schwächere Magensäure als Fleischfresser	10mal schwächere Magensäure als Fleischfresser
Verdauungstrakt nur 3mal so lang wie der Körper, damit das schnell verwesende Fleisch rasch aus dem Körper gelangt	Verdauungstrakt 6mal so lang wie der Körper; Blätter und Getreide zersetzen sich nicht so schnell und können deshalb länger im Körper bleiben	Verdauungstrakt 6mal so lang wie der Körper

Nach A. D. Andrews (1970): *Fit Food for Men* (Chicago: American Hygiene Society)

der äußeren Struktur des Menschen mit der anderer Lebewesen zeigt deutlich, dass Früchte und saftiges Gemüse seine natürliche Nahrung darstellen.“ Die hier aufgeführte Tabelle vergleicht die Anatomie des Menschen mit der fleisch- und pflanzenfressender Tiere.

Zur Proteinfrage hat Dr. Paavo Airola, eine der führenden Kapazitäten auf dem Gebiet der Ernährungskunde und der Naturbiologie, Folgendes zu sagen:

„Die offizielle Empfehlung für den täglichen Eiweißkonsum ist in den letzten 20 Jahren von ursprünglich 150 g auf 45 g gesunken. Weshalb? Weil zuverlässige weltweite Forschungen bewiesen haben, dass wir nicht so viel Protein brauchen und dass der eigentliche Tagesbedarf bei 30 bis 45 g liegt. Zusätzlich konsumiertes Eiweiß ist nicht nur verschwendet, sondern kann gefährliche Schäden im Körper anrichten, ja es besteht sogar ein direkter Bezug zu tödlichen Krankheiten wie Krebs und Herzkranzgefäßverengung. Um täglich 45 g Protein zu sich zu nehmen, braucht man kein Fleisch zu essen; es ist möglich, es aus rein vegetarischer Nahrung in Form von Getreide, Hülsenfrüchten, Nüssen, Gemüse und Früchten zu beziehen."[20]

Milchprodukte, Getreide, Hülsenfrüchte und Nüsse sind konzentrierte Proteinträger. Käse, Erdnüsse und Linsen zum Beispiel enthalten mehr Eiweiß pro Gewichtseinheit als Hamburger, Schweinefleisch oder Beefsteak.

Und doch dachten Ernährungswissenschaftler lange Zeit, dass nur Fleisch, Fisch, Eier und Milchprodukte mit vollwertigen Proteinen (die die acht nicht-körpereigenen Aminosäuren enthalten) ausgestattet und dass alle pflanzlichen Proteine minderwertig wären (da ihnen eine oder mehrere Aminosäuren fehlen). Doch dieser Irrtum, der sich bis heute auch unter Vegetariern hartnäckig hält, hat sich längst als falsch herausgestellt. Die meisten natürlichen pflanzlichen Nahrungsmittel für sich genommen reichen schon aus, um den Körper mit allen essentiellen Aminosäuren zu versorgen. Es ist fast unmöglich, an Proteinmangel zu leiden, wenn man genügend natürliche Kost zu sich nimmt. Schließlich ist ja das Pflanzenreich die eigentliche Quelle aller Proteine. Vegetarier nehmen die Proteine direkt auf und bekommen sie nicht aus zweiter Hand über die pflanzenfressenden Tiere.

Zu viele Proteine beeinträchtigen sogar die körperliche Vitalität. In einer Reihe vergleichender Dauerleistungstests an der Yale-Universität Anfang des 20. Jahrhunderts unter der Leitung von Dr. Irving Fisher schnitten die Vegetarier doppelt so gut ab wie die Fleischesser. Als Dr. Fisher die Proteinaufnahme der Nichtvegetarier um 20 Prozent senkte, stieg ihre Leistungsfähigkeit um 30 Prozent.[21] Zahlreiche andere Studien haben gezeigt, dass eine geeignete vegetarische Kost dem Menschen mehr Energie zuführt als Fleisch. Eine Untersuchung von Dr. J. Iotekyo und V. Kipani an der Universität Brüssel ergab, dass Vegetarier zwei- bis dreimal länger als Fleischesser körperliche Tests durchführen konnten, bis sie Ermüdungserscheinungen zeigten – und sie erholten sich fünfmal schneller von der Anstrengung als die Fleischesser.[22]

Zum Abschluss sei in diesem Zusammenhang noch ein Zitat von Albert Einstein erwähnt, der sagte: „Rein durch ihre physische Wirkung auf das menschliche Temperament würde die vegetarische Lebensweise das Schicksal der Menschheit äußerst positiv beeinflussen können."

Ökonomie

Fleisch ernährt nur wenige Menschen auf Kosten vieler. Um der Fleischproduktion willen wird Getreide, das den Menschen direkt ernähren könnte, an Zuchtvieh verfüttert. Gemäß unterschiedlicher Schätzungen werden in den Vereinigten Staaten bis zu 80 Prozent des dort produzierten Getreides an Zuchtvieh verfüttert – Kühe, Schweine, Lämmer und Geflügel –, welche dann alle im Kochtopf enden.[23] Doch dieses Verfahren, Getreide in Fleisch umzuwandeln, ist über die Maßen verschwenderisch. Statistiken des US-Landwirtschaftsministeriums zeigen, dass wir für 16 kg Getreide, das an Vieh verfüttert wurde, nur 1 kg Fleisch erhalten.[24]

In ihrem Buch *Diet for a Small Planet* fordert Frances Moore Lappé den Leser auf, sich einmal vorzustellen, gerade ein 200-g-Steak verspeisen zu wollen. „Und dann stellen Sie sich in dem Raum 45 bis 50 Menschen mit leerem Teller vor. Mit der Getreidemenge, die für die Produktion Ihres Steaks verfüttert wurde, könnten alle Teller mit einer Portion Grützbrei gefüllt sein."[25]

Wohlstandsländer verschwenden nicht nur ihr eigenes Getreide, indem sie es an ihr Schlachtvieh verfüttern, sondern verwenden zu diesem Zwecke auch proteinreiche Nährpflanzen aus den ärmeren Ländern der Dritten Welt. Dr. Georg Borgström, eine Kapazität auf dem Gebiet der Nahrungsmittelgeographie, schätzt, dass rund ein Drittel der afrikanischen Erdnussernte (und Erdnüsse haben den gleichen Proteingehalt wie Fleisch) als Rinder- und Geflügelfutter in Westeuropa verwendet wird.[26] Ähnlich sieht es bei Sojabohnen aus: Die in- und ausländische Viehzucht ist der bedeutendste Abnehmer der Soja-Industrie der USA[27], die als weltweit führender Sojaproduzent fast ausschließlich gentechnisch manipulierte Sojapflanzen anbauen[28].

Nahrungsmittelexperten weisen schon lange darauf hin, dass das Welthungerproblem im Grunde illusorisch ist. Wir produzieren bereits jetzt mehr als genug Nahrungsmittel für alle Menschen auf diesem Planeten – nur verteilen wir sie unwirtschaftlich.

Harvard-Ernährungswissenschaftler Jean Mayer schätzt, dass eine Senkung der Fleischproduktion um nur 10 Prozent genug Getreide freisetzen würde, um 60 Millionen Menschen zu ernähren.[29]

Ein weiterer Preis, den wir fürs Fleischessen bezahlen müssen, ist die intensive Umweltverschmutzung. Die stark verunreinigten Abwässer von Schlachthöfen und Mastbetrieben tragen in hohem Maße zur Verschmutzung der Bäche und Flüsse bei. Es ist bereits ersichtlich, dass die Frischwasservorräte unseres

Planeten nicht nur verschmutzt werden, sondern auch rapide zur Neige gehen, und die Fleischindustrie ist besonders stark daran beteiligt. Georg Borgström sagt, dass durch Fleischproduktion zehnmal mehr Umweltverschmutzung verursacht werde als durch Privathaushalte und dreimal mehr als durch die Industrie.[30]

Eine Studie aus dem Jahr 2010 ergab, dass die Gesamtmenge Wasser, die zur Produktion eines Kilogramms Fleisch aufgewendet werden muss, zwischen 4 325 Litern (für Hühnerfleisch) und 15 415 Litern (für Rindfleisch) liegt.[31]

Bereits 1973 deckte die New York Post einen haarsträubenden Missbrauch des kostbaren Nasses auf: Ein großer Hühnerfarm-Schlachtbetrieb in den USA verbrauchte täglich 455 Millionen Liter Wasser! Mit derselben Menge könnte man eine Stadt mit 25 000 Einwohnern versorgen.[32]

Ethik

Bei vielen sind ethische Erwägungen ausschlaggebend, Vegetarier zu werden. Ethischer Vegetarismus beginnt mit dem Wissen, dass andere Lebewesen Gefühle haben und dass ihre Empfindungen den unseren ähnlich sind. Dieses Wissen hilft uns, unser persönliches Bewusstsein dahingehend zu erweitern, auch das Leiden anderer zu berücksichtigen.

In einem Essay mit dem Titel *The Ethics of Vegetarianism* (aus dem Journal der Nordamerikanischen Vegetarischen Gesellschaft) wird die falsche Vorstellung „humaner“ Tierschlachtungen entlarvt: „Viele Menschen beruhigen ihr Gewissen mit dem selbstgefälligen Gedanken, dass Tiere in unserer heutigen Zeit ‚human‘ geschlachtet werden, und so weisen sie jeden humanitären Einwand gegen den Fleischgenuss von vornherein zurück. Leider nur sieht die Realität allzu anders aus.

Das Leben eines gefangengehaltenen Schlachttieres ist von Anfang bis Ende unnatürlich – angefangen mit der künstlichen Aufzucht, abscheulichen Kastrationen und/oder Hormonbehandlungen, über die Verfütterung abnormaler Nahrung zur Mast, bis hin zu langen Transporten in extremem Unbehagen und schließlich dem grausamen Ende. Mastanlagen, Elektroschocks, Schwanzverdrehen und andere bestialische Torturen, kurz, die nackte Angst – all dies gehört nach wie vor zum Alltagsbild der meisten Tierfarmen, Viehtransportfirmen und Schlachthöfe. Dies alles zu tolerieren und sich lediglich der herzlosen Brutalität, mit der das Tier in den letzten Sekunden seines Lebens konfrontiert wird, zu widersetzen, ist schlicht eine Sinnverdrehung des Wortes ‚human‘.“

Die Wahrheit über Tierschlachtungen ist alles andere als angenehm – die kommerziellen Schlachthäuser machen Höllenvisionen Konkurrenz. Schreiende Tiere werden durch Hammerschläge, Elektroschocks oder Bolzenschussgeräte betäubt. Sie werden an den Beinen in die Luft gezogen und auf vollautomatischen Fließbandanlagen durch Fabriken des Todes befördert. Die Kehle wird ihnen bei lebendigem Leibe durchgeschnitten und ihr Fleisch schon verarbeitet, während sie noch zu Tode bluten. Die Verstümmelung und Schlachtung von Farmtieren ist von den Bestimmungen, die zum Schutz von Haustieren und sogar Laborratten erlassen wurden, ausgenommen.

Viele Menschen würden ohne Zweifel Vegetarier werden, wenn sie einmal ein Schlachthaus besuchten oder wenn sie die Tiere, die sie essen, selbst schlachten müssten. Schlachthausbesuche sollten für alle Fleischesser obligatorisch sein.

Pythagoras, bekannt und geschätzt für seine Beiträge zur Geometrie und Mathematik, sagte: „Liebe Freunde, hört auf, euren Körper durch sündige Nahrung zu beschmutzen. Wir haben Getreide; wir haben Äpfel in solcher Fülle, dass sich die Äste biegen und Trauben, die prallgefüllt an der Rebe prangen. Es gibt Kräuter von süßlichem Aroma und Gemüse, das über dem Feuer gegart und gekocht werden kann; auch ist euch nicht die Milch noch der duftende Thymianhonig verwehrt. Die Erde bietet euch eine verschwenderische Fülle an reicher, reiner Nahrung, sie bietet euch ein Festmahl ohne Schlachten und Blutvergießen. Nur Tiere müssen ihren Hunger mit Fleisch befriedigen, und selbst von ihnen nicht alle, denn Pferde, Rinder und Schafe leben von Gras."

Der römische Schriftsteller Plutarch schrieb in seiner Abhandlung *Über das Fleischessen:* „Könnt ihr wirklich die Frage stellen, aus welchem Grunde sich Pythagoras des Fleischessens enthielt? Ich für meinen Teil frage mich, unter welchen Umständen und in welchem Geisteszustand es ein Mensch das erste Mal über sich brachte, mit seinem Mund Blut zu berühren, seine Lippen zum Fleisch eines Kadavers zu führen und seinen Tisch mit toten, verwesenden Körpern zu zieren, und es sich dann erlaubt hat, die Teile, die kurz zuvor noch gebrüllt und geschrien, sich bewegt und gelebt haben, Essen und Nahrung zu nennen ... Es handelt sich gewiss nicht um Löwen und Wölfe, die wir zum Selbstschutz essen – im Gegenteil, diesen Tieren schenken wir gar keine Beachtung; vielmehr schlachten wir harmlose, zahme Geschöpfe, ohne Stacheln und Zähne, die uns ohnehin nichts anhaben könnten. Um des Fleisches willen rauben wir ihnen die Sonne, das Licht und die Lebensdauer, die ihnen von Geburt an rechtmäßig zustehen."

Dann forderte Plutarch die Fleischesser heraus: „Wenn ihr nun behaupten wollt, dass die Natur solche Nahrung für euch vorgesehen hätte, dann tötet selber, was ihr zu essen gedenkt – jedoch mit euren naturgegebenen Mitteln, nicht mit Hilfe eines Schlachtmessers, einer Keule oder eines Beils."

Der Dichter P. B. Shelley war ein überzeugter Vegetarier. In seinem Essay

A Vindication of Natural Diet schreibt er: „Der Fürsprecher des Fleischessens sollte sich einmal dazu zwingen, die Probe aufs Exempel zu machen, um zu sehen, wie natürlich tierische Nahrung ist: Dabei sollte er, wie es schon Plutarch empfahl, ein lebendiges Lamm mit seinen Zähnen reißen und dann seinen Kopf in dessen Eingeweide tauchen, um seinen Durst mit dem dampfenden Blut zu stillen. Dann – und wirklich erst dann – wäre er konsequent."

Leo Tolstoi schrieb, dass der Mensch dadurch, dass er Tiere schlachte, „unnötigerweise die höchste spirituelle Qualität in sich unterdrückt, nämlich die Fähigkeit zum Mitleid und Erbarmen mit anderen Lebewesen wie sich selbst, und indem er seine eigenen Gefühle verletzt, wird er grausam." Er schrieb auch: „Wie können wir ideale Bedingungen auf der Erde erwarten, wenn unsere Körper wandelnde Leichenstätten gemordeter Tiere sind?"

Wenn wir den Respekt vor dem Leben der Tiere verlieren, verlieren wir auch den Respekt vor dem menschlichen Leben. Vor 2 600 Jahren sagte Pythagoras: „Diejenigen, die Tiere töten, um Fleisch zu essen, neigen auch dazu, ihresgleichen zu töten." Wir fürchten uns vor feindlichen Gewehren, Bomben und Raketen, aber können wir unsere Augen verschließen vor dem Leid und der Angst, die wir selbst verursachen, indem wir für den menschlichen Konsum jährlich über 65 Milliarden Stück Geflügel schlachten?[33] Die Anzahl der jährlich getöteten Fische geht in die Billionen; nicht zu vergessen die zig Millionen Tiere, die Jahr für Jahr in medizinischen Forschungslaboren gefoltert werden und verenden, sowie diejenigen, die wegen ihres Pelzes, ihres Felles oder ihrer Haut ihr Leben lassen müssen, oder auch die Tiere, die dem sogenannten Jagdsport zum Opfer fallen. Können wir leugnen, dass diese Brutalität auch auf unser menschliches Zusammenleben übergreift?

Leonardo da Vinci schrieb: „Der Mensch ist wahrhaftig der König der Raubtiere, denn er überragt alle an Brutalität. Wir leben vom Tod anderer. Wir sind Grabstätten!" Er fügte hinzu: „Die Zeit wird kommen, in der die Menschen das Morden von Tieren mit gleichen Augen betrachten werden wie jetzt den Mord an einem Menschen."

Einen ähnlichen Standpunkt vertritt Wilhelm Busch: „Wahre menschliche Kultur gibt es erst, wenn nicht nur Menschenfresserei, sondern jede Art des Fleischgenusses als Kannibalismus gilt."

Mahatma Gandhi war der Ansicht, dass ethische Prinzipien ein stärkeres Argument für eine lebenslange vegetarische Ernährung seien als gesundheitliche. „Ich glaube", erklärte er, „dass spiritueller Fortschritt an einem gewissen Punkt von uns verlangt, dass wir aufhören, unsere Mitlebewesen zur Befriedigung unserer körperlichen Verlangen zu töten." Er sagte auch: „Die Größe und den moralischen Fortschritt einer Nation kann man daran messen, wie sie ihre Tiere behandelt."

Die Schriften aller Weltreligionen fordern den Menschen dazu auf, unnötiges Töten zu vermeiden. Im Alten Testament heißt es: „Du sollst nicht töten." (Exodus 20,13) Dieser Vers wird traditionsgemäß so gedeutet, als würde er sich nur auf das Töten von Menschen beziehen. Doch im hebräischen Urtext heißt es *lo tirzach*, was eindeutig zu übersetzen ist mit: „Du sollst nicht töten." Dr. Reuben Alcalay weist in seinem *Complete Hebrew-English Dictionary* darauf hin, dass sich das Wort „tirzach", besonders im klassischen Hebräisch, auf jede Art des Tötens bezieht, und nicht notwendigerweise auf den Mord an einem Menschen.

Obwohl das Alte Testament auch Vorschriften fürs Fleischessen beinhaltet, wird dem Vegetarismus eindeutig der Vorrang gegeben. In Genesis 1,29 verkündet Gott persönlich: „Hiermit übergebe ich euch alle Pflanzen auf der ganzen Erde, die Samen tragen, und alle Bäume mit samenhaltigen Früchten. Euch sollen sie zur Nahrung dienen." Und in späteren Büchern der Bibel verurteilen bedeutende Propheten das Fleischessen.

Viele Christen halten an dem Glauben fest, Jesus habe Fleisch gegessen, aber ein eingehendes Studium des griechischen Originalmanuskripts zeigt, dass in den allermeisten Fällen in diesem Zusammenhang *trophe, brome, phago* und ähnliche Wörter benutzt wurden, die ganz einfach „Nahrung" oder „Speise" im weitesten Sinne bedeuten. Das griechische Wort für Fleisch lautet *kreas* und wird niemals im Zusammenhang mit Christus gebraucht. Keine einzige Textstelle im Neuen Testament weist direkt darauf hin, dass Jesus Fleisch aß. Dies stimmt auch mit Jesajas berühmter Prophezeiung über das Erscheinen Jesu überein (7,14/15): „Seht, die Jungfrau wird ein Kind empfangen, sie wird einen Sohn gebären und sie wird ihm den Namen Immanuel (Gott mit uns) geben. Er wird Butter und Honig essen bis zu der Zeit, in der er versteht, das Böse zu verwerfen und das Gute zu wählen."

In *Thus Spake Mohammed* (der Übersetzung des Hadith von Dr. M. Hafiz Syed) wird der Prophet Mohammed von seinen Schülern gefragt: „Wird es wohl vergolten, wenn wir den Vierfüßlern Gutes tun und ihnen Wasser geben zu trinken?" Und Mohammed antwortete ihnen: „Es wird euch vergolten, wenn ihr jedem Tier Gutes tut."

Buddha führte *ahimsa* (Gewaltlosigkeit) und Vegetarismus als fundamentale Schritte auf dem Weg zur Selbsterkenntnis ein.[34] Und die vedischen Schriften Indiens, die dem Buddhismus zeitlich vorangehen, legen großen Nachdruck auf Gewaltlosigkeit, die ethische Grundlage des Vegetarismus. „Fleisch kann man sich nicht verschaffen, ohne anderen Lebewesen Gewalt anzutun", erklärt die *Manu-samhita*, die uralte Gesetzessammlung Indiens.

„Deshalb sollte man den Verzehr von Fleisch vermeiden." An einer anderen Stelle in der *Manu-samhita* heißt es sehr deutlich: „Bedenkt man die abscheuliche Herkunft von Fleisch und die Grausamkeit, die die Gefangenschaft und das Schlachten verkörperter Wesen mit sich bringt, sollte man sich des Fleischessens völlig enthalten."

Alle Lebewesen haben eine Seele. In der *Bhagavad-gita* beschreibt Krishna die Seele als die Quelle des Bewusstseins und als das aktive Prinzip, das den Körper eines jeden Lebewesens durchdringt. Nach Aussage der Veden steigt die Seele von den niederen, nichtmenschlichen Lebensformen automatisch zu den nächsthöheren Arten auf, bis sie schließlich einen menschlichen Körper annimmt. Nur in der menschlichen Lebensform kann die Seele ihr Bewusstsein wieder auf Gott richten, um dann zum Zeitpunkt des Todes wieder zu Gott in die spirituelle Welt zurückzukehren. Der Mensch muss den Gesetzen des Universums genauso gehorchen wie zum Beispiel den Gesetzen der sozialen Ordnung.

In seinen Erläuterungen zum *Srimad-Bhagavatam* schreibt Srila Prabhupada: „Alle Lebewesen müssen für eine bestimmte Zeit in einem bestimmten materiellen Körper gefangen bleiben. Sie müssen für diese ihnen zugeteilte Zeitspanne in einem bestimmten Körper verbleiben, bevor sie zu einer höheren Lebensform erhoben werden. Wer ein Tier oder ein anderes Lebewesen tötet, hindert es daran, die festgelegte Dauer, die es in seinem Körper verbringen muss, zu beenden. Daher sollte niemand um der eigenen Sinnenbefriedigung willen töten, da man dadurch in sündhafte Handlungen verwickelt wird." Mit anderen Worten, das Töten eines Tieres unterbricht dessen Evolution zu höheren Lebensformen, und der Mörder wird ausnahmslos die Reaktionen für sein sündhaftes Tun erleiden müssen.

In der *Bhagavad-gita* (5.18) erklärt Krishna, dass spirituelle Vollkommenheit damit beginne, dass man die Gleichheit aller Lebewesen erkenne: „Der demütige Weise sieht kraft wahren Wissens einen gelehrten und gütigen *brahmana*, eine Kuh, einen Elefanten, einen Hund und einen Hundeesser mit gleichen Augen." Außerdem weist uns Krishna in der *Bhagavad-gita* an, uns die Prinzipien des spirituellen Vegetarismus anzueignen: „Opfere Mir mit Liebe und Hingabe eine Frucht, eine Blume, ein Blatt oder etwas Wasser, und Ich werde es annehmen."

Karma

Das Sanskritwort *Karma* bedeutet „Handlung", oder genauer gesagt bezieht es sich auf jede materielle Tätigkeit, die eine Reaktion nach sich zieht, welche uns an die materielle Welt bindet. Obwohl der Karma-Begriff meistens mit östlicher Philosophie in Verbindung gebracht wird, kommen auch immer mehr Menschen im Westen zu der Überzeugung, dass Karma ein natürliches Prinzip ist, das genauso unvermeidlich wirkt wie die Zeit oder die Schwerkraft. Auf jede Aktion folgt eine Reaktion. Nach dem Gesetz des Karmas fallen Schmerzen und Leiden, die wir anderen Lebewesen zufügen, individuell wie auch kollektiv auf uns selbst zurück. Wir ernten, was wir säen – dies gilt sowohl für das jetzige als auch für das nächste Leben, denn die Natur hat ihre eigene Gerechtigkeit. Niemand kann das Gesetz des Karmas umgehen, außer denjenigen, die verstanden haben, wie es funktioniert.

Um zu verstehen, wie Karma beispielsweise Kriege verursachen kann, wollen wir eine Illustration aus den Veden heranziehen. Manchmal bricht in einem Bambushain durch Reibung der Bambusrohre ein Feuer aus. Die wahre Ursache des Feuers jedoch sind nicht die Bambusrohre, sondern der Wind, der sie bewegt. Die Bambusrohre sind der Einwirkung von äußeren Kräften ausgesetzt. In ähnlicher Weise vermittelt uns das Prinzip des Karmas, dass nicht irgendwelche Staaten die eigentliche Ursache der zwischen ihnen herrschenden Spannung sind, die jederzeit einen eskalierenden Krieg zu entfesseln droht. Die wahre Ursache für den Krieg sind die unsichtbaren Winde des Karmas, die von den scheinbar unschuldigen Erdenbewohnern erzeugt werden.

Nach dem Gesetz des Karmas haben die Würstchenbude oder der Supermarkt in der Nachbarschaft ebenso wie eine Abtreibungsklinik mehr mit der Gefahr eines Atomkrieges zu tun als beispielsweise das Weiße Haus oder der Kreml. Die Aussicht auf einen Atomkrieg erfüllt uns mit Angst und Schrecken, während wir täglich auf der ganzen Welt ebenso grauenvolle Massaker in den automatisierten Schlachthöfen zulassen.

Fleischesser denken vielleicht, das Ganze wäre für sie nicht so schlimm; sie haben ja selbst niemanden getötet. In Wirklichkeit ist es so, dass sie andere dafür bezahlen, für sie zu töten. Und damit belasten sich alle Beteiligten mit karmischen Reaktionen.

Es ist einfach zynisch, zuerst für den Frieden zu demonstrieren, um dann anschließend bei McDonald's einen Hamburger oder zu Hause ein Grillsteak zu verspeisen. George Bernard Shaw hat diese Art von Falschheit mit den folgenden Zeilen angegriffen:

Wir beten des Sonntags, dass Licht
Unsere Schritte erhelle auf dem Pfad, den wir gehn.
Der Krieg ist uns über, wir wollen nicht kämpfen.
Der Gedanke daran erfüllt uns mit Schrecken –
Und doch stopfen wir uns voll mit Leichen.

Srila Prabhupada schreibt in einem Kommentar zum *Caitanya-caritamrita*:

> *Diejenigen, die Tiere töten und ihnen unnötig Schmerzen zufügen – wie es in Schlachthäusern geschieht –, werden in ihrem nächsten Leben und in vielen darauffolgenden Leben in ähnlicher Weise getötet werden ... In den judenchristlichen Schriften heißt es unmissverständlich: ‚Du sollst nicht töten.' Dennoch zögern sogar religiöse Anführer nicht, das Töten von Tieren gutzuheißen, wobei sie obendrein noch versuchen, als große Heilige zu gelten. Dieser Hohn und diese Scheinheiligkeit stürzen unsere menschliche Gesellschaft in unsägliches Elend, wie große Kriege, bei denen ganze Menschenmassen aufs Schlachtfeld ziehen, um sich gegenseitig zu töten. Jetzt haben sie die Atombombe entdeckt, die nur auf ihren Einsatz zur Massenvernichtung wartet.*

So wirkt sich das Gesetz des Karmas aus. Um die Probleme der Welt zu lösen, brauchen wir Menschen mit geläutertem Bewusstsein, die verstehen, dass das eigentliche Problem spiritueller Natur ist. Es wird immer sündhafte Menschen geben, jedoch sollten sie keine leitenden Positionen einnehmen.

Einer der häufigsten Einwände von Nichtvegetariern gegen den Vegetarismus ist der, dass Vegetarier ja immer noch Pflanzen töten müssten und dass dies ebenfalls Gewalt sei. Als Antwort sei hier gesagt, dass zum Beispiel reife Früchte, Nüsse, Getreide, Milch und viele Getreidearten nicht mit dem Töten von Lebewesen einhergehen. Und selbst in den Fällen, in denen einer Pflanze das Leben genommen wird, ist der Schmerz dabei sehr viel geringer als bei einem Tier, ganz zu schweigen von den Qualen, die ein Schlachttier während seines ganzen Lebens durchmacht.

Es ist wahr, Vegetarier töten Pflanzen, und dies ist ebenfalls Gewalt, aber irgendetwas müssen wir schließlich essen. Dazu sagen die *Veden: jivo jivasya jivanam* – „Im Kampf ums Überleben ist ein Lebewesen die Nahrung eines anderen." Die Frage lautet also nicht, wie man das Töten gänzlich vermeiden kann – was unmöglich ist –, sondern wie man das Leid, das man anderen Lebewesen zufügt, auf ein Mindestmaß beschränken und gleichzeitig den Körper ernähren kann.

Gewiss ist jede Form des Tötens sündhaft, auch wenn es sich um das Leben einer Pflanze handelt. Aber Krishna, der Höchste Kontrollierende, befreit uns von dieser Sünde, indem Er das, was wir Ihm darbringen, annimmt.

Wer Nahrung isst, die zunächst dem Herrn geopfert wurde, lässt sich mit einem Soldaten vergleichen, der während der Kriegszeit tötet. Im Krieg bekommt ein Soldat, der auf Befehl seines Vorgesetzten tötet, einen Orden. Doch wenn derselbe Soldat auf eigene Faust tötet, wird er bestraft. In ähnlicher Weise begehen wir keine Sünde, wenn wir ausschließlich *prasada* essen. Dies wird in der *Bhagavad-gita* (3.13) bestätigt: „Die Geweihten des Herrn werden von allen Arten von Sünden befreit, da sie Nahrung essen, die zunächst als Opfer dargebracht wurde. Andere, die Nahrung für ihren eigenen Sinnengenuss zubereiten, essen wahrlich nur Sünde.“ Und somit kommen wir zum Hauptthema dieses Buches: Vegetarismus ist zwar wesentlich, aber er ist auch kein Selbstzweck.

Mehr als bloßer Vegetarismus

Abgesehen von den Vorteilen hinsichtlich Wirtschaft, Ethik, Religion und Karma, hat der Vegetarismus auch einen höheren, spirituellen Aspekt, der uns helfen kann, unsere natürliche Liebe und Hingabe zu Gott zu erwecken. Srila Prabhupada schreibt in seinem Kommentar zum *Srimad-Bhagavatam*: „Das menschliche Leben ist zur Selbstverwirklichung bestimmt, und aus diesem Grunde sollte man nichts essen, was nicht zuerst dem Herrn geopfert wurde. Der Herr nimmt von Seinem Geweihten Speisen entgegen, die aus Gemüse, Früchten, Milchprodukten und Getreide zubereitet wurden. Eine reiche Auswahl an Früchten, Gemüse und Milchprodukten kann dem Herrn geopfert werden, und nachdem der Herr die Speisen angenommen hat, kann der Gottgeweihte das *prasada* zu sich nehmen, wodurch alles Leid im Kampf ums Dasein allmählich gelindert wird.“

Krishna Selbst bestätigte die göttliche Natur von *prasada*, als Er vor 500 Jahren als Sri Caitanya Mahaprabhu in dieser Welt erschien: „Jeder weiß, wie die einzelnen Zutaten schmecken, aber jetzt haben sie einen eindrucksvollen Geschmack und ein außerordentliches Aroma. Probiert sie einmal und ihr werdet den Unterschied bemerken. Nicht nur der Geschmack, sondern auch der Duft erfreut den Verstand und lässt einen jegliche andere Schönheit vergessen. Daraus ist ersichtlich, dass der spirituelle Nektar von Krishnas Lippen diese sonst so gewöhnlichen Zutaten berührt hat und all seine spirituellen Eigenschaften auf sie übertragen hat.“

Nahrung, die auf diese Weise geopfert wurde, wird traditionsgemäß Krishna-*prasada* genannt, d. h. „die Gnade des Herrn“, und verhilft dem Vegetarier nicht nur zu physischer Gesundheit, sondern auch zu Gotteserkenntnis. *Prasada* ist nicht bloß Nahrung für die hungrigen Massen, sondern spirituelle Nahrung für jedermann. Wenn Krishna eine Opferung annimmt, lässt Er Seine göttliche Natur in sie eingehen. Deshalb ist Krishna-*prasada* von Krishna persönlich nicht verschieden. Aus Seinem unbegrenzten Mitleid mit den bedingten Seelen in der materiellen Welt erscheint Krishna in der Form von *prasada*, so dass wir Ihn einfach durch Essen erfahren können.

Weil uns Krishna von den Reaktionen auf unser Karma, d. h. unsere materiellen Handlungen, befreit, können wir mit Leichtigkeit die Illusion transzendieren und Ihm in Hingabe dienen. Wer ohne Karma tätig ist, kann sein Bewusstsein mit dem Bewusstsein Gottes verbinden und stets Seiner persönlichen Anwesenheit gewahr werden. Das ist der wahre Nutzen von *prasada*.

Wer *prasada* isst, erweist dem Herrn hingebungsvollen Dienst und wird mit Sicherheit von Ihm gesegnet. Srila Prabhupada sagte oft, *prasada* könne uns, wenn wir es nur einmal essen, vom Kreislauf von Geburt und Tod befreien. Selbst der größte Sünder könne zu einem Heiligen verwandelt werden, wenn er sich ausschließlich von *prasada* ernähre. Die vedischen Schriften sind voll von Menschen, deren Leben durch *prasada* gewandelt wurde. Jedes Mitglied der Hare-Krishna-Bewegung kann die spirituelle Kraft von *prasada* und die Wirkung, die es auf sein Leben hat, gern bezeugen.

Nur noch Nahrung zu essen, die zu Krishna geopfert wurde, ist die höchste Vollkommenheit der vegetarischen Lebensweise. Die vegetarische Lebensweise allein ist noch keine besondere Errungenschaft, schließlich ernähren sich auch viele Tiere, wie Tauben und Affen, vegetarisch. Laut den Veden besteht die Hauptaufgabe des menschlichen Lebens darin, die Beziehung der Seele zu Gott wiederzuerwecken. Nur wenn wir den Vegetarismus transzendieren und *prasada* zu uns nehmen, können unsere Essgewohnheiten hilfreich sein, dieses Ziel zu erreichen.

Endnoten und Quellenangaben

1) American Medical Association (Hrsg.) (1961): „Diet and Stress in Vascular Disease". *Journal of the American Medical Association* 176, 134–35.

2) Fraser, G. E. (2009): „Vegetarian diets: what do we know of their effects on common chronic diseases?" *The American Journal of Clinical Nutrition* 89.5, 1607S–1612S.

3) World Health Organization (Hrsg.) (2014): *Global status report on noncommunicable diseases 2014*. Genf: WHO.

4) World Health Organization (Hrsg.) (2014): *Global Health Estimates: Deaths by Cause, Age, Sex and Country, 2000-2012*. Genf: WHO.

5) Loncar, D. / Mathers, C. D. (2006): „Projections of global mortality and burden of disease from 2002 to 2030". *PLoS Med* 3.11,e442.

6) Batech, M. / Fraser, G. E. / Herring, R P / Oda, K. / Steward, K. / Tonstad, S. (2013): „Vegetarian diets and incidence of diabetes in the Adventist Health Study-2". *Nutrition, Metabolism and Cardiovascular Diseases* 23.4, 292–299.
Alemany, M. (Hrsg.) / Chiu, J. P. C. / Chiu, T. H. T. / Chiu Y. F. / Huang H. Y. / Kao H. Y. / Lin C. L. / Lin M. N. / Pan W. H. (2014): „Taiwanese Vegetarians and Omnivores: Dietary Composition, Prevalence of Diabetes and IFG". *PLOS* 9.2, e88547.
Philips, R. L. / Snowdon, D. A. (1985): „Does a vegetarian diet reduce the occurrence of diabetes?" *American Journal of Public Health* 75.5, 507–512.
Barnard, N. / Levin, S. / Trapp, C. (2014): „Meat consumption as a risk factor for type 2 diabetes". *Nutrients* 6.2, 897–910.

7) Gesättigte Fette sind hauptsächlich, aber nicht ausschließlich, in Nahrung tierischen Ursprungs zu finden; gehärtete Fette kommen in kommerziellen Produkten vor, Cholesterin *nur* in Tierprodukten.

8) Norum, K. R. (1977): „What is the Experts' Opinion on Diet and Coronary Heart Diseases?" *Journal of the Norwegian Medical Association*, 12. Februar 1977.

9) De Biase, S. G. / Duarte, J. L. C. / Fernandes, S. F. C. / Gianini, R. J. (2007): „Vegetarian diet and cholesterol and triglycerides levels". *Arquivos Brasileiros de Cardiologia (Arq. Bras. Cardiol.)* 88.1, 35.

10) Sirtori, C. R. (u. a.) (1977): „Soybean Protein Diet in the Treatment of Type II Hyperlipoproteinaemia". *The Lancet* I.8006, 275–277.

11) Phillips, R. L. (1975): „Role of Lifestyle and Dietary Habits in Risk of Cancer Among Seventh-Day Adventists". *Cancer Research* 35.11/2, 3513.
Mintz, M. (1976): „Fat Intake Seen Increasing Cancer Risk". *Washington Post*, 10. September 1976.
Fan, J. / Fraser, G. / Jaceldo-Siegl, K. / Tantamango-Bartley, Y. (2013): „Vegetarian diets and the incidence of cancer in a low-risk population". *Cancer Epidemiology Biomarkers & Prevention* 22.2, 286–294.

12) Aries, V. / Crowther, J. S. / Drasar, B. S. /Hili, M. J. (1969): „Bacteria and the aetiology of cancer of the large bowel". *Gut* 10.5, 334-335.

13) Zitat aus Leonardo, Blanche (1979): *Cancer and Other Diseases from Meat Consumption: Here's the Evidence*. Santa Monica, Kalifornien: Leaves of Healing, 12.

14) Jacobson, M. (1973): *How Sodium Nitrite Can Affect Your Health*. Washington, D.C.: Center for Science in the Public Interest.
Epstein, S. S. / Linjinsky, W. (1970): „Nitrosamines as Environmental Carcinogens". *Nature* 225, 21–23.

Committee on Nitrate Accumulation (1972): *Accumulation of Nitrate.* Washington, D.C.: National Academy of Sciences, 66 ff.

The Lancet (Hrsg.) (1977): „Nitrate and Human Cancer“. *The Lancet* 310.8032, 281.

15) Null, G. / Null, S. (1977): *How to get Rid of the Poisons in Your Body.* New York: Arco Publishing Company, 52.

16) National Academy of Sciences (Hrsg.) / Committee on Diet, Nutrition, and Cancer; Assembly of Life Sciences; National Research Council (1982): *Diet, Nutrition, and Cancer.* Washington, D.C.: National Academy Press.

17) Zahlen aus: Bundesverband der Deutschen Fleischwarenindustrie e. V. (Hrsg.) (2014): *Geschäftsbericht des Bundesverbandes der Deutschen Fleischwarenindustrie e. V. 2013/2014.* Bonn: BVDF e. V., 12.

Der Fleischverbrauch umfasst Nahrungsverbrauch, Futter, industrielle Verwertung und Verluste (einschl. Knochen).

18) Vegetarierbund Deutschland e. V. (Hrsg.) (2013): „Fleischkonsum in Deutschland rückläufig – Zielgruppe Vegetarier und Veganer im Fokus“. Pressemitteilung vom 05. August 2013, abrufbar online unter: https://vebu.de/presse/pressemitteilungen/1733-2013-08-07-10-45-17 (Abfrage am 01. September 2015)

19) Drieschner, Frank (2011): „Anstand satt“. *Die Zeit* 04/2011.

20) Airola, Paavo (1982): „Health Forum“. *Vegetarian Times,* August 1982, 67.

21) Fisher, Irving (1907): „The Influence of Flesh Eating on Endurance“. *Yale Medical Journal,* 13.5, 205–221.

22) Buttner, J. L. (1910): *A Fleshless Diet: Vegetarianism as a rational dietary.* New York: Fredrick A. Stokes Company, 131–132.

23) Shiva, Vandana (2000): *Stolen Harvest. The Hijacking of the Global Food Supply.* Cambridge (USA): South End Press, 70–71.

24) Lappé, Frances M. (1975): *Diet for a Small Planet.* New York: Ballantine Books, 10; weitere Auflagen in englischer Sprache sind in den Jahren 1971, 1982 und 1991 erschienen;

dt. (1978, zuletzt: 1993): *Die Öko-Diät: wie man mit wenig Fleisch gut isst und die Natur schont.* Frankfurt am Main: Fischer-Taschenbuch-Verlag.

25) Lappé (1975): 235.

26) Georg Borgström, zitiert in Lappé (1975): 25.

27) United Soybean Board (Hrsg.) (2014): „Animal Agriculture and Soy“. http://unitedsoybean.org/media-center/issue-briefs/animal-agriculture/ (Abfrage am 01. September 2015).

28) Gemäß Daten des Nationalen Landwirtschaftlichen Statistikdienstes (National Agricultural Statistics Service, NASS) des amerikanischen Landwirtschaftsministeriums (United States Department of Agriculture) aus der *June Agricultural Survey* für die Jahre 2000 bis 2015, zitiert durch den wissenschaftlichen Forschungsdienst des Ministeriums (Economic Research Service) in *Adoption of Genetically Engineered Crops in the U.S.*:

http://www.ers.usda.gov/data-products/adoption-of-genetically-engineered-crops-in-the-us/recent-trends-in-ge-adoption.aspx (Abfrage am 01. September 2015).

29) Dr. Jean Mayer, zitiert in: Select Committee on Nutrition and Human Needs, U.S. Senate (Hrsg.) (1977): *Dietary Goals for the U.S.* Washington, D.C.: U.S. Government Printing Office, 44.

30) Georg Borgström, zitiert in: Lappé (1975): 32.

31) Hoekstra, A. Y. / Mekonnen, M. M. (2010): *The Green, Blue and Grey Water Footprint of Farm Animals and Animal Products*. Value of Water Research Report Series no. 48, Delft: UNESCO-IHE, zitiert in:
Hoekstra, Arjen Y. (2012): „The hidden water resource use behind meat and dairy". *Animal Frontiers* 2.2, 3–8.

32) Porter, Sylvia: „Food Price Rises". *New York Post,* 27. Juli 1973.

33) Die Zahl stammt aus der Statistik-Datenbank der FAO: http://faostat3.fao.org/home/E (Abfrage am 01. September 2015).
Die FAO ist die Ernährungs- und Landwirtschaftsorganisation der Vereinten Nationen, auch *Welternährungsorganisation* genannt. Für die Statistiken werden Daten aus der ganzen Welt zusammengetragen, wobei offizielle, halb-offizielle, geschätzte oder errechnete Zahlen in die Sammlung einfließen.
Für interessierte Leser hier einige Angaben zur Zahl geschlachteter Nutztiere aus dem Jahr 2013: Kühe und Kälber: 298 799 160; Büffel: 25 798 819; Schafe und Lämmer: 536 742 256; Ziegen: 438 320 371; Schweine: 1 451 856 889; Pferde: 4 863 367; Hühner: 61 171 974 000; Enten: 2 887 594 000 und Puten: 618 087 000.

34) Interessanterweise betrachten die vedischen Schriften Buddha als eine Inkarnation Krishnas. Das *Srimad-Bhagavatam* hatte Buddhas Erscheinen in dieser Welt vorausgesagt. Der bedeutende spirituelle Meister Srila Jayadeva Gosvami schrieb später in seinen Gebeten an Sri Krishna: „O mein Herr, O Persönlichkeit Gottes, gepriesen seist Du! Aus Deinem Mitleid heraus bist Du in der Gestalt Buddhas erschienen, um den Tieropfern Einhalt zu gebieten."

Sri Sri Radha-Madana-mohana, die Bildgestalten im ISKCON-Tempel in Abentheuer, Rheinland-Pfalz, Deutschland.

Ein Krishna-Tempel bei Ihnen zu Hause

Viele Gäste, die zum ersten Mal einen Krishna-Tempel besuchen, wundern sich über die zeremoniellen vegetarischen Opferungen zur Bildgestalt Krishnas auf dem Altar. Und das ist auch verständlich. Was will schließlich der allmächtige, allwissende, allgegenwärtige Herr mit unserem kleinen Teller Reis und Gemüse? Ist Er plötzlich hungrig geworden? Hat Er nicht unzählige Tonnen Nahrung geschaffen? Ist Gott nicht unabhängig? Braucht Krishna wirklich diese Opferung?

Krishna fordert uns sogar zu solchen Opferungen auf – das heißt, eigentlich ist Er nicht an unserem Reis und Gemüse interessiert, sondern an unserer Liebe und Hingabe. In der *Bhagavad-gita* (9.26) sagt Er: „Wenn mir jemand mit Liebe und Hingabe ein Blatt, eine Blume, eine Frucht oder etwas Wasser opfert, werde Ich es annehmen."

Wenn Krishna uns dazu auffordert, Ihm Speisen zu opfern, möchte Er eigentlich, dass wir unsere ewige liebevolle Beziehung zu Ihm wiedererwecken. Am Anfang folgen wir Seiner Aufforderung in einer Mischung aus Glauben und Pflichtgefühl; später, wenn unsere Verwirklichung heranreift, tun wir es aus Liebe und Zuneigung. Genauso wie ein Mann das Beste, was er besitzt, seiner Geliebten anbietet, bietet ein Gottgeweihter Krishna seinen Reichtum, seine Intelligenz, sein Leben und seine vegetarischen Speisen an.

Krishna ist für jeden das höchste Objekt der Liebe, doch wie können wir jemandem, den wir noch gar nicht kennen, Gaben darbringen? Die vedische Tradition bietet uns die geeigneten Anleitungen. Falls Sie es gern ausprobieren würden, jedoch nicht in der Lage sind, alle Vorgänge zu befolgen, können Sie an die Geschichte von König Rama, einer Inkarnation Krishnas, denken, in der Hanuman mit seinen Gefährten eine Brücke aus großen, schweren Steinen baute: Eine kleine Spinne erfreute den Herrn ebenso sehr wie der starke Hanuman, indem sie so große Steinchen trug, wie sie eben konnte.

Halten Sie zunächst einen Platz für die Opferung bereit. Hierzu kann eine kleine Tischplatte dienen oder ein ganzes Zimmer, das in einen Tempelraum umgewandelt wurde. Stellen Sie auf den Altar ein Bild von Sri Krishna. (Hierzu können Sie das Foto auf Seite 34 benutzen). Zur Linken Krishnas steht Srimati Radharani, Seine ewige Gefährtin. Sie ist Krishnas Freudenkraft, und Sie ist es, die dem aufrichtigen Gottgeweihten Liebe zu Gott gewährt.

Weiterhin sollte das Bild eines Krishna-bewussten spirituellen Meisters auf dem Altar stehen. Der spirituelle Meister nimmt die Opferung des Schülers an und gibt sie an seinen spirituellen Meister weiter, der sie wiederum seinem spirituellen Meister darbringt. Auf diesem Wege steigt die Opferung durch die Nachfolge spiritueller Meister auf, bis sie schließlich Sri Krishna erreicht. Die Devotees der Hare-Krishna-Bewegung haben auf dem Altar immer ein Bild von Srila Prabhupada stehen, dem Gründer-Acarya der Internationalen Gesellschaft für Krishna-Bewusstsein (ISKCON), bzw. zusätzlich noch ein Bild ihres eigenen spirituellen Meisters, falls sie von einem der spirituellen Meister in der Nachfolgelinie Srila Prabhupadas eingeweiht wurden.

Ein Krishna-bewusster spiritueller Meister, der sichtbar in dieser Welt gegenwärtig ist, kann Sie persönlich zur Vollkommenheit im spirituellen Leben führen.

Ob beim Einkaufen oder beim Kochen, Sie sollten immer darüber meditieren, wie Sie Krishna erfreuen können. Halten Sie Ausschau nach dem frischsten und besten Obst und Gemüse. Das Einkaufen in Supermärkten erfordert große Sorgfalt. Es ist mehr zu beachten, als nur Fleisch, Fisch und Eier zu vermeiden. Nehmen Sie sich die Zeit, alle Etiketten und Verpackungsaufschriften durchzulesen. Sie können nicht davon ausgehen, dass die Produkte immer gleich bleiben – oft ändern sich die Zutaten. Achten Sie vor allem auf Lab (sofern dies nicht ausdrücklich als „mikrobielles Lab", also aus Bakterien hergestelltes Lab gekennzeichnet ist, stammt es aus dem Labmagen des Kalbes; wird bei der Käseproduktion verwendet), Gelatine (Bindemittel aus gekochten Häuten, Knochen, Hufen und Hörnern) und Lecithin (wenn es nicht ausdrücklich als pflanzliches Lecithin gekennzeichnet ist, wird es aus Eiern gewonnen). Produkte mit Zusatz von Knoblauch, Zwiebeln, Essig oder Pilzen können Krishna nicht geopfert werden, weil solche Nahrungsmittel nach Aussage der Veden die Erscheinungsweise der Unwissenheit fördern. Viele Produkte enthalten auch tierische Fette. Und kaufen Sie grundsätzlich keine Ware ohne Inhaltsbezeichnung – der Hersteller wird seinen Grund haben, die Zutaten zu verheimlichen.

Es stehen Ihnen auch Alternativen zum Supermarkt offen. Viele Konsumgenossenschaften führen verhältnismäßig billige Produkte, die nicht mit Kunstdünger oder Schädlingsbekämpfungsmitteln behandelt wurden. Und sollten Sie etwas Platz in Ihrem Garten haben – warum nicht einmal selbst etwas für Krishna anpflanzen?

Nun können Sie beginnen, für Krishna zu kochen. In unseren Tempeln beachten wir dabei folgende Regeln:

- Der Koch denkt an Krishnas Genuss und nicht an seinen eigenen. Er denkt: „Mein Herr hat mir gütigerweise all diese Zutaten zur Verfügung gestellt; ich werde sie nun so verarbeiten und kochen, dass Er Seine Freude daran hat." Um sich in der Küche an Krishna zu erinnern und weltliche Gespräche zu vermeiden, ist es dienlich, das Hare-Krishna-Mantra zu chanten oder Krishna-bewusste Musik zu hören.
- Gottesbewusstsein und Reinlichkeit sind unmöglich voneinander zu trennen. Der Koch sollte körperlich und geistig rein sein und in der Küche saubere Kleidung tragen. Die Haare sollten nach hinten gebunden werden, damit sie weder ins Essen fallen noch Feuer fangen. Küche und Küchengeräte sollten makellos rein sein; daher nimmt sich der Koch stets die Zeit, den Arbeitsplatz vor dem Kochen sauber zu wischen. „Krishna akzeptiert jede noch so einfache Opferung aus einer sauberen Küche", sagte Srila Prabhupada, „aber Er nimmt keine opulente Opferung aus einer unsauberen Küche an."
- *Prasada* (bereits geopferte Speisen) und *bhoga* (ungeopferte Nahrung) werden niemals miteinander vermischt. Da wir Krishna nicht zweimal das gleiche opfern wollen, bewahren wir *prasada* stets in getrennten Behältern auf, um es nicht versehentlich mit *bhoga* zu verwechseln.
- Es mag überraschend klingen, aber der Koch probiert niemals eine Speise vor der Opferung, nicht einmal zum Abschmecken. Krishna muss der erste sein, der die Speisen kostet. Die Erfahrung lehrt den Koch, die richtigen Mengen der Gewürze genau abzuschätzen. Probiert jemand die Speisen vor der Opferung, gelten sie als verunreinigt und können nicht mehr geopfert werden.

Wenn die Mahlzeit fertig ist, wird es Zeit, sie Krishna darzubringen. In unseren Tempeln servieren wir Krishna je eine Portion der Speisen auf speziell für diesen Zweck vorgesehenem Essgeschirr. (Niemand sonst sollte von diesem Geschirr essen.) Der Rest der Speisen bleibt in den Töpfen, bis die Opferung vorbei ist.

Stellen Sie immer ein kleines Glas kaltes Wasser sowie Salz und Pfeffer neben Krishnas Teller, nicht zu vergessen natürlich einen Löffel. Sie können auch ein oder zwei Räucherstäbchen anzünden, um für eine angenehme Atmosphäre zu sorgen. Stellen Sie nun den Teller auf den Altar und sprechen Sie das Hare-Krishna-Mantra:*

Hare Krishna, Hare Krishna, Krishna Krishna, Hare Hare
Hare Rama, Hare Rama, Rama Rama, Hare Hare

Wiederholen Sie das Mantra dreimal. Dann lassen Sie die Opferung für einige Minuten auf dem Altar stehen. Das Hare-Krishna-Mantra ist ein Gebet mit der Bedeutung: „Meine liebe Radharani, mein lieber Krishna, bitte beschäftigt mich in Eurem hingebungsvollen Dienst."

Je mehr unser Bewusstsein darauf gerichtet ist, Krishna zu erfreuen, desto mehr wird Ihn unsere Opferung erfreuen. Wir mögen Krishna das Beste vom Besten opfern, aber was Ihn eigentlich interessiert, ist unsere Aufrichtigkeit. Unsere Liebe und Hingabe sind die wichtigsten Zutaten. Sri Krishna wird auch *Bhavagrahi-janardana* genannt, was so viel heißt wie „jemand, dessen Freude die Hingabe Seiner Geweihten ist". Als Krishna vor 5 000 Jahren auf dieser Erde weilte, opferte Ihm Sein Freund und reiner Geweihter Vidura Bananen. Aufgrund der Anwesenheit Krishnas wurde Vidura von ekstatischer Liebe überwältigt, und so warf er versehentlich die Früchte fort und opferte die Schalen; doch Krishna aß diese mit Behagen, weil sie mit Liebe geopfert waren. Ein anderer großer Gottgeweihter, Sanatana Gosvami, war so arm, dass er Krishna nur trockene *chapatis* opfern konnte; Krishna jedoch schmeckten sie wie Nektar, denn sie waren mit Liebe geopfert.

Nehmen Sie Krishnas Teller nach Beendigung der Opferung vom Altar und geben Sie das *prasada* auf Serviergeschirr. Als Nächstes werden Krishnas Teller und Schüsseln abgewaschen und weggeräumt. Nun kann das *prasada* ausgeteilt werden. Das *prasada*, das direkt vom Teller des Herrn kommt, wird *maha-prasada* genannt (*maha* bedeutet „groß" und *prasada* „Barmherzigkeit") und ist etwas ganz Besonderes. Derjenige, der das *prasada* austeilt, sollte darauf achten, dass jeder etwas von dem *maha-prasada* bekommt.

Die richtige Einstellung zum Essen von *prasada* wird von Srila Prabhupada im *Sri Caitanya-caritamrita* beschrieben: „*Prasada* ist nicht verschieden von Krishna. Deshalb sollten wir *prasada* nicht essen, sondern mit Respekt zu uns nehmen. Wenn man *prasada* zu sich nimmt, sollte man nicht denken, dies wären gewöhnliche Speisen. *Prasada* bedeutet ‚Gunst'. Man sollte *prasada* als eine Gunst Krishnas ansehen. Krishna ist sehr gütig. Wir alle in dieser

* Weitere Informationen darüber, wie Sie Ihr Essen opfern können, finden Sie im Anhang auf Seite 292/293.

materiellen Welt lieben es, eine Vielfalt von Speisen zu schmecken. Daher isst Krishna viele verschiedene wohlschmeckende Speisen und gibt sie den Gottgeweihten als *prasada* zurück. Auf diese Weise wird nicht nur unser Bedürfnis nach mannigfaltigen Geschmacksrichtungen zufriedengestellt, sondern wir machen durch das Essen von *prasada* obendrein noch spirituellen Fortschritt. Deshalb sollten wir *prasada* niemals mit gewöhnlichem Essen gleichsetzen."

Mit anderen Worten, wenn man während des Essens das *prasada* als eine Manifestation von Krishnas Barmherzigkeit ansieht, hat man eigentlich aufgehört zu essen. Der Vorgang des Essens wird stattdessen zur respektvollen Verehrung. Wenn wir Krishna, der in Form von *prasada* zu uns gekommen ist, auf diese Weise respektieren, erfreuen wir Ihn, und wenn Krishna zufrieden ist, ist auch Sein Geweihter zufrieden.

Dies ist echter Yoga, die Verbindung mit dem Höchsten Herrn. Dieser einfache Vorgang des Opferns macht uns auf eine grundlegende Lehre der Veden aufmerksam: Alles kommt von Krishna, und alles sollte Ihm wiederum zu Seiner Freude dargebracht werden.

Wann immer Sie also am Herd stehen – kochen Sie für Krishna und opfern Sie Ihm die Speisen. Ehe Sie sich versehen, wird sich Ihr Zuhause in einen Tempel verwandeln, und Sie machen schnellen Fortschritt auf Ihrem Weg zurück zu Gott.

Srila Prabhupada, Gründer-Acarya der Internationalen Gesellschaft für Krishna-Bewusstsein, verteilt *prasada* an seine Schüler und Gäste.

Vegetarismus und die Hare-Krishna-Bewegung

Bhakti-yoga, die Wissenschaft der Hingabe zu Krishna, wird seit unvordenklichen Zeiten zum Nutzen der gesamten Menschheit wahrheitsgetreu überliefert. In der vedischen Kultur gilt jemand, der nur die Launen des Körpers und des Geistes befriedigt und die Bedürfnisse der Seele vernachlässigt, als spirituell krank. So wie Ärzte ein Medikament und eine bestimmte Diät gegen eine Krankheit verschreiben, so empfehlen die vedischen Weisen das Chanten von Krishnas heiligen Namen als Medikament gegen die Krankheit des Materialismus und *prasada* als Diät. Die vedischen Schriften haben vorausgesagt, dass dieses Heilmittel gegen die Leiden der Menschheit jede Stadt und jedes Dorf auf der Welt erreichen wird.

Um die Erfüllung dieser Vorhersage zu beschleunigen, hat His Divine Grace A.C. Bhaktivedanta Swami Prabhupada, den Fußspuren seiner spirituellen Vorgänger folgend, sein Leben der Verbreitung des Krishna-Bewusstseins gewidmet. Im Jahre 1965 verließ er Indien und begab sich nach Amerika, um Krishna-Bewusstsein den Menschen im Westen zugänglich zu machen, womit ihn sein spiritueller Meister, His Divine Grace Bhaktisiddhanta Sarasvati, viele Jahre zuvor beauftragt hatte. Sein hohes Alter und viele andere Hindernisse, die sich ihm in den Weg stellten, konnten Srila Prabhupada in seiner Entschlossenheit nicht aufhalten. In vollem Vertrauen auf die Gnade Sri Krishnas rief er eine weltweite Bewegung ins Leben, die International Society for Krishna Consciousness (Internationale Gesellschaft für Krishna-Bewusstsein, kurz ISKCON).

Zwischen 1965, als Srila Prabhupada aus Indien nach Amerika kam, und 1977, als er aus dieser Welt schied, vermittelte er durch seine Bücher, Vorträge, Briefe, Interviews etc. wie auch durch sein persönliches Beispiel die ganze Fülle des spirituellen Lebens. Er errichtete mehr als 100 Tempel, übersetzte an die 80 Bände transzendentaler Literatur und weihte über 5 000 Schüler ein.

Srila Prabhupadas Drang zu predigen war deshalb so stark, weil er sah, wie sehr die Welt Indiens bedeutende spirituelle Kultur brauchte – eine Kultur, die zusehends ihrem Verfall entgegensteuerte. In Indien beobachtete er, wie politische Anführer ohne Glauben an die Lehren der Veden und ohne das Wissen um ihre Anwendung versuchten, letztlich spirituelle Probleme mit materiellen Lösungen zu beheben. Er sah, wie sich die junge Generation Indiens zugunsten des westlichen Materialismus von ihrem erhabenen spirituellen Erbe abwandte, während zur gleichen Zeit viele Menschen im Westen aus Enttäuschung über den Materialismus ein neues Leben mit höheren Werten suchten.

Srila Prabhupada war sich sowohl der Probleme Indiens wie auch der des Westens sehr bewusst, und er wies einen vernünftigen Weg, um sie zu lösen. Er verglich Indien mit seinem immer noch vorhandenen, wenn auch im Schwinden begriffenen spirituellen Verständnis und seinem Mangel an technologischem Fortschritt mit einem Lahmen und die westlichen Länder, die technologisch sehr weit sind, aber die spirituelle Sicht verloren haben, mit einem Blinden. Wenn nun der sehende Lahme sich auf die Schultern des gehenden Blinden setzt, gleichen beide zusammen einem Mann, der sehen und gehen kann. In ähnlicher Weise vereint die Internationale Gesellschaft für Krishna-Bewusstsein die besten Aspekte der indischen und der westlichen Kultur, um die vedische Kultur in Indien wiederzubeleben und auf der ganzen Welt zu verbreiten.

„Krishna-Bewusstsein", sagte Srila Prabhupada oft, „ist keine trockene Angelegenheit." Und *prasada* war ein Weg, diese Aussage zu demonstrieren. Er zeigte seinen Schülern, wie man viele Arten vegetarischer Gerichte zubereitet, wie man sie Krishna, dem Höchsten Herrn, opfert und wie man durch die so geweihten Speisen Krishnas Barmherzigkeit kosten kann. Srila Prabhupada war immer sehr zufrieden, wenn er sah, dass seine Schüler nur Krishna-*prasada* zu sich nahmen. Viele Male bereitete er persönlich das *prasada* zu und teilte es eigenhändig an seine Schüler aus.

In Band 2 der Reihe *Prabhupada Nectar* beschreibt Satsvarupa dasa Goswami die Stimmung, in der Srila Prabhupada *prasada* verteilte: „Er liebte es, das *prasada* eigenhändig auszuteilen, und jeder nahm es gern entgegen. Es war keine gewöhnliche Nahrung, es waren die Segnungen *bhaktis*, der Essenz des hingebungsvollen Dienstes. Srila Prabhupada verteilte das *prasada* in aller Ruhe, gutgelaunt und ohne Unterschiede zu machen. Wenn er es Kindern gab, mochten diese natürlich den süßen Geschmack der Kekse oder anderer Süßigkeiten, doch sie sahen es auch als eine besondere Geste von Prabhupada, der auf dem *vyasasana*-Sitz des spirituellen Meisters saß und sich ihnen entgegenbeugte. Den Frauen gefiel es, weil sie die seltene Gelegenheit bekamen, vorzutreten und ihre Hand vor Prabhupada auszustrecken. Sie fühlten dabei eine Mischung aus Freude und Scheu. Und erwachsene Männer kamen nach vorn wie erwartungsvolle Kinder, einander schubsend und drängelnd, nur um Prabhupadas Barmherzigkeit zu bekommen. Für Prabhupada war es eine ernste, hochwichtige Angelegenheit, und er sorgte persönlich dafür, dass immer ein großer Teller *prasada* zum Verteilen für ihn bereitstand. Inzwischen hat die *prasada*-Verteilung in der Bewegung für Krishna-Bewusstsein enorme Ausmaße angenommen – genau wie Prabhupada es sich wünschte –, doch alles begann damit, dass er es eigenhändig an jeden einzelnen austeilte."

Srila Prabhupada lehrte, dass das Austeilen von *prasada* an andere ein wesentlicher Bestandteil des Krishna-bewussten Lebensstils sei. Eine spirituelle Bewegung, die kein kostenloses geweihtes Essen verteilt, hat nach Srila Prabhupadas Ansicht keinen Wert. Kostenloses *prasada* durfte auf keiner Hare-Krishna-Veranstaltung fehlen. In der Tat wollte Srila Prabhupada, im festen Vertrauen auf die spirituelle Kraft von *prasada*, die ganze Welt Krishna-*prasada* kosten lassen, um so die Menschheit zum Gottes-Bewusstsein zu erheben.

Und so stehen die Türen der mehreren Hundert Hare-Krishna-Tempel und der Dutzenden von Farmgemeinschaften rund um die Welt täglich der Allgemeinheit offen, so dass jedermann kostenloses Krishna-*prasada* bekommen kann. An Sonntagen lädt jedes Zentrum zu einem mehrgängigen lukullischen Festmahl ein, einem Programm, das Srila Prabhupada 1966 im ersten Tempel in der Lower East Side in New York einführte. Jedes Zentrum veranstaltet außerdem mehrere öffentliche Festivals im Jahr, wie das Rathayatra-Wagenfest, das wohl älteste spirituelle Fest der Welt. Und bei jedem Festival sehen Zehntausende die wunderschöne Gestalt Krishnas und essen Krishna-*prasada*.

Im Jahre 1979 veranstalteten einige Gottgeweihte in Nordamerika zum ersten Mal das populäre „Festival of India", ein kulturelles Programm auf Rädern, das seither quer durch die Vereinigten Sttaten und Kanada zieht und Jahr für Jahr ca. 40 Festivals in ungefähr 20 Städten abhält. Vor einer Bühne, unter 27 Zelten und an zahlreichen Ständen und Ausstellungstafeln lernen Tausende von Menschen in Stadtzentren und an Universitäten die vedische Kultur so kennen, wie Srila Prabhupada sie einst dem Westen präsentierte: durch Schauspiel, Tanz, Musik, Diorama-Ausstellungen, Bücher der vedischen Literatur und kostenlose vegetarische Festmenüs.

Ferner betreibt die Hare-Krishna-Bewegung Restaurants in Großstädten wie London, Mailand, Mumbai, Los Angeles, Dallas und Sydney. Soweit wie möglich verwenden die Restaurants ISKCON-eigene Farmprodukte. Die Gottgeweihten geben auch Kochkurse für Krishna-*prasada*. In England, den Vereinigten Staaten und Australien bietet der Hare-Krishna-Club für

Vegetarier an den meisten größeren Colleges und Universitäten eine humane Alternative zu den Schlachthaus-orientierten Kochkursen, die dort im Allgemeinen angeboten werden. Sobald die Kursteilnehmer mit der Philosophie des Krishna-Bewusstseins vertraut sind, die über die übliche Argumentation hinaus einleuchtende spirituelle Argumente ins Feld führt, werden sie in den meisten Fällen zu konsequenten Vegetariern.

Viele haben die Krishna-Devotees durch das öffentliche Chanten von Krishnas heiligen Namen kennengelernt. Während des öffentlichen Chantens, das vor 500 Jahren in Indien eingeführt wurde, wird auch stets kostenloses *prasada* verteilt.

In einigen Ländern betreiben die Tempel auch *prasada*-Restaurants zum Nulltarif. „Mukunda's Drop-In Centre" im australischen Sydney beispielsweise verteilte über eine Million Mahlzeiten.

Ein weiteres *prasada*-Programm wurde 1973 ins Leben gerufen, als Srila Prabhupada in Mayapur, Indien, eines Tages aus dem Fenster seines Zimmers schaute und sein Blick auf ein junges Mädchen fiel, das den Abfall nach etwas Essbarem durchsuchte. In diesem Augenblick beschloss er, dass niemand im Umkreis von 15 Kilometern um den Hare-Krishna-Tempel in Sri Mayapur jemals hungern solle, und teilte dies seinen Schülern mit. Ein paar Tage später beobachtete Srila Prabhupada vom selben Fenster aus mit großer Genugtuung, wie seine Schüler an Hunderte von Dorfbewohner *prasada* verteilten, die, in langen Reihen sitzend, nach Herzenslust von runden Blättertellern aßen. „Nur weiter so", sagte Srila Prabhupada zu seinen Schülern. „Verteilt immer *prasada*." Srila Prabhupada betonte, dass es nicht ausreiche, den Hungrigen zu essen zu geben. Einfach jemanden zu speisen, sei falsche Wohltätigkeit, es sei denn, man gibt ihm *prasada* und befreit ihn so von Geburt und Tod.

Es kommt also nicht von ungefähr, dass die Hare-Krishna-Religion manchmal als „Küchenreligion" bezeichnet wird, als die Bewegung, die Philosophie mit gutem Essen verbindet. Manche mögen zwar die Philosophie nicht akzeptieren, doch kaum einer lehnt *prasada* ab. Jahr für Jahr haben etliche Millionen Menschen die Gelegenheit, Krishna-*prasada* zu kosten. Mit Freuden sehen wir der Zeit entgegen, wenn auf der ganzen Welt unbegrenzte Mengen *prasada* verteilt werden und die Menschen überall ihr Essen zu Gott opfern. Eine solche Revolution dieses wohl überall verbreiteten menschlichen Rituals, des Essens, wird sicherlich die materialistische Krankheit des Menschen heilen.

Die Wissenschaft der gesunden Ernährung

In Indien ist nicht nur die vegetarische Küche beheimatet, sondern auch die Wissenschaft des gesunden Lebens. Der Ayurveda umfasst die ältesten bekannten Abhandlungen über Biologie, Hygiene, Medizin und Ernährungskunde. Dieser Zweig der Veden wurde vor Tausenden von Jahren von Sri Bhagavan Dhanvantari, einer Inkarnation Krishnas, offenbart. „Alt" ist jedoch nicht gleichbedeutend mit „primitiv", und einige Anweisungen des Ayurveda werden den Leser von heute wie Ratschläge der modernen Ernährungswissenschaft anmuten oder einfach wie angewandter gesunder Menschenverstand. Andere Anweisungen werden weniger vertraut klingen, werden sich aber von selbst bestätigen, wenn man sie beherzigt.

Wir sollten nicht überrascht sein, dass sich spirituelle Schriften auch mit körperlicher Gesundheit befassen. Die vedischen Schriften betrachten den menschlichen Körper als eine Gabe Gottes, als eine Möglichkeit für die gefangene Seele, sich vom Kreislauf von Geburt und Tod zu befreien. Auf die Bedeutsamkeit eines gesunden Lebenswandels im spirituellen Leben weist auch Sri Krishna in der *Bhagavad-gita* (6.16–17) hin: „O Arjuna, es ist nicht möglich, ein Yogi zu werden, wenn man zu viel isst oder zu wenig isst, wenn man zu viel schläft oder zu wenig schläft. Wer in seinen Gewohnheiten des Essens, Schlafens, der Erholung und des Arbeitens maßvoll ist, kann durch die Ausübung des Yoga-Systems alle materiellen Leiden lindern."

Richtige Ernährung ist doppelt wichtig: Abgesehen von der Auswirkung auf die physische Gesundheit – übermäßiges Essen, hastiges oder nervöses Essen sowie das Essen unreiner Nahrung führen zu Verdauungsstörungen, der „Mutter aller Krankheiten" –, können geeignete Essgewohnheiten dem angehenden Transzendentalisten helfen, seine Sinne unter Kontrolle zu bringen: „Von allen Sinnen ist die Zunge am schwierigsten zu beherrschen", heißt es im *Prasada-sevaya*, einem Lied von Srila Bhaktivinoda Thakura, einem der spirituellen Vorgänger Srila Prabhupadas, „aber Krishna hat uns in Seiner

Bhagavan Dhanvantari, eine Inkarnation Krishnas und Begründer der Wissenschaft der Medizin in unserem Universum.

Güte dieses wunderbare *prasada* gegeben, damit wir lernen, unsere Zunge zu beherrschen."

Hier nun ein paar Richtlinien aus dem Ayurveda und anderen vedischen Schriften:

Spiritualisieren Sie Ihr Essen

Die *Bhagavad-gita* (17.8–10) unterteilt Nahrung in drei Klassen: Nahrung in der Erscheinungsweise der Tugend, Nahrung in der Erscheinungsweise der Leidenschaft und Nahrung in der Erscheinungsweise der Unwissenheit. Am gesündesten sind Nahrungsmittel in der Erscheinungsweise der Tugend. „Nahrungsmittel in der Erscheinungsweise der Tugend (Milchprodukte, Getreide, Früchte und Gemüse) verlängern die Lebensdauer, läutern die Existenz des Menschen und geben Kraft, Gesundheit, Glück und Zufriedenheit. Solche Nahrungsmittel sind süß, saftig, fetthaltig und schmackhaft."

Nahrungsmittel, die zu bitter, zu sauer, zu salzig, zu scharf, zu trocken und zu heiß sind, befinden sich in der Erscheinungsweise der Leidenschaft und verursachen Leid. Nahrungsmittel in der Erscheinungsweise der Unwissenheit, wie Fleisch, Fisch und Geflügel, die faulig, verwesend und unrein sind, verursachen Schmerzen, Krankheit und schlechtes Karma. Mit anderen Worten, alles, was wir essen, beeinflusst unsere Lebensqualität. Es gibt sehr viel unnötiges Leid in unserer heutigen Welt, weil die meisten Menschen keine anderen Kriterien kennen, um ihre Nahrung auszuwählen, als den Preis und den Drang der Zunge.

Nahrung dient jedoch nicht nur dazu, unsere Lebensdauer zu verlängern und unseren Körper zu stärken, sondern auch dazu, Verstand und Bewusstsein zu läutern. Deshalb opfert der Spiritualist seine Nahrung zum Herrn, bevor er isst. Solche geopferten Speisen ebnen den Weg zu spirituellem Fortschritt. Es gibt viele Millionen Menschen in Indien und rund um die Welt, die nicht auf die Idee kämen zu essen, ohne die Nahrung zuvor Sri Krishna darzubieten.

Essen Sie zu festgelegten Zeiten

Nehmen Sie Ihre Hauptmahlzeit möglichst mittags ein, wenn die Sonne am höchsten steht. Warten Sie nach einer leichten Mahlzeit mindestens drei Stunden und nach einer üppigen Mahlzeit fünf Stunden, bevor Sie wieder etwas essen. Essen Sie nur zu festgesetzten Zeiten, ohne Zwischenmahlzeiten; auf diese Weise können Sie unnötiges Reizen der Zunge und des Verstandes vermeiden.

Essen Sie in einer angenehmen Atmosphäre

Gute Laune ist gut für die Verdauung, eine spirituelle Gemütsstimmung sogar noch besser. Essen Sie in einer angenehmen Atmosphäre und vermeiden Sie während des Essens tunlichst weltliche Gesprächsthemen. Betrachten Sie Ihre Nahrung als Krishnas Barmherzigkeit; sie ist ein Geschenk Gottes. Deshalb sollten Sie sie mit Freude und Respekt zubereiten, servieren und essen.

Kombinieren Sie Ihre Speisen mit Bedacht

Seine Nahrung sollte man unter den Gesichtspunkten des Geschmacks, der guten Verdauung und der optimalen Aufnahme der Nährstoffe kombinieren. Reis und anderes Getreide passen sehr gut zu Gemüse. Milchprodukte, wie Käse, Joghurt und Buttermilch, passen sehr gut zu Getreide, aber Frischmilch verträgt sich nicht mit Gemüse.

Das typisch vedische Mittagessen, bestehend aus Reis, *dal*-Suppe, Gemüse und *chapatis*, ist eine völlig ausgewogene Mahlzeit.

Vermeiden Sie eine Kombination von Gemüse und frischem Obst (Obst isst man am besten als getrennte Mahlzeit oder zu heißer Milch). Nicht zu empfehlen sind außerdem Verbindungen von sauren und basischen Früchten sowie von Milch und fermentierten Milchprodukten.

Teilen Sie Ihr prasada *mit anderen*

Srila Rupa Goswami erklärt im *Upadesamrita*, einem 500 Jahre alten Klassiker über hingebungsvollen Dienst: „Eine der Arten des liebevollen Austausches unter Gottgeweihten besteht darin, sich gegenseitig *prasada* anzubieten und *prasada* anzunehmen.“ Ein Geschenk Gottes ist eine zu gute Sache, um es für sich zu behalten, und so empfehlen die Schriften, *prasada* mit anderen zu teilen, ob sie nun Freunde oder Fremde sind. Im alten Indien – und es folgen auch heutzutage noch viele Menschen diesem Brauch – öffnete der Haushälter zur Essenszeit die Tür und rief: „*Prasada! Prasada! Prasada!* Wer Hunger hat, ist herzlich eingeladen!“ Nachdem er seine Gäste willkommen geheißen und ihnen alle zur Verfügung stehenden Annehmlichkeiten angeboten hatte, reichte er ihnen so viel zu essen, wie sie mochten, bevor er seine eigene Mahlzeit zu sich nahm. Selbst wenn Sie diesem Brauch nicht folgen können, sollten Sie nach Möglichkeiten suchen, anderen *prasada* anzubieten; so werden Sie selbst das *prasada* viel mehr zu würdigen wissen.

Achten Sie auf Reinheit

Die vedische Kultur legt sehr großen Wert auf innere wie auch äußere Reinheit. Was innere Reinheit betrifft, so können wir Herz und Verstand von aller materiellen Verunreinigung befreien, indem wir vedische Mantras chanten, vor allem das Hare-Krishna-Mantra. Äußere Reinheit beinhaltet ein hohes Maß an Sauberkeit beim Kochen und Essen. Selbstverständlich gehört hierzu auch die gute Sitte, sich vor dem Essen die Hände und nachher die Hände und den Mund zu waschen.

Essen Sie maßvoll

Vitalität und Stärke sind nicht davon abhängig, wie viel wir essen, sondern wie viel unser Verdauungssystem absorbieren kann. Der Magen braucht seinen Platz zum Verdauen. Daher ist es ratsam, ihn anstatt bis zum Rand nur halb zu füllen. Essen Sie also nur halb so viel, wie Sie eigentlich schaffen könnten. Ein Viertel sollte für Getränke freigehalten werden und das restliche Viertel für Luft. Diese Faustregel ist nicht nur für die Verdauung förderlich; Sie werden auch mehr Freude am Essen haben.

Kein Wasser auf das Verdauungsfeuer

Sichtbare Flammen und unsichtbare Verbrennung sind zwei Aspekte dessen, was wir „Feuer" nennen. Bei der Verdauung spielt Verbrennung sicherlich eine Rolle. Oft sprechen wir von Fetten oder Kalorien, die „verbrannt" werden, und in der Tat bezieht sich das Wort „Kalorien" auf Hitze, die entsteht, wenn Nahrung verbrannt wird. Aus den Veden erfahren wir, dass unsere Nahrung von einem Feuer namens Jatharagni (dem Feuer im Magen) verdaut wird. Und da wir beim Essen oft trinken, sollte die Wirkung von Flüssigkeit auf Feuer bei der Kunst des Essens auch unbedingt berücksichtigt werden.

Trinken vor der Mahlzeit mäßigt den Appetit und folglich auch den Drang, sich zu überessen. Maßvolles Trinken während des Essens hilft dem Magen bei seiner Arbeit. Trinken im Anschluss an das Essen jedoch hat eine Verdünnung der Magensäfte zur Folge, so dass das Verdauungsfeuer gedrosselt wird. Warten Sie nach dem Essen mindestens eine Stunde, bevor Sie wieder etwas trinken; danach können Sie, wenn nötig, bis zur nächsten Mahlzeit stündlich etwas trinken.

Verschwenden Sie keine Nahrung

Aus den Schriften erfahren wir, dass für jedes bisschen Nahrung, das in Zeiten des Überflusses verschwendet wird, die gleiche Menge in Notzeiten fehlen wird. Füllen Sie nur so viel auf Ihren Teller, wie Sie auch wirklich essen können, und bewahren Sie alle Überreste für die nächste Mahlzeit auf. Um Essen aufzuwärmen, ist es meistens nötig, etwas Flüssigkeit hinzuzufügen, es in einem bedeckten Topf zu erhitzen und dabei öfters umzurühren. Reis und Spinat sollten nicht aufgewärmt werden, da dadurch Giftstoffe entstehen. Sollte es aus irgendeinem Grunde einmal vorkommen, dass *prasada* schlecht wird, dann verfüttern Sie es entweder an Tiere, verbrennen Sie es, oder schütten Sie es in ein Gewässer. *Prasada* ist heilig und sollte niemals in den Abfall geworfen werden. Achten Sie sowohl beim Kochen als auch beim Essen darauf, keine Nahrung zu verschwenden.

Legen Sie ab und zu eine Fastenkur ein

Es mag ungewöhnlich erscheinen, in einem Kochbuch Fasten zu empfehlen, aber laut dem Ayurveda wird durch Fasten sowohl die Willenskraft als auch die körperliche Gesundheit gestärkt. Gelegentliches Fasten gönnt dem Verdauungssystem eine Ruhepause und erfrischt Sinne, Verstand und Bewusstsein.

In den meisten Fällen empfiehlt der Ayurveda, während des Fastens nur Wasser zu sich zu nehmen. Bei uns im Westen sind Saftkuren sehr verbreitet, da hier meist längeres Fasten empfohlen wird. In der ayurvedischen Behandlung hingegen sind die meisten Fastenkuren von kurzer Dauer, nicht länger als ein bis drei Tage. Während des Fastens sollte man nicht mehr Wasser trinken, als man braucht, um den Durst zu löschen. Jatharagni, das Verdauungsfeuer, ist kurzzeitig von der Aufgabe, Nahrung zu verdauen, befreit und ist damit beschäftigt, die angesammelten Abfallstoffe im Körper zu verbrennen; zu viel Wasser würde diesen Vorgang behindern.

Am Ekadasi, dem jeweils elften Tag nach Vollmond und nach Neumond, halten die Gottgeweihten ein besonderes Fasten ein, indem sie kein Getreide und keine Hülsenfrüchte zu sich nehmen. Im *Brahmavaivarta* heißt es: „Wer Ekadasi einhält, wird von allen Arten sündhafter Reaktionen befreit und erlangt Fortschritt auf dem Pfad der Religion.“

Küchengeräte

Neulinge auf dem Gebiet der indischen Kochkunst entdecken oft mit freudiger Überraschung, dass ein gutes Gelingen mehr vom kreativen Erfindungsgeist des Kochs abhängt als von einer Spezialausrüstung an Küchengeräten. Wenn Ihre Küche mit den gebräuchlichsten Utensilien ausgestattet ist – Bratpfannen, Kochtöpfen, Messern, einem Schneebesen, Schüsseln, einem Reibeisen, einem Metallsieb, einer Schaumkelle, Küchenbrettern, Käsetüchern, einem Sortiment Messlöffel und vielleicht einer Waage –, haben Sie alles, was Sie brauchen, um original-indische Gerichte zu kochen.

Natürlich finden auch moderne Errungenschaften wie Schnellkochtöpfe und Küchenmaschinen ihre Verwendung beim indischen Kochen. Ein Schnellkochtopf eignet sich zum Beispiel, um die Kochzeit bei *dal*-Suppen und Kichererbsengerichten zu verkürzen, und eine Küchenmaschine, um Ingwer und Kräuter zu zerkleinern oder um Brotteig und *paneer* zu kneten. *Paneer* ist nach wenigen Sekunden durchgeknetet. Stellen Sie die Maschine rechtzeitig ab, sonst zerfällt er. Den Gebrauch von Mikrowellenherden empfehlen wir jedoch nicht. Einige Wissenschaftler vermuten, dass sie der Nahrung einen Teil der Nährstoffe entziehen.

Die Funktionen der meisten Geräte, die in der indischen Küche gebraucht werden, können ebenso gut ihre westlichen Gegenstücke erfüllen, manchmal sogar noch wirkungsvoller. Hierzu einige Beispiele:

- Dicke Metalltöpfe können die Messing-*dekchi* (einen Kochtopf ohne Henkel, wie er überall in Indien benutzt wird) ersetzen. Das schwere Material verteilt die Hitze gleichmäßig und verhindert so, dass das Essen anbrennt oder ansengt. Dünne Töpfe bilden heiße Stellen, wo das Essen immer wieder ansetzt. Achten Sie darauf, dass Ihre Töpfe mit gut abschließenden Deckeln ausgestattet sind. (Mit Deckel werden die Speisen im Allgemeinen schneller gar und Sie sparen Energie.) Benutzen Sie keine Aluminiumtöpfe, denn das Material reagiert mit dem Essen und verunreinigt es, vor allem bei Milchprodukten oder säurehaltigen Speisen.

- Der vielseitige elektrische Mixer kann den Mahlstein, der in der indischen Küche täglich verwendet wird, ersetzen. Außer Gewürze zu zermahlen, kann ein Mixer auch Früchte und Gemüse pürieren oder entsaften. Besorgen Sie sich einen Mixer mit tiefliegenden Klingen, der auch geringe Mengen zerkleinern kann.

  Ein anderes praktisches Gerät ist die elektrische Kaffeemühle. Sie kann kleine Mengen Gewürze oder Nüsse in Sekundenschnelle zerkleinern und ist nicht sehr teuer. Wenn Ihnen „elektrisches Kochen" nicht zusagt, können Sie auch hervorragende Ergebnisse mit Mörser und Stößel (plus ein wenig Muskelkraft) erzielen.
- Hölzerne Kochlöffel und Pfannenwender werden zwar für gewöhnlich in Indien nicht verwendet, da Holz schwer zu säubern ist, sind aber praktischer als Metall-Löffel, da diese sehr heiß werden und den Geschmack der Speisen beeinträchtigen. Dazu bewahrt der Gebrauch hölzerner Kochlöffel die Töpfe vor Verschleiß und Kratzern.

  Es gibt natürlich auch indische Küchengeräte, die das indische Kochen erleichtern. Wenn Sie sie jedoch nicht beschaffen können, werden Sie auch mit ihren westlichen Gegenstücken auskommen.
- *Karhai.* Eine runde, tiefe Pfanne mit Henkeln an beiden Seiten. Das Material kann Messing, Gusseisen oder Edelstahl sein. Weil sie oben weit und am Boden gewölbt ist, braucht man nur wenig Öl, um große Mengen Nahrungsmittel zu frittieren. Sie wird auch manchmal zum Sautieren von Gemüse verwendet. Der chinesische Wok hat die gleiche Form wie die *karhai* und tut die gleichen Dienste. Beide sind zu einem erschwinglichen Preis und leicht erhältlich. Die gebräuchlichste und praktischste Größe hat einen oberen Durchmesser von 30 bis 35 cm. Wenn Sie weder eine *karhai* noch einen Wok beschaffen können, tut es auch eine Bratpfanne mit hohem Rand.
- *Tava.* Eine kreisrunde, leicht gewölbte, gusseiserne Pfanne mit einem Griff: Sie eignet sich ideal für die Zubereitung von *chapatis* oder *parathas.* Eine gusseiserne Bratpfanne mit gleichmäßiger Hitzeverteilung kann die *tava* ersetzen. Um eine *chaunk* herzustellen und Gewürze zu rösten, können Sie auch eine kleine gusseiserne Bratpfanne benutzen.
- *Chimta.* Eine lange, flache Zange mit stumpfen, runden Enden, die benutzt wird, um *chapatis* umzudrehen und über die Flamme zu halten, ohne sie zu beschädigen. Jede andere lange Zange mit flachen, runden Enden ist genauso geeignet.
- *Velan.* Dieses Nudelholz ohne Griffe misst in der Länge etwa 30 bis 35 cm, ist in der Mitte am stärksten und nimmt zu den Seiten hin leicht an Umfang ab. Der *velan* ist sehr praktisch, um indisches Fladenbrot zu rollen. Wenn

sie keinen *velan* finden können, lassen Sie sich von jemandem einen anfertigen. Ansonsten verwenden Sie irgendein anderes Rollholz.

- *Masala dabba*. Ein Behälter aus Edelstahl oder Messing, der sieben kleine Gefäße mit Gewürzen für den täglichen Gebrauch enthält. Ein fest abschließender Metalldeckel schützt die Gewürze vor Feuchtigkeit. Wenn der *masala dabba* nirgends erhältlich ist, kann eine hölzerne Gewürzdose mit Glasbehältern den gleichen Zweck erfüllen.

Empfohlene Menüs

Der vedische Speiseplan empfiehlt ein kräftiges Frühstück, ein noch kräftigeres Mittagessen, ein leichtes Abendessen und ab und zu ein ausgiebiges Festmahl. Die in diesem Kapitel vorgeschlagenen Menüs vermitteln eine Vorstellung, welche Gerichte gut zusammenpassen. Mit den Rezepten in diesem Buch wird es Ihnen möglich sein, jeden Tag im Monat ein anderes Menü zuzubereiten. Natürlich können Sie nach Belieben auch andere Zubereitungen hinzufügen oder manche weglassen.

Ein typisches Frühstück besteht aus einem Hauptgericht aus Getreide und Gemüse, einem leichten Fladenbrot, ein wenig Joghurt und einer Scheibe frischem Ingwer. Ein Kräutertee oder z. B. Ingwertee passt gut zu dieser Mahlzeit. Wer ein leichteres Frühstück bevorzugt, hat die verschiedensten Möglichkeiten, wie *puris* und Marmelade, *shrikhand* und *papadams*, Gemüse- oder Früchte-*pakoras*, ein *raita* oder frisches Obst und Joghurt.

Käse mit gebratenen Tomaten
Vollweizen-Pfannkuchen
Gebratene Kichererbsen mit Paprika
Salziger Joghurt- oder
Buttermilchtrank

Reis, dal und Gemüse, gekocht
Bananen-puris
Gebratene Kichererbsen
in würziger Joghurtsoße
Joghurt

Gemüse- und dal-Eintopf
Gedämpfter dal und Joghurt
Kokosnusschutney
Joghurt

Pikante Grießspeise mit Gemüse
Pfannkuchen mit würziger
Kartoffelfüllung
Pikante Kichererbsen
Süßer Joghurt- oder
Buttermilchtrank

Das klassische vedische Mittagessen besteht aus Reis, *dal*, *chapatis* und einem Gemüsegericht. Zum Abrunden können Sie einen Salat, ein Chutney,

eine Süßspeise und ein Getränk hinzufügen. Im Sommer ist eine kleine Portion Joghurt zu empfehlen.

Weißer Reis
Dal-Suppe mit Gemüse
Chapatis
Grüne Bohnen in Kadhisoße
Tomatenchutney oder
Spinatsalat in Joghurt
Obstkrapfen
Salziger Joghurt- oder
Buttermilchtrank

Zitronenreis
Sämige Gemüsesuppe
Kichererbsenmehl-Pfannkuchen
Erbsen und Käse in Tomatensoße
Ananaschutney oder
Kartoffelsalat mit Kokosnuss
Indische Eiscreme
Anismilch mit Rosinen und
Pistazien

Reis mit Joghurt
Toor-dal-Suppe mit Tomaten
Chapatis
Auberginen-, Spinat- und
Tomatenpüree
Dal-Kroketten in Joghurt
Dattel-Tamarindenchutney
Indische Grießspeise

Kokosreis
Urad-dal mit pikantem Joghurt
Fladenbrot aus Kichererbsenmehl
Blumenkohl und Kartoffeln in
Joghurtsoße
Gebratener, würziger Käse
Vermicelli in Sahnesoße
Kreuzkümmel-Tamarindentrank

Zum Abendessen empfiehlt sich ein Gemüsegericht mit einem leichten Fladenbrot, dazu ein pikanter Snack, ein Chutney, eine Süßspeise und ein Getränk. Es ist nicht ratsam, vor dem Schlafengehen viel Getreide zu sich zu nehmen, sonst muss der Magen die ganze Nacht hindurch verdauen. Als kleiner Imbiss vor der Nachtruhe eignet sich heiße Milch mit Bananen-*puris*.

Okra mit Kokosnuss
Indische Cracker
Kartoffelbratlinge
Tomatenchutney
Knusperspiralen in Sirup

Gefüllte Kohlblätter
Puris
Zitronenreis
Süßes Karottendessert
Anismilch mit Rosinen und Pistazien

Bengalisches Gemüsecurry
Blätterteigfladen aus Vollweizen
Apfelchutney
Obsttaschen
Zitronen- oder Limettentrank

Gemüse- und dal-Eintopf
Fladenbrot mit würziger
Kartoffelfüllung
Gemüsekrapfen
Chutney aus frischer Minze
Cremiges Joghurtdessert

Srila Prabhupada gab uns folgendes Muster für ein Festmenü: ein opulentes Reisgericht, ein Gemüsegericht mit, eines ohne Soße, ein pikanter Snack, ein Chutney, *puris*, ein *raita*, ein oder zwei Süßspeisen, ein Getränk und *khir*. Ein üppiges Festmahl gibt vielen Menschen die Gelegenheit, den Reichtum Krishnas zu erfahren. Srila Prabhupada lehrte, dass ein Gottgeweihter normalerweise nicht nach schmackhaften Speisen trachtet und nur das isst, was er braucht. Deshalb riet er den Gottgeweihten, während der Woche möglichst einfach zu essen und sich am Sonntag gemeinsam mit den Tempelgästen das „Love feast" schmecken zu lassen. Die Anzahl der Gerichte kann unbegrenzt erhöht werden. In unseren Tempeln feiern wir festliche Anlässe, wie den Geburtstag Sri Krishnas oder des spirituellen Meisters, mit nicht weniger als 108* oder sogar noch mehr verschiedenen Gerichten.

Gemischter Gemüsereis
Frittierte Käsebällchen in Sahnesoße
Gratin-Kartoffeln
Würzige Karottenkroketten
Chutney aus frischer Minze
Bananen-puris
Obsttaschen
Kreuzkümmel-Tamarindentrank
Nektarreis

Gewürzreis
Gemüseeintopf mit Käse
Blumenkohl, Kartoffeln und Frischkäse, frittiert
Dal-Kroketten in Joghurt
Dattel-Tamarindenchutney
Puris
Cremiges Joghurtdessert
Anismilch mit Rosinen und Pistazien
Nektarreis

Weißer Reis
Süß-saures Gemüse
Gedünsteter Spinat mit Frischkäse
Gemüsekrapfen
Tomatenchutney
Puris
Süßigkeit aus geröstetem Kichererbsenmehl
Zitronen- oder Limettentrank
Nektarreis

Safranreis mit Käsebällchen
Frittierte Spinat- und Käsebällchen
Gefülltes Gemüse
Gemüsetaschen
Korianderchutney
Masala puris
Exquisites indisches Käsedessert
Süßer Joghurt- oder Buttermilchtrank
Nektarreis

Anmerkung: Alle oben genannten Rezepte sind im Anhang des Buches alphabetisch aufgeführt.

* Die Zahl 108 gilt in der vedischen Kultur als Glückszahl. So gibt es zum Beispiel 108 Haupt-*gopis* (Krishnas Kuhhirtenfreundinnen) und 108 Upanisaden.

Zubereiten und Servieren einer vedischen Mahlzeit

Kochen zur Freude der Höchsten Persönlichkeit Gottes ist eine wundervolle Art, seine Kreativität zum Ausdruck zu bringen. Die Kombination der Farben, Geschmäcke und der Konsistenz verschiedener Gerichte (ohne die Haushaltskasse zu überlasten) lassen das Geschick eines wahren Künstlers erkennen. Kochen für Krishna erfordert persönliche Hingabe, d. h., der Koch sollte nicht nur den Wunsch haben, Krishna Speisen vorzusetzen, sondern Ihn auch zu erfreuen.

Vedisches Kochen ist praktisch, denn es bedeutet, die besten Speisen in kürzester Zeit zuzubereiten. Wer kocht, um den Höchsten Herrn zu erfreuen, kocht mit Bedacht, ohne Hast und Verschwendung. Srila Prabhupada zeigte uns, wie man eine vollständige Mahlzeit in weniger als einer Stunde fertigstellt.

Teilen Sie sich Ihre Zeit sinnvoll ein, indem Sie vorausplanen – zum Beispiel die Reihenfolge, in der Sie die Gerichte zubereiten. Am besten, Sie fangen schon am Abend zuvor an. Es dauert nur ein paar Minuten, um Joghurt anzusetzen, *paneer* herzustellen und abzuhängen oder Bohnen einzuweichen. Fast alle indischen Süßspeisen können einen Tag im Voraus zubereitet und im Kühlschrank aufbewahrt werden. Auch können Sie einige Stunden vor dem Essen Getränke zubereiten und kaltstellen.

Falls Sie mit dem indischen Kochen gerade anfangen, ist es vielleicht zweckdienlich, alle Zutaten im Voraus bereitzustellen, da das Kochen Ihre ungeteilte Aufmerksamkeit in Anspruch nehmen wird. Beginnen Sie mit den Gerichten, die am längsten garen, wie *dal* und gekochtem Chutney. Als Nächstes rühren Sie den Brotteig an, so dass er lange genug gehen kann. Falls Sie am Abend zuvor keinen Frischkäse hergestellt haben, können Sie dies jetzt nachholen und anschließend mit einem Gewicht die Molke auspressen. Falls Reis und *halava* auf dem Plan stehen, sollten Sie daraufhin einen Topf Wasser aufsetzen. Dann können Sie mit dem Gemüse und den Beilagen beginnen. Falls ein Gericht sehr viel Vorbereitung erfordert, sollten die übrigen Speisen möglichst schnell und einfach zuzubereiten sein. Warten Sie mit dem Fladenbrot, den *pakoras*, *samosas* und anderen Beilagen, die heiß serviert werden, bis zum Schluss.

Sie können einen klaren Kopf behalten und sich am Ende eine Menge Abwasch ersparen, wenn Sie schon während des Kochens saubermachen. „Kochen bedeutet putzen", pflegte Srila Prabhupada zu sagen. Nehmen Sie sich die Zeit, zwischendurch einmal den Arbeitsplatz abzuwischen und nebenher stets Töpfe abzuwaschen. Wenn Sie einmal zu der Erkenntnis gekommen sind, dass das halbe Vergnügen beim Kochen im Saubermachen liegt, werden Sie die Küche immer sauberer verlassen, als Sie sie vorgefunden haben.

Mit der gleichen Sorgfalt, die Sie bei der Zubereitung des Essens aufgebracht haben, sollten Sie auch beim Servieren vorgehen. In Indien werden die Speisen im Allgemeinen in *katoris* abgefüllt, kleinen Schalen aus Silber, Messing oder Edelstahl, welche wiederum auf eine *thali*, einen runden Essteller aus demselben Metall mit erhöhtem Rand, gestellt werden. Reis, Fladenbrot und andere trockene Speisen werden direkt auf der *thali* serviert. Gemüse, Chutneys, *dal*, Joghurt und andere flüssige oder halbflüssige Speisen gibt man in die *katoris*. Sollten Sie keine *katoris* oder *thalis* haben, können Sie diese auch durch normale Teller und Schalen ersetzen. Alle Gänge werden zusammen serviert und können in beliebiger Reihenfolge gegessen werden.

Ein indisches Mahl sollte zuerst das Auge verführen, dann die Nase und schließlich die Zunge. Das hausgemachte Fladenbrot, die Süßspeisen in verschiedenen Farben und Formen sowie die Suppe und das Gemüse, garniert mit Zitronenscheiben und frischen Korianderblättern, bestechen das Auge; das Aroma der Gewürze und frischen Zutaten erfreut die Nase, und die Ausgewogenheit zwischen pikanten und milden Speisen stellt die Zunge zufrieden.

Falls Sie gerne ausprobieren möchten, wie man im indischen Stil isst: Setzen Sie sich auf einen Teppich, eine Matte oder ein Kissen, und stellen Sie die *thali* vor sich auf einen niedrigen Tisch. Indische Musik (oder besser noch Vaishnava-Musik) sorgt für eine angenehme Atmosphäre.

Alkoholische Getränke haben keinen Platz auf der vedischen Speisekarte. Der Geschmack von *prasada* belebt die Seele und reinigt die Sinne; Rauschmittel haben den gegenteiligen Effekt. Wenn Rauschmittel irgendwie zur Erhebung des Bewusstseins beitragen könnten, dann würden echte Yogis trinken und rauchen – was sie jedoch nicht tun. Alkohol trübt das Bewusstsein und beeinträchtigt den feinen Geschmack vegetarischer Speisen. Deshalb ist es besser, Wasser zu trinken oder eines der Getränke aus diesem Buch. Normalerweise wird nach einer indischen Mahlzeit auch kein Tee oder Kaffee ausgeschenkt; stattdessen kaut man einige Anissamen und zerstoßenen Kardamom, um den Mund zu erfrischen und den Magen zu beruhigen.

Es bleibt Ihnen selbst überlassen, Bestecke zu verwenden oder nicht. Inder essen mit den Fingern der rechten Hand (die linke Hand reinigt den Körper, die rechte ernährt ihn). Finger und indisches Essen scheinen wie füreinander geschaffen zu sein. Wie sonst sollte es möglich sein, mit einem abgerissenen Stück *chapati* etwas Gemüse und Soße aufzunehmen und zum Munde zu führen, ohne unterwegs etwas zu verlieren? Wenn Sie wollen, können Sie natürlich auch Besteck benutzen.

Ein gutes, reichliches Mahl, heiß und pünktlich serviert, wird zu einer noch größeren Freude, wenn der Gastgeber bemüht ist, seinen Gast zufriedenzustellen. Der Gast kann natürlich beschließen, mäßig zu essen, doch der Gastgeber sollte einfach darauf bedacht sein, dass jeder nach Herzenslust essen kann. In einem Vaishnava-Lied zur Verherrlichung des spirituellen Meisters heißt es: „Wenn der spirituelle Meister sieht, dass die Gottgeweihten durch das Essen von Krishna-*prasada* zufriedengestellt sind, ist auch er zufrieden."

Einen kleinen Eindruck hiervon vermittelt uns *Prabhupada*, die Biographie des gleichnamigen ISKCON-Gründer-Acarya von Satsvarupa dasa Goswami. Dort erinnert sich ein Devotee an die Anfangszeiten der Hare-Krishna-Bewegung: „Prabhupadas offizielle Anordnung, dass jeder so viel *prasada* wie möglich essen solle, schuf eine humorvolle, familiäre Atmosphäre. Niemandem war es erlaubt, untätig dazusitzen und in seinem Essen herumzustochern oder wie ein Spatz zu essen. Alle aßen mit sichtlichem Wohlbehagen, und Swamiji (Srila Prabhupada) drängte sie regelrecht dazu. Wenn er jemanden sah, der nicht kräftig zulangte, rief er den Betreffenden beim Namen und protestierte lächelnd: ‚Warum isst du nicht? Nimm *prasada*.' Und er lachte. ‚Als ich mit dem Schiff in euer Land kam, dachte ich: *Wie werden die Amerikaner jemals diese Speisen essen?*' Und während die Devotees ihren Teller vorschoben, teilte Keith Nachschlag aus – Reis, *dal*, *chapatis* und *sabji*."

Selbst Sri Krishna persönlich (in Seiner Inkarnation als Sri Caitanya Mahaprabhu vor 500 Jahren) bereitete es große Freude, *prasada* an Seine Geweihten auszuteilen. Im *Sri Caitanya-caritamrita*, dem bengalischen *bhakti*-Klassiker über die Spiele der barmherzigsten Inkarnation Gottes, heißt es: „Sri Caitanya Mahaprabhu war es nicht gewohnt, *prasada* in kleinen Mengen zu Sich zu nehmen. Deshalb gab Er so viel auf jeden Teller, dass mindestens fünf Personen davon satt werden konnten. Sri Caitanya Mahaprabhu sagte den Essensverteilern immer wieder: ‚Gebt ihnen mehr! Gebt ihnen mehr!' Und da Sri Caitanya der allwissende Herr selbst ist, versetzte Er alle dadurch in Erstaunen, dass Er ganz genau wusste, was jeder einzelne am liebsten aß. So speiste Er alle Gottgeweihten, bis sie vollauf zufrieden waren."

Auch Sie und Ihre Gäste werden vollauf zufrieden sein. Ob Sie auf dem

Boden oder an einem Tisch sitzen, ob Sie mit den Fingern oder mit einem Löffel essen, ob Sie servieren oder bedient werden, ob Ihr Mahl aus nur einem oder aus 120 Gängen besteht, Sie werden Ihr hausgemachtes indisches Mahl als ein Labsal für Körper, Geist und Seele empfinden.

Rezepte

- Die Rezepte in diesem Buch enthalten Mengenangaben für vier bis sechs Personen.
- Die Zutaten sind jeweils in der Reihenfolge des Gebrauchs aufgeführt.
- Maßangaben in der Einheit „Teelöffel" oder „Esslöffel" beziehen sich stets auf gestrichene Löffel.
- Zwei der häufigsten Zutaten – Ghee (geklärte Butter) und *paneer* (selbstgemachter Käse) – sind in dem Abschnitt über Milchprodukte beschrieben, der auf Seite 81 beginnt. Die benötigte Menge Milch für eine bestimmte Menge *paneer* können Sie der Tabelle auf Seite 89 entnehmen.
- Viele Rezepte lassen die Wahl zwischen Ghee und Pflanzenöl. Wenn Sie Pflanzenöl verwenden, dann nehmen Sie gemischtes Pflanzenöl oder Erdnussöl, Maisöl, Sonnenblumenöl, Distelöl oder Senföl. Olivenöl ist nicht zu empfehlen, da sein kräftiges Aroma den feinen Geschmack der Gewürze überdeckt.
- Verwenden Sie etwa ½ Teelöffel Salz für 450 g Gemüse bzw. für ca. 300 ml Wasser. Denken Sie immer daran, dass es leichter ist, später Salz hinzuzufügen, als es wieder herauszunehmen.
- Kleingeschnittene Nahrungsmittel haben etwa folgende Größe:

  grobgewürfelt – 10–25 mm im Durchmesser
  gewürfelt – 5 mm im Durchmesser
  feingewürfelt – 3 mm im Durchmesser

- Seien Sie nicht entmutigt, wenn etwas misslingt; selbst den besten Köchen unterlaufen Pannen. Übung macht den Meister.
- Die meisten Rezepte enthalten am Ende Ratschläge zum Servieren. Die empfohlenen Kombinationen der Gerichte sind nur Richtlinien und sicher möchten Sie auch andere Kombinationen ausprobieren. Ein Ratschlag jedoch gilt für alle Rezepte und alle Kombinationen: Opfern Sie die Speisen grundsätzlich zuerst zu Sri Krishna.

Merkregeln für die Opferung

- Die Opferung beginnt im Grunde schon in der Küche; probieren Sie deshalb das Essen niemals während des Kochens. Krishna soll es als erster kosten.
- Geben Sie nach Beendigung des Kochens eine großzügige Portion auf Krishnas Teller. Reservieren Sie, wenn möglich, ein Service aus Tellern, Schalen und Bechern für Seinen persönlichen Gebrauch.
- Stellen Sie den Teller vor ein Bild Krishnas (Sie können das Bild auf Seite 34 in diesem Buch verwenden).
- Bitten Sie Krishna in Hingabe, Ihre Opferung anzunehmen. Dies können Sie tun, indem Sie dreimal das Hare-Krishna-Mantra sprechen:*

Hare Krishna, Hare Krishna, Krishna Krishna, Hare Hare
Hare Rama, Hare Rama, Rama Rama, Hare Hare

Danach nehmen Sie die Speisen vom Opferteller. Diese Speisen und die in den Töpfen zurückgebliebenen Speisen können jetzt serviert werden.

* Weitere Details finden Sie in dem Kapitel „Ein Krishna-Tempel bei Ihnen zu Hause“ sowie im Anhang auf Seite 292/293.

ROSE WATER
MADE IN INDIA
MDH
Amchoor
POWDER

Gewürze und Kräuter

1 Asafötida oder Teufelsdreck *(hing)*
2 Bockshornklee oder Griechisches Heu *(methi)*
3 Cayennepfeffer *(pesa hui lal mirch)*
4 Chilis, frisch *(hari mirch)*
5 Chilis, ganz, getrocknet *(sabut lal mirch)*
6 Curryblätter (*kari patta*)
7 Fenchel *(saunf)*
8 Ingwer, frisch *(adrak)*
9 Kalonjisamen bzw. Schwarzkümmelsamen *(kalonji)*
10 Kardamom *(elaichi)*
11 Korianderblätter, frisch *(dhaniya patta)*
12 Koriander(körner), ganz/gemahlen *(dhaniya, sabut/pesa)*
13 Kreuzkümmel, ganz/gemahlen *(safed jeera, sabut/pesa)*
14 Kurkuma, Curcuma oder Gelbwurz *(haldi)*
15 Mangopulver *(amchur)*
16 Minzblätter *(pudina ki patti)*
17 Muskat *(jaiphal)*
18 Nelken *(laung)*
19 Rosenwasser *(gulab jal)*
20 Safran *(kesar)*
21 Senfkörner, schwarz *(rai)*
21 Tamarinde *(imli)*
23 Zimt *(dalchini)*

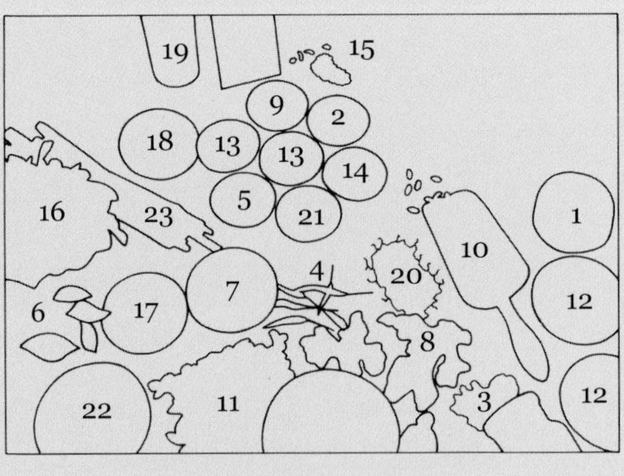

Das Herz der indischen Küche ist das Würzen – der sachkundige Gebrauch der Gewürze und Kräuter. Zu den Gewürzen zählen Wurzeln, Rinde und Samen, die entweder ganz, zerstoßen oder gemahlen Verwendung finden. Kräuter sind frische Blätter oder Blüten. Dazu kommen natürliche Würzmittel wie Salz, Zitrussäfte, Nüsse und Rosenwasser.

Der schöpferische Gebrauch ausgewählter, aromatischer Gewürze und Kräuter lässt den latenten Geschmack eines Gerichtes erst richtig zur Geltung kommen und verleiht dem indischen Kochen seinen einzigartigen Charakter. Es ist nicht das starke Würzen, das für die appetitanregenden Schattierungen subtilen Geschmacks und Aromas verantwortlich ist, sondern die feinen Nuancen. Die Dosierung beim Würzen ist keinen starren Regeln unterworfen, sondern richtet sich nach dem individuellen Geschmack. Obwohl indisches Essen immer gewürzt wird (manche Gerichte erfordern nur ein Gewürz, andere mehr als zehn), muss es nicht unbedingt scharf sein. Die Schärfe indischer Gerichte kommt von den Chilis, von denen Sie so viel oder so wenig verwenden können, wie Sie möchten. Sie können sie sogar ganz weglassen, und Ihr Essen wird immer noch schmackhaft und echt indisch sein.

Durch Gewürze und Kräuter, die „Juwele der indischen Küche“, wird die Mahlzeit nicht nur wohlschmeckend, sondern auch besser verdaulich. Viele Gewürze haben Heilkräfte. Kurkuma zum Beispiel ist ein harntreibendes Mittel, Cayennepfeffer regt die Tätigkeit des Magens an, und frischer Ingwer ist ein Tonikum. Die Wissenschaft des richtigen Würzens zur Akzentuierung der Geschmäcke und zur Erhaltung der Gesundheit geht auf den Ayurveda und die *Artha-sastra*, jahrtausendealte vedische Schriften, zurück.

Babur, der Gründer des Mogulreiches in Indien, zollte der Rolle der Gewürze in der indischen Küche hohe Achtung. Vor tausend Jahren schrieb er in seinen Memoiren (*Baburnama*): „Hätten meine Landsleute das Wissen der Inder über Gewürze gehabt, hätte ich die ganze Welt erobert."

Das Geheimnis des Würzens liegt in der *masala*, der Gewürzmischung. Der Koch, der sich auf die Kunst versteht, wie man Gewürze und Kräuter zusammenstellt, kann das alltägliche Essen in eine unbegrenzte Vielfalt der herrlichsten Gerichte verwandeln. Selbst die gewöhnliche Kartoffel wird, mit den richtigen *masalas* zubereitet, eine erstaunliche Fülle von Geschmäcken entfalten.

Zubereiten einer chaunk *und von* masalas

Die Technik, Gewürze in heißem Ghee oder Öl anzubräunen, um ihren Geschmack und ihr Aroma freizusetzen, ist einzigartig in der indischen Küche. Mal werden ungemahlene, mal gemahlene, Gewürze benutzt, meistens jedoch eine Kombination von beiden. Stellen Sie zunächst alle Gewürze in die Nähe des Herdes. Erhitzen Sie gerade so viel Ghee oder Pflanzenöl, dass die Gewürze und die anderen Zutaten nicht anbrennen (im Allgemeinen 1 bis 2 Esslöffel). Die Temperatur sollte sehr hoch sein, natürlich nicht so hoch, dass das Ghee bzw. Öl verbrennt. Nun geben Sie die Gewürze dazu. Sie werden sofort anschwellen, zerspringen, braun werden oder sich auf andere Weise verändern. Dann, gerade im rechten Augenblick, wenn die Gewürze fertiggebräunt oder gar sind, geben Sie sie in das Gericht, das Sie gerade zubereiten, oder umgekehrt – schütten Sie dieses Gericht in die Gewürzmischung, um es zu sautieren oder zu dünsten.

Da die einzelnen Gewürze unterschiedlich lange brauchen, um braun zu werden, aber alle zur gleichen Zeit fertig sein müssen, ist ein gutes Zeitgespür von äußerster Wichtigkeit. Nehmen wir zum Beispiel einmal an, Sie brauchen für ein bestimmtes Gericht Kreuzkümmel, Bockshornkleesamen, geriebenen frischen Ingwer, gemahlenen Koriander und Asafötidapulver. Da sowohl Kreuzkümmel wie Bockshornkleesamen ungefähr 30 Sekunden zum Bräunen brauchen, kommen sie zuerst ins heiße Ghee bzw. Öl, 10 Sekunden später der geriebene Ingwer, der ungefähr 20 Sekunden braucht. Der gemahlene Koriander, der ca. 5 Sekunden zum Anbräunen braucht, wird weitere 15 Sekunden später hineingegeben und zum Schluss die Asafötida. Und fertig ist die *chaunk*!

Wenn Sie ein Gericht zur *chaunk* dazugeben, dann rühren Sie als Erstes einmal um, so dass die Zutaten sich mit den Gewürzen vermengen, damit diese nicht am Topfboden versengen. Bei Rezepten mit ausschließlich gemahlenen Gewürzen sollte das Ghee bzw. Pflanzenöl nur mäßig heiß sein, so dass die Gewürze bräunen können, ohne anzubrennen. Was Kräuter und andere Würzmittel wie Zitronensaft betrifft, so werden sie meistens erst während des Kochens oder am Schluss hinzugefügt.

Mit nur ein wenig Erfahrung bei der Zubereitung einer *chaunk* werden Sie schon bald mit dem Geschmack und Aroma jedes einzelnen Gewürzes vertraut sein. Starke Gewürze wie Nelken, Cayennepfeffer und Asafötida werden Sie nur in geringer Menge verwenden, milde Gewürze wie Kreuzkümmel und gemahlenen Koriander in größerer Menge.

Einige *masala*-Mischungen, wie *panch masala* und *garam masala*, können auf Vorrat zubereitet werden. Sie können sie in solcher Menge herstellen, dass Sie mehrere Wochen oder sogar einige Monate damit auskommen. *Panch masala*, eine Mischung aus fünf ungemahlenen Gewürzen, wird meistens für Gemüsegerichte verwendet. *Garam masala* ist eine Mischung aus gemahlenen Backgewürzen und wird erst am Ende des Kochens hinzugefügt, manchmal auch erst kurz vor dem Servieren.

Im Folgenden ein Rezept für *panch masala* und eines für *garam masala*:

Panch masala: Je 2 Esslöffel Kreuzkümmelsamen, schwarze Kreuzkümmelsamen oder Kalonjisamen, schwarze Senfkörner und Anis- oder Fenchelsamen miteinander vermischen; dann einen Esslöffel Bockshornkleesamen dazugeben, wiederum durchmischen und in einem luftdichten Behälter an einem kühlen, trockenen und dunklen Ort aufbewahren. Schütteln Sie das Gefäß vor jedem Gebrauch, um sicherzugehen, dass die Gewürze gleichmäßig verteilt sind.

Garam masala: In einer schweren, gusseisernen Bratpfanne die folgenden Gewürze getrennt ohne Fett anrösten: 4 Esslöffel Korianderkörner, je 2 Esslöffel Kreuzkümmelsamen, schwarze Pfefferkörner, Kardamomsamen. 1 Teelöffel ganze Nelken und 2 Zimtstangen. Schwenken Sie die Pfanne, bis das Gewürz jeweils einen Ton dunkler geworden ist und ein frisch geröstetes Aroma ausströmt. Mahlen Sie die gerösteten Gewürze alle zusammen in einer elektrischen Kaffeemühle zu einem feinen Pulver. Füllen Sie die gemahlene *masala* in ein Glasgefäß mit dicht abschließendem Deckel und bewahren Sie sie an einem kühlen Ort auf.

Bei einer anderen *garam-masala*-Mischung wird die gleiche Menge Kardamom, Nelken und Zimt wie im vorherigen Rezept geröstet und gemahlen; dazu kommt eine halbe feingeriebene Muskatnuss.

Merkregeln zum Würzen

- Vor dem Gebrauch ungemahlener Gewürze, besonders wenn Sie sie in großen Mengen gekauft haben, sollten Sie sie nach Stängeln und Steinchen durchsuchen.
- Bewahren Sie alle Ihre Gewürze in geschlossenen Gläsern oder Dosen an einem kühlen, trockenen Ort auf, wo kein direktes Sonnenlicht hinscheint. Um nicht ständig in die großen Behälter hineinlangen zu müssen und die Gewürze somit der Gefahr des Verderbens auszusetzen, sollten Sie für den täglichen Bedarf kleinere Gläser davon abfüllen. Gläser und Dosen sollten grundsätzlich beschriftet sein.
- Kaufen Sie keine fertig gemahlenen Gewürze, da diese schnell ihr Aroma verlieren. Es zahlt sich in jedem Fall aus, ungemahlene Gewürze zu kaufen und sie bei Bedarf selbst zu mahlen. In Indien geschieht dies mit einem Mahlstein, aber eine elektrische Kaffeemühle ist mindestens ebensogut für diesen Zweck geeignet. Das Aroma und der Geschmack frisch gemahlener Gewürze sind unvergleichlich besser.
- Kaufen Sie keine gebrauchsfertigen Gewürzmischungen. Oft werden sie aus minderwertigen Gewürzen hergestellt, und diese geschmacklosen Mischungen verleihen Ihrem Kochen einen faden, eintönigen Charakter. In Indien sind sie praktisch unbekannt. Es ist weitaus besser, selbst frische Gewürzmischungen zuzubereiten.
- Für manche Rezepte brauchen sie einen *masala*-Brei. Diesen Brei können Sie herstellen, indem Sie die einzelnen Gewürze zusammen mit ein paar Tropfen Wasser in einem Mörser zerkleinern. Dünsten Sie den Brei für ca. eine Minute in Ghee oder Öl an, so dass die Gewürze ihren individuellen Geschmack entfalten, bevor Sie weitere Zutaten hinzufügen.
- Bevor Sie mit dem Kochen beginnen, sollten Sie das Rezept sorgfältig durchlesen. Stellen Sie die Gewürze, die Sie brauchen, in die Nähe des Herdes. Später haben Sie vielleicht keine Zeit, sich mit der Suche nach einem Gewürz aufzuhalten.
- Manchmal können Sie als Ersatz für ein Gewürz, das Sie nicht haben, ein anderes verwenden. Oft können Sie dieses fehlende Gewürz auch weglassen, ohne dass das Gericht deshalb unbedingt an Qualität einbüßt. Die Rezepte weisen manchmal auf Möglichkeiten hin, Gewürze auszutauschen oder wegzulassen. Hierbei ist auch die eigene Erfahrung ein guter Lehrmeister.
- Obwohl getrocknete Kräuter oft doppelt so pikant sind wie frische, sollten Sie möglichst frische Kräuter verwenden. Auf Seite 77/78 finden Sie ein paar Tipps, wie Sie eigenen Koriander und Bockshornklee anpflanzen und lagern können.

Ihr Gewürzregal

Da indische Gerichte ihren unverkennbaren Charakter der wohlüberlegten Mischung der Gewürze verdanken, ist es bestimmt der Mühe wert, sie einzeln aufzuzählen und mit ihren individuellen Eigenschaften und mit ihrer richtigen Verwendung beim indischen Kochen vertraut zu werden.

ASAFÖTIDA *(hing)*: Dieses aromatische Harz, das aus der Wurzel der *Ferula asafoetida* gewonnen wird, benutzt man wegen seines ausgeprägten Geschmacks und seiner Heilkräfte nur in kleinen Prisen. Asafötida ist ein so wirkungsvolles Mittel gegen Blähungen, dass sie sogar Pferde von Verdauungsstörungen befreien kann. Im Handel bekommt man sie als Harz oder als feines Pulver. Das Harz stellt zwar die reinere Form dar, Sie müssen es jedoch vor Gebrauch zerreiben. Gemahlene Asafötida ist mit weißem Mehl gestreckt, ist aber praktischer in der Anwendung. Fügen Sie ein oder zwei Sekunden vor den anderen Zutaten eine Prise oder eine Teelöffelspitze zum Ghee oder Pflanzenöl hinzu. Wenn Sie keine Asafötida besorgen können oder sie nicht verwenden möchten, wird Ihr Rezept auch so gelingen.

BOCKSHORNKLEE *(methi)*: Die Blätter und zarten Stängel des *Trigonella fenumgraecum* sind in Indien ein weitverbreitetes Gemüse. Seine viereckigen, ziemlich flachen, beige-bräunlichen Samen sind ein wesentlicher Bestandteil vieler Gemüsecurrys und anderer pikanter Gerichte. In Indien essen Frauen Bockshornkleesamen mit *jaggery* (unraffiniertem Palmzucker) nach der Geburt eines Kindes, um den Rücken zu stärken, die Körperkraft zurückzugewinnen und die Sekretion der Muttermilch anzuregen. Da Bockshornkleesamen einen leicht bitteren Geschmack haben, sollten Sie immer darauf achten, die vorgeschriebene Menge nicht zu überschreiten und sie nicht anbrennen zu lassen, denn dadurch werden sie noch bitterer. Bockshornklee kann, genauso wie Koriander, problemlos zu Hause angepflanzt werden.

CAYENNEPFEFFER *(pesa hui lal mirch)*: wird aus getrockneten roten Chilis hergestellt und trägt auch die Bezeichnung „Chilipulver". Es verleiht dem indischen Essen seine Schärfe. Verwenden Sie es je nach Geschmack.

CHILIS, frisch *(hari mirch)*: Diese knallroten oder grünen Schoten des *Capsicum annum* bekommt man sowohl in Asienläden als auch in manchen Supermärkten. Das innere Gewebe, das die flachen, runden, weißen Samen umgibt, hat den höchsten Gehalt an Capsaicin, dem Stoff, der der Chili-Schote ihre Schärfe verleiht. Falls Sie den Geschmack haben möchten, jedoch nicht die Schärfe, können Sie die Schoten aufschneiden und das Innere mit der Spitze eines kleinen Messers entfernen. Wenn Sie Chilis angefasst haben, sollten Sie Ihre Hände hinterher mit Seife und warmem Wasser waschen, denn ihre ätherischen Öle reizen die Haut. Bewahren Sie sie ungewaschen und in Papier eingewickelt im Kühlschrank auf. Chilis, die schlecht werden, sollten Sie wegwerfen.

CHILIS, ganz, getrocknet *(sabut lal mirch)*: Getrocknete rote Chilischoten werden in der indischen Küche vielfach genutzt, sowohl wegen ihrer Schärfe als auch wegen ihres Geschmacks. Wenn zerbröselte Chilis verwendet werden sollen, zerstoßen Sie sie im Mörser oder zerbröseln Sie sie zwischen den Fingern. Vergessen Sie nicht, sich hinterher die Hände zu waschen. Wenn Sie Chilis nicht mögen, können Sie sie teilweise oder auch ganz weglassen.

CURRYBLÄTTER *(kari patta)*: Die frischen Blätter des südasiatischen Karibaumes, *Murraya koenigri*, werden meist zum Würzen von Currys und Suppen verwendet. Getrocknete Blätter sind leichter zu bekommen als frische, haben aber weniger Aroma. Wenn Sie ein Curry oder eine *chaunk* vorbereiten, geben Sie die frischen bzw. getrockneten Blätter ins Öl und rösten Sie sie, bis sie knusprig sind.

FENCHEL *(saunf)*: Die länglichen, blassgrünen Samen des *Foeniculum vulgare* sehen wie Kreuzkümmel aus, schmecken aber ähnlich wie Anis oder Lakritze. Fenchelsamen werden auch manchmal in Currys verwendet. Geröstete Fenchelsamen sind ein hervorragender Atemreiniger. Wenn Sie sie nicht bekommen können, verwenden Sie ersatzweise die gleiche Menge Anissamen.

INGWER, frisch *(adrak)*: Dieser hellbraune, knollige Wurzelstock des *Zingiber officinalis* findet in allen Bereichen des indischen Kochens weitverbreitete Anwendung. Suchen Sie Ingwer, der frisch, rund und nicht runzlig ist, der festes Fleisch hat und möglichst wenig fasert. Bevor Sie Ingwer zerhacken, zerreiben, in Scheiben schneiden oder zu einem Brei zermahlen, sollten Sie die kartoffelartige Haut mit einem scharfen Messer abschälen. Verwenden Sie zum Reiben eine feine Metallreibe. Ingwerpulver kann frischen Ingwer nicht ersetzen, da sein Aroma ein anderes ist. Getrockneter Ingwer (*sonth*) ist schärfer als frischer Ingwer und muss vor Gebrauch eingeweicht werden (ein Teelöffel getrockneter Ingwer entspricht einem Esslöffel frischen Ingwers). Ingwer wird als Heilmittel gegen Koliken und Verdauungsstörungen verwendet. In kleinen Mengen gegessen, heilt er Magenschmerzen. Ingwertee ist ein hervorragendes Mittel gegen Erkältungen.

KALONJISAMEN *(kalonji)*: Dies sind die schwarzen, tränenförmigen Samen der Schwarzkümmelpflanze *(Nigella sativa)*. Sie verleihen dem Essen einen leichten Zwiebelgeschmack und werden in Gemüsegerichten und für *pakora*-Teig verwendet. Sie werden oft mit schwarzem Kreuzkümmel verwechselt, haben mit ihm jedoch keine Gemeinsamkeiten. Falls sie nicht erhältlich sind, können Sie sie einfach weglassen.

KARDAMOM *(elaichi)*: Die blassgrünen Samenkapseln der Kardamompflanze (*Elettaria cardamomum*), die zur Gattung der Ingwergewächse gehört, werden zum Würzen von Süßspeisen verwendet oder zur Atemreinigung und Appetitanregung gekaut. Weiße Kardamomkapseln, die nichts anderes sind als gebleichte grüne Kapseln, sind leicht zu bekommen, haben aber weniger Würzkraft. Wenn Sie die ganzen Kapseln mitgekocht haben, dann nehmen Sie sie vor dem Servieren heraus oder schieben Sie sie an den Tellerrand. Mit Schale sind sie nicht zum Essen bestimmt. Wenn für ein Rezept ausschließlich die schwarzen, scharfen Samen verlangt sind, so entfernen Sie diese aus der Hülse und zerstoßen Sie sie mit einem Mörser oder einem Nudelholz. Für *garam masala* werden gemahlene Kardamomsamen verwendet.

KORIANDERBLÄTTER, frisch *(hara dhania)*: Die frischen Blätter des *Coriandrum sativum* werden in Indien so häufig verwendet wie Petersilie im Westen – jedoch nicht nur zum Garnieren, sondern als eines der wesentlichen Würzmittel. Es lohnt sich immer, nach frischem Koriander Ausschau zu halten. Sein feiner Geschmack ist einmalig. Ersatzweise können Sie auch Petersilie verwenden, doch der Geschmack wird nicht der gleiche sein. Frischer Koriander wird meistens im Bund verkauft. Stellen Sie die Wurzeln oder abgeschnittenen Stängel in eine kleine Vase mit Wasser, die Vase in eine Plastiktüte, und bewahren Sie beides im Kühlschrank auf. So werden die Korianderblätter länger als eine Woche halten. Verwenden Sie die gehackten Blätter und oberen Stängel.

Wenn Sie keine frischen Korianderblätter und keinen frischen Bockshornklee bekommen können, ist es auch möglich, sie selbst anzupflanzen. Verstreuen Sie ein paar Korianderkörner (bzw. Bockshornkleesamen) in Ihrem Garten, bedecken Sie sie mit einer dünnen Schicht Erde und bewässern Sie sie täglich. Die Keimdauer beträgt 18 bis 20 Tage, und die Triebe wachsen sehr schnell. Pflücken Sie sie, wenn sie etwa 15 cm hoch sind, bevor sie zu sprießen beginnen.

KORIANDERKÖRNER, ganz und gemahlen *(dhania, sabut* bzw. *pesa)*: Die runden, beigefarbenen und hocharomatischen Korianderkörner, die eines der wichtigsten Gewürze der indischen Küche sind, nehmen auch im Westen an

Beliebtheit zu. Die im Koriander enthaltenen Öle helfen bei der Verdauung von stärkehaltigen Speisen und Wurzelgemüse. Korianderkörner werden vor Gebrauch meistens gemahlen und verleihen dem Essen ein frisches, frühlingshaftes Aroma. Um das größtmögliche Aroma zu erhalten, ist es ratsam, ganze Körner zu kaufen und sie in kleinen Mengen in einer elektrischen Kaffeemühle zu mahlen.

KREUZKÜMMEL, ganz und gemahlen *(safed jeera, sabut* bzw. *pesa)*: Die Samenkörner des Weißen Kümmels, *Cuminum cyminum* (auch Cumin genannt), sind eine unentbehrliche Zutat für Gemüsecurrys, Reisgerichte und *dal*. Gemahlener Kreuzkümmel ist zwar in den meisten Feinkostläden und manchmal auch in Supermärkten erhältlich, aber es ist doch besser, ihn bei Bedarf selbst zu mahlen. Wenn in einem Rezept gerösteter Kreuzkümmel verlangt wird, dann erhitzen Sie die angegebene Menge in einer vorgewärmten Pfanne. Schwenken Sie die Pfanne so lange, bis die Samen dunkler werden und ihr Aroma entfalten. Wenn Sie gerösteten und gemahlenen Kreuzkümmel benötigen, mahlen Sie den bereits gerösteten Kreuzkümmel in der elektrischen Kaffeemühle zu einem feinen Pulver. Wenn Sie keine Kaffeemühle haben, können Sie einen Mörser verwenden oder die Samenkörner einfach mit dem Rücken eines Löffels zerdrücken.

Kala jeera, schwarze Kreuzkümmelsamen (*Cuminum nigrum*), sind kleiner und dunkler als die weißen und haben einen bittereren Geschmack und einen schärferen Geruch.

KURKUMA *(haldi)*: ein Wurzelstock der Ingwerfamilie (*Curcuma longa*): seine Farbe schwankt zwischen dunkelorange bis rötlich-braun, aber im getrockneten und gemahlenen Zustand ist Kurkuma immer hellgelb. Kurkuma (auch „Curcuma" geschrieben oder „Gelbwurz" genannt) wird in kleinen Mengen verwendet und verleiht Gemüsegerichten, Suppen und Chutneys ein scharfes, pikantes Aroma. Oft wird Kurkuma einfach zum Färben von Reisgerichten benutzt. Kurkumapulver bewahrt seine Färbekraft für lange Zeit, verliert aber ziemlich schnell sein Aroma. Die kleinste Packung reicht für den häuslichen Vorrat, es sei denn, Sie ernähren sich von Reis- und Currygerichten. Kurkuma kann Flecken hinterlassen; sehen Sie sich also mit Ihrer Kleidung vor. Beachten Sie auch, dass Kurkuma leicht anbrennt. Kurkuma wird in der ayurvedischen Medizin als harntreibendes Mittel, zur Blutreinigung und zur Verdauungsförderung verwendet.

MANGOPULVER *(amchur)*: Die frischen Früchte des Mangobaumes, *Mangifera indica*, werden in Streifen geschnitten, getrocknet, gemahlen und dann als säuerlich würzender Wirkstoff in Gemüsecurrys verwendet. Mangopulver wird in der nordindischen Küche so großzügig benützt wie in der westlichen Küche Zitrone, um dem Gericht einen scharfen und sauren Beigeschmack zu geben. Da es sehr leicht verbrennt, sollten Sie es mit Bedacht verwenden.

MINZBLÄTTER *(pudina ki patti)*: Die zwei gebräuchlichsten Minzarten sind Grüne Minze (*Mentha spicata*) und Pfefferminze (*Mentha piperita*). Minzblätter werden häufig zum Garnieren benutzt. Außerdem geben sie Getränken einen erfrischenden Geschmack und können auch zu Minzchutney verarbeitet werden. Minze stimuliert den Verdauungstrakt und lindert Übelkeit und Brechreiz. Sie können sie problemlos zu Hause anpflanzen – sie gedeiht in praktisch jeder Erde, sowohl in der Sonne als auch im Halbschatten. Getrocknete Minze verliert rasch ihre Farbe, behält aber ihr Aroma recht lange.

MUSKAT *(jaiphal)*: Die Muskatnuss ist der Samenkern des tropischen Baumes *Myristica fragrans*. Kaufen Sie ganze Kerne, die rund, kompakt, ölig und schwer sind. Von Natur aus ist die Muskatnuss dunkel; weiße Muskatnüsse wurden zum Schutz vor Insektenfraß in Kalkmilch getaucht. Geriebene Muskatnuss wird in kleinen Mengen (manchmal zusammen mit anderen Gewürzen) verwendet, um Süßspeisen und Gemüsegerichte zu würzen. Am besten, Sie reiben den Muskat direkt in das betreffende Gericht, da er nach dem Reiben rasch an Würzkraft verliert. Bewahren Sie den ganzen oder geriebenen Muskat in einem fest verschlossenen Behälter auf.

NELKEN *(laung)*: Diese getrocknete Blütenknospe des tropischen Gewürzbaumes *Myrtus caryophyllus* bildete schon immer die Grundlage des Gewürzhandels. Das Wort „Nelke“ ist eigentlich eine Abwandlung von „Nägelein“ oder „Nägelchen“ und weist auf die Form der Knospen hin. Nelkenöl ist antiseptisch und stark aromatisch. Es wird gesagt, dass der Brauch des Nelkenkauens in der Gegenwart des Kaisers in China begann. Während der Herrschaft Königin Elisabeths I. war es bei den Höflingen Brauch, in Anwesenheit der Königin eine Nelke zu kauen. Nelken können zur Blutreinigung, zur Verdauungshilfe und als örtliches Analgetikum gegen Zahnschmerzen angewandt werden. Geröstete und gemahlene Nelken sind ein essentieller Bestandteil von *garam masala*. Kaufen Sie nur dicke, runde Nelken, nicht verschrumpelte oder vertrocknete.

ROSENWASSER *(gulab-jal)*: Rosenwasser ist die verdünnte Essenz von Rosenblättern und wird durch Dampfdestillation gewonnen. Es wird sehr häufig für indische Süßigkeiten und Reisgerichte verwendet. Für normales Rosenwasser können Sie einen Messlöffel benutzen; wenn Sie jedoch Rosenessenz oder Konzentrat verwenden, sollten Sie genau darauf achten, nicht zu viel zu nehmen. Zählen Sie die einzelnen Tropfen.

SAFRAN *(kesar)*: Safran ist als „König der Gewürze" bekannt. Er besteht aus den getrockneten Blütennarben des Safrankrokus *(Crocus sativus)*, der in Kaschmir, Spanien und Portugal angebaut wird. Jede Krokusblüte hat nur drei Safranfäden. Daher braucht man für ein Kilo Safran etwa 140 000 Blüten, deren Blütennarben alle per Hand gepflückt werden müssen. Safran ist teuer, aber man kommt mit einer kleinen Menge lange aus. Kaufen Sie keinen billigen Safran, sogenannten Saflor. Er sieht sehr ähnlich aus und ergibt auch eine safranartige Farbe, kommt aber bei weitem nicht an den echten Duft heran.

Safran hat ein angenehmes, feines Aroma und verleiht allen Speisen, in die man ihn hineingibt, eine tiefgelbe Farbe. Es wird zum Würzen und Färben von Süßigkeiten, Reisgerichten und Getränken verwendet. Sie können das Aroma und die hellorange Farbe aus den Safranfäden extrahieren, indem Sie sie rösten, zerbröseln und in etwa einem Esslöffel warmer Milch einweichen. Geben Sie das Ganze dann in das zu würzende Gericht. Safran gibt es auch als Pulver, welches doppelt so stark würzt wie die Fäden.

SENFKÖRNER, schwarz *(rai)*: Die indische Küche wäre nicht dieselbe ohne die Samen der *Brassica juncea*. Schwarze Senfkörner sind rund, klein (kleiner als die gelbe Sorte) und nicht tiefschwarz, sondern eher dunkel-rotbraun. Sie sind scharf (mit einem nussartigen Beigeschmack) und nahrhaft und verleihen dem Gericht außerdem Struktur und ein ansprechendes Aussehen. Das Rösten der Senfkörner ist einer der Höhepunkte beim Zubereiten einer *chaunk*. Streuen Sie die Körner in eine kleine Menge siedendheißes Ghee oder Pflanzenöl, und ein paar Sekunden später werden sie anfangen zu knistern und zu knacken … und aus der Pfanne zu springen, wenn Sie sie nicht schnell genug zudecken.

TAMARINDE *(imli)*: Dieses säuerliche Gewürz gewinnt man aus den langen, breiten, bohnenartigen Schoten eines tropischen Baumes, des *Tamarindus indica*. Das braune Fleisch wird (manchmal zusammen mit den dunklen, glänzenden Samen) aus den Schoten herausgeschabt, getrocknet und in Päckchen verkauft.

Entfernen Sie vor Gebrauch die Samen und brechen oder schneiden Sie das Fruchtfleisch in kleine Stücke. Kochen Sie die Stücke für etwa zehn Minuten in einer kleinen Menge Wasser, bis sie weich werden und zerfallen (ungefähr 250 ml Wasser auf 200 g Tamarinde). Pressen Sie dann so viel wie möglich von dem Fruchtfleisch durch ein Sieb. Behalten Sie die Flüssigkeit und werfen Sie den faserigen Rest, der in dem Sieb zurückgeblieben ist, weg. Wenn Sie keine Tamarinde bekommen, können Sie mit einer Mischung aus Zitronensaft und braunem Zucker einen ähnlichen Geschmack imitieren.

ZIMT *(dalchini)*: Echter Zimt wird aus der inneren Rinde des *Cinnamomum zeylanicum*, eines immergrünen, auf Sri Lanka und den westindischen Inseln beheimateten Baumes, gewonnen. Versuchen Sie, die sonnengetrockneten, dünnen, ineinandergewickelten Rindenschichten zu bekommen. Werden ganze Zimtstangen verwendet, wie bei Chutneys oder bestimmten Reisgerichten, so nimmt man die Stangen vor dem Servieren heraus. Kaufen Sie anstatt gemahlenen Zimts grundsätzlich ganze Stangen, die Sie bei Bedarf rösten und mahlen können. Der stark aromatische, leicht bittere Zimt, der im Handel in dicken Stücken oder als Pulver erhältlich ist (*Cinnamomum cassia*), ist ein dürftiger Ersatz für den oben beschriebenen Zimt, der einen milden, süßlichen Geschmack hat.

Milchprodukte

1 Ghee *(Geklärte Butter)* 86
2 Paneer *(Selbstgemachter Käse)* 88
3 Dahi *(Joghurt)* 90

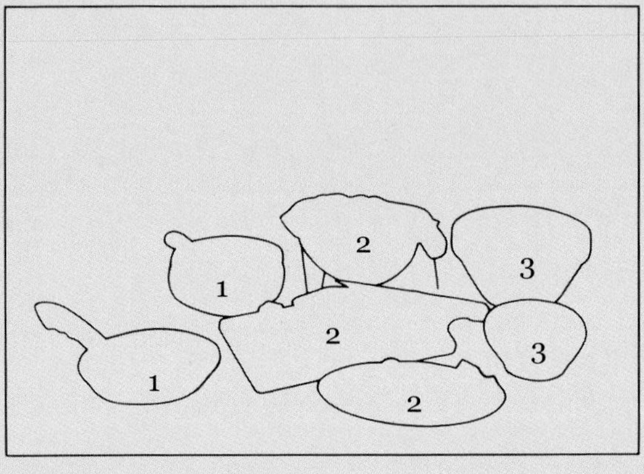

Sowohl in modernen Lehrbüchern als auch in den alten Veden wird Milch als Wundernahrung gepriesen, da sie alle für die Gesundheit benötigten Nährstoffe enthält. Die vedischen Schriften fügen noch hinzu, dass Milch die Bildung der feinen Gehirnzellen fördert, die erforderlich sind, um Krishna-Bewusstsein zu verstehen. Zu vedischer Zeit lebten viele Yogis nur von Milch, die es in so reichlicher Menge gab, dass Haushälter sie kostenlos austeilten. Da Milch den Menschen sowohl physisch wie auch spirituell ernährt, galt sie in der vedischen Kultur als das wichtigste aller Nahrungsmittel, unentbehrlich für eine zivilisierte Gesellschaft.

Die Bedeutsamkeit der Milch weist darauf hin, wie wichtig es ist, die Kühe zu beschützen. Wie der Mensch, so ist auch die Kuh glücklich, wenn sie sich geborgen fühlt. Eine Kuh, die ihr Kalb säugen kann, ohne befürchten zu müssen, dass sie getötet wird, wenn sie keine Milch mehr gibt, ist glücklich und gibt ganz natürlich mehr und qualitativ bessere Milch. Aus dem *Srimad-Bhagavatam* erfahren wir, dass unter dem Schutz des heiligen Königs Yudhisthira die Kühe so glücklich waren, dass ihre prallen Euter zum Überlaufen voll waren und sie den Boden mit sahniger Milch befeuchteten. Als Maharaja Pariksit, ein anderer bedeutender vedischer König, dazukam, als jemand versuchte, in seinem Königreich eine Kuh zu töten, war er so zornig, dass er den Missetäter auf der Stelle gefangennahm und bestrafte.

Da die Menschen Kuhmilch trinken, sehen die Veden die Kuh als eine der Mütter der menschlichen Gesellschaft an. „Das Blut der Kuh ist sehr nahrhaft", sagte Srila Prabhupada, „aber zivilisierte Menschen nehmen es in Form von Milch zu sich." Der Ochse, der beim Bestellen der Felder und somit bei der Getreideproduktion hilft, wird als der Vater der menschlichen Gesellschaft betrachtet. Aus diesem Grunde spricht Krishna persönlich in der *Bhagavadgita* von *go-raksyam*, dem Schutz der Kuh. Leider legen die Menschen unserer „fortschrittlichen" Zivilisation keinen Wert auf spirituelles Wissen und fördern stattdessen das großangelegte Schlachten von Kühen. „Daraus kann man ersehen", schreibt Srila Prabhupada, „dass sich die menschliche Gesellschaft in die falsche Richtung entwickelt und auf dem besten Wege ist, in ihr eigenes Verderben zu rennen."

Manche Fleischesser werden hier in Bezug auf den Schutz der Kuh protestieren. Doch darauf entgegnen wir, dass Krishna den Schutz der Kuh ausdrücklich betont und dass daher diejenigen, die trotz aller vernünftigen Gegenargumente zum Fleischessen neigen, das Fleisch von weniger wichtigen Tieren wie Schweinen, Geflügel oder Fischen essen sollten; auf keinen Fall sollten sie Kühe töten. Wie in den Veden gesagt wird, muss jeder, der am Töten einer Kuh beteiligt ist, so oft in der materiellen Welt wiedergeboren werden, wie diese Kuh Haare auf dem Rücken hat. Und die Veden sind nicht die einzigen Schriften, die das Töten von Kühen verbieten. In der Bibel wird das Schlachten von Tieren mit dem Töten von Menschen verglichen: „Man opfert Rinder – und erschlägt Menschen" (Jes. 66,3).

Alles in allem ist das Fleischessen in der vedischen Kultur nicht vollständig verboten. Einer bestimmten Klasse von Menschen ist es unter bestimmten Umständen nach genau festgelegten Regulierungen erlaubt, Fleisch zu essen. Auf keinen Fall jedoch darf irgendjemand Kühe töten. Srila Prabhupada machte einmal den Vorschlag, dass diejenigen, die unbedingt Rindfleisch essen müssten, doch die Überreste einer Kuh, die eines natürlichen Todes gestorben sei, essen sollten. Es würde dabei zu Anfang natürlich einen Mangel an Tierkadavern geben, doch später würden sie in ausreichendem Maße zur Verfügung stehen.

Der wichtigste Grund, die Kühe zu beschützen, ist, dass Krishna sie liebt. Auf Krishna-loka, Sri Krishnas ewigem Reich, so berichten uns die vedischen Schriften, werden die Kühe *surabhis* genannt, und der Herr selbst behütet sie. Krishnas Reich wird auch Goloka, der Planet der Kühe, genannt.

Als Krishna vor 5 000 Jahren auf dieser Welt erschien, hütete Er als Kuhhirtenjunge zusammen mit Seinen Freunden in dem nordindischen Dorf Vrindavana die einheimischen Kuhherden und zeigte so Seine Zuneigung zu den Kühen. Seine Kindheitsspiele drehten sich um Kühe und Kälber, um

Seine Kuhhirtenfreunde und um Milchprodukte. Deshalb wird Krishna auch Govinda genannt, „jemand, der den Kühen Freude bereitet“, und Gopala, „der Freund der Kühe“. Weil Er im Spiel die Butter- und Joghurtvorräte der Nachbarn stibitzte, wird er Makhana-taskara, „der Butterdieb“, genannt.

Kuhmilch ist die Grundlage dreier essentieller Zutaten der vedischen Küche: Ghee (geklärte Butter), *paneer* (Frischkäse), und *dahi* (Joghurt). Ghee war bereits zu vedischen Zeiten ein geschätztes Nahrungsmittel und gilt neben Getreide und Kühen als Reichtum des Haushalts. Ghee ist die Essenz der Butter. Man gewinnt es, indem man Butter sehr langsam erhitzt, bis alles Wasser verdampft ist und sich die festen Bestandteile vom Öl getrennt haben. Ghee hat einen leicht süßlichen, leckeren, nussartigen Geschmack, der den Speisen eine unwiderstehliche Anziehungskraft verleiht. Und Sie brauchen keine Angst um Ihren Cholesterinspiegel zu haben.

Ghee hat noch andere Qualitäten als nur seinen Geschmack. Man kann es auf sehr hohe Temperaturen erhitzen, ohne dass es anfängt zu schäumen oder zu rauchen, da das Wasser (das bei 100 Grad kocht) und die Eiweißbestandteile (die bei 125 Grad verbrennen) bereits ausgesondert wurden. Ghee ist ideal zum Sautieren, Dünsten, Braten und Frittieren. Es wird Ihrem Kochen eine neue Dimension verleihen.

Käse, wie wir ihn im Westen kennen, ist in Indien praktisch unbekannt; die Menschen dort geben frischen Milchprodukten den Vorzug. *Paneer* ist hausgemachter Frischkäse, der vielseitig verwendet wird. Abgehangener Käse kann direkt in Suppen oder Gemüsegerichte gegeben oder so gegessen werden, wie er ist. Gepresster *paneer* kann zu Milchsüßigkeiten verarbeitet oder in Würfel geschnitten und dann, roh oder frittiert, in Gemüsegerichten verwendet werden.

Joghurt passt auf die eine oder andere Art zu praktisch jeder indischen Mahlzeit. Außer dass man ihn naturbelassen in einer kleinen Schüssel (stets ungesüßt) anbietet, ist es auch möglich, ihn bei der Zubereitung der verschiedensten Gerichte zu verwenden. Der milde Geschmack von Joghurt rundet das Aroma von pikanten Gerichten ab, und mit Reis und Gemüsen vermischt, wirkt er als Bindemittel und erleichtert das Essen mit den Fingern. Der Ayurveda empfiehlt, Joghurt stets mit anderen Speisen zusammen zu essen.

Joghurt verdankt seine gesundheitsfördernden Eigenschaften den wohlverträglichen Bakterien, die in ihm enthalten sind. Kaufen Sie keinen hitzebehandelten, sterilisierten Joghurt mit künstlichen Farb-, Aroma-, Konservierungs- und Süßstoffen. Die Vorbehandlung zerstört die Bakterien. Wir hoffen, dass Sie schnell herausfinden, wie einfach es ist, Joghurt selbst herzustellen.

Ghee

Geklärte Butter

Ghee selbst herzustellen ist weder schwierig noch kompliziert, aber es dauert seine Zeit. Um das süße, nussartige Aroma der geschmolzenen Butter freizusetzen, ist ein langer, allmählicher Siedevorgang notwendig. Wenn das Wasser völlig verdampft ist und sich die festen Bestandteile gelöst haben, so dass sie auf der Oberfläche schwimmen, bleibt schließlich das klare, bernsteinfarbene Ghee übrig.

1–5 kg ungesalzene Butter

Zunächst die Butter in einem großen, schweren Kochtopf auf mittlerer Flamme zum Sieden bringen. Wenn die Oberfläche der Butter mit weißem Schaum bedeckt ist, die Flamme auf die niedrigste Stufe stellen und ohne Deckel sieden lassen, dabei ab und zu die festen Bestandteile von der Oberfläche abschöpfen. Das Ghee sollte auf keinen Fall anbrennen. Wenn es überhitzt wird oder zu lange siedet, nimmt es eine dunkle Färbung und einen beißenden Geruch an.

Die Zubereitungszeit für Ghee ist abhängig von der Menge (siehe Tabelle). Das fertige Ghee sollte goldfarben und klar genug sein, dass man den Topfboden deutlich sehen kann. Gießen Sie das Ghee vorsichtig in eine Kanne oder einen Krug und lassen Sie es unbedeckt auf Zimmertemperatur abkühlen. Die von der Oberfläche abgeschöpften Milchbestandteile und die Feststoffe, die am Boden des Topfes zurückbleiben, können mit Gemüsegerichten, Suppen und Getreide vermischt werden.

Ghee, das nach Vorschrift zubereitet wurde und in einem geschlossenen Behälter an einem kühlen, trockenen Ort aufbewahrt wird, ist monatelang haltbar.

Zubereitungs- und Kochzeit

Buttermenge	Kochzeit	Ghee-Ertrag
1 kg	30 Min.	800 g
2,5 kg	3 Std.	2 kg
5 kg	5 Std.	4 kg

Hinweise zum Frittieren mit Ghee

- Es gibt zwei Sorten Ghee: *usli* Ghee und pflanzliches Ghee. Wenn wir in diesem Buch von Ghee sprechen, meinen wir immer *usli* Ghee, d. h. echtes Ghee, wie oben beschrieben. Pflanzliches Ghee ist eine Mischung verschiedener Pflanzenöle und kann in großen Kanistern gekauft werden. Es ist zwar billiger und leichter, kann aber einem geschmacklichen Vergleich mit echtem Ghee niemals standhalten.
- Alle Zutaten, die frittiert werden sollen, sollten in Reichweite und bei Zimmertemperatur vorbereitet, geschält, geschnitten bzw. gerollt werden. Beim Zubereiten einer *chaunk* sollten Sie zunächst alle Gewürze bereitstellen.
- Bevor Sie Ghee zum Frittieren in einen Topf geben, sollten Sie sich vergewissern, dass der Topf völlig trocken ist. Lassen Sie niemals heißes Ghee mit Wasser in Berührung kommen. Schon ein paar Wassertropfen reichen aus, das Ghee in alle Richtungen wegspritzen zu lassen.
- Nasses Gemüse bringt Ghee zum Schäumen; folglich muss von der Oberfläche des Ghee bis zum Topfrand genug Raum frei bleiben, um ein Überschäumen zu vermeiden. Sie können leicht feststellen, ob das Ghee schon heiß genug zum Frittieren ist, indem Sie ein Stückchen Teig oder Gemüse hineinfallen lassen. Wenn es sofort zur Oberfläche steigt und zischt, ist die Temperatur hoch genug. Reduzieren Sie die Flamme gerade soweit, dass das Ghee nicht verbrennt.
- Ist das Ghee zu heiß, so wird das Frittiergut außen verbrennen, ehe es innen richtig gar ist. Ist das Ghee nicht heiß genug, so wird es sich mit Ghee vollsaugen. Bedecken Sie die Oberfläche des Ghee mit nur einer Lage Frittiergut, so dass es genug Platz hat, sich frei zu bewegen. Ansonsten wird die Temperatur zu stark absinken.
- Die Gottgeweihten bezeichnen Ghee manchmal auch als „flüssiges Gold" und sind stets bestrebt, es nicht zu verschwenden. Es ist daher ratsam, das Frittiergut in einem Sieb über einem Topf abtropfen zu lassen, um das überschüssige Ghee aufzufangen. Bereits benutztes Ghee muss vor erneutem Gebrauch gefiltert werden; ansonsten verbrennen die Rückstände vom letzten Kochen, so dass sich Farbe und Geschmack nachteilig verändern.
- Zum Frittieren können Sie dasselbe Ghee mehrere Wochen lang verwenden, vorausgesetzt, dass es nicht verbrennt. Bleibt das Ghee selbst nach dem Filtern dunkel oder gibt es einen beißenden Geruch von sich, so sollte es weggeschüttet werden.

Paneer

Hausgemachter Käse

Frischkäse, auf Hindi paneer *genannt, kann entweder so gegessen oder als Zutat für die verschiedensten Rezepte benutzt werden. Es gibt keinen Ersatz für* paneer. *Er ist einzigartig unter allen Käsesorten hinsichtlich seiner Vielseitigkeit, seinem hervorragenden Geschmack und seiner Schmelzbeständigkeit bei hohen Temperaturen.*

2 l Vollmilch
als Gerinnungsmittel: 4 EL Zitronensaft oder 2 TL Zitronensäure oder 250 g sauren Joghurt oder 600 ml saure Molke

Erhitzen Sie die Milch bei mittlerer Temperatur in einem Topf, der groß genug ist, um die Milch hochsteigen zu lassen, ohne dass sie überkocht. Bis die Milch kocht, können Sie das Gerinnungsmittel vorbereiten. Kleiden Sie ein Sieb mit zwei Lagen Käsetuch aus und setzen Sie es auf ein Gefäß, um die Molke aufzufangen.

Wenn die Milch steigt, das Gerinnungsmittel hineinrühren und den Topf von der Flamme nehmen. Fast unmittelbar trennt sich der schwammartige *paneer* von der klaren, gelbgrünen Molke. Wenn die Molke nicht klar ist, den Topf wieder auf die Flamme stellen und noch etwas Gerinnungsmittel hinzugeben.

Nachdem sich die geronnene Milch und die Molke vollkommen getrennt haben, den *paneer* im Käsetuch auffangen und eine halbe Minute unter fließendes, kaltes Wasser halten, um den *paneer* zu festigen und die überschüssigen Gerinnungsmittelreste zu entfernen, die den Geschmack verändern würden. Dann pressen Sie den Rest der Flüssigkeit auf eine der folgenden Arten heraus:

- Wenn Sie festen *paneer* benötigen, zum Beispiel für Käsewürfel oder um ihn zu einem Teig zu kneten, dann binden Sie den *paneer* ins Käsetuch und pressen ihn für einige Zeit mit Hilfe eines Gewichts aus. Je länger er gepresst wird, desto fester wird er. Dann nehmen Sie das Gewicht herunter, schneiden den *paneer* in die gewünschte Form und verwenden ihn nach Bedarf. *Paneer* wird auch fest, wenn Sie ihn im Käsetuch aufhängen und lange genug abtropfen lassen.
- Wenn Sie weichen Käse brauchen, spannen Sie einfach das Käsetuch eng um den *paneer* und pressen das Wasser mit der Hand aus.

Zubereitungs- und Kochzeit: etwa 30 Minuten

Ein paar Tipps zum Herstellen von paneer

Manchmal wird Frischkäse auch als *chenna* bezeichnet und gepresster *chenna* als *paneer*. In diesem Buch jedoch ist mit *paneer* Frischkäse gemeint, und „gepresster *paneer*“ bedeutet gepresster Frischkäse. Beachten Sie auch, dass die Begriffe Käse, indischer Käse und *paneer* alle ein und dasselbe bedeuten, nämlich *paneer*. Wieviel Milch Sie in etwa für eine bestimmte Menge *paneer* (für einige Minuten abgehangen) oder gepressten *paneer* (10 Minuten unter einem schweren Gewicht gepresst) benötigen, können sie aus nachfolgender Tabelle ersehen.

Milch	paneer	gepresster paneer
500 ml	80 g	60 g
1 l	160 g	120 g
2 l	320 g	240 g

Nun wollen wir uns mit den Eigenschaften der gebräuchlichsten Gerinnungsmittel vertraut machen.

- *Zitronensaft*. Verleiht dem Käse einen leicht säuerlichen Geschmack. Ein Esslöffel Zitronensaft reicht aus, um 500 ml Milch gerinnen zu lassen.
- *Zitronensäure*. Diese weißen Kristalle, die man in jeder Apotheke und in den meisten Supermärkten bekommt, sind praktisch in der Anwendung und Aufbewahrung. Um guten, festen Käse zu erhalten, müssen Sie die Milch voll aufkochen lassen. Nehmen Sie die kochende Milch von der Flamme und geben Sie nach und nach unter ständigem Rühren die Zitronensäure hinzu, bis die Milch gänzlich geronnen ist. Dann ist es genug. Zu viel Zitronensäure macht den *paneer* weich und breiig. Ein halber Teelöffel Zitronensäure reicht für etwa 500 ml Milch.
- *Joghurt*. Manche Köche bevorzugen Joghurt, weil der Käse dann voll und weich wird. Bevor Sie den Joghurt zu der kochenden Milch hinzugeben, lösen Sie ihn in einer kleinen Menge warmer Milch. Im Allgemeinen reichen 4 oder 5 Esslöffel Joghurt für 500 ml Milch.
- *Molke*. Übriggebliebene Molke kann am darauffolgenden Tag als Gerinnungsmittel verwendet werden. Molke wird sauer und ist deshalb noch wirksamer, wenn sie zwei Tage oder noch länger steht. Ähnlich wie Zitronensaft verleiht sie dem Käse einen leicht säuerlichen Geschmack. Es werden mindestens 150 ml saure Molke benötigt, um 500 ml Milch gerinnen zu lassen.

Dahi

Joghurt

2 l Vollmilch
50 g Naturjoghurt

Bringen Sie die Milch in einem Topf zum Kochen und nehmen Sie sie dann vom Feuer. Senken Sie jetzt die Temperatur der Milch, entweder indem Sie den Topf in kaltes Wasser stellen oder sie einfach abkühlen lassen.

Die ideale Temperatur für Joghurtbakterien liegt bei 42 bis 45 Grad. Falls Sie kein Thermometer haben, können Sie auch einfach die Fingerprobe machen: Die Milch sollte gerade heiß genug sein, dass Sie den kleinen Finger für zehn Sekunden hineinhalten können, ohne ihn sich zu verbrennen, gerade lange genug, um „Hare Krishna, Hare Krishna, Krishna Krishna, Hare Hare/ Hare Rama, Hare Rama, Rama Rama, Hare Hare“ zu sagen. Vermischen Sie den Joghurt mit einer Tasse warmer Milch und rühren Sie ihn dann in den Topf. An kalten Tagen brauchen Sie zum Ansetzen eventuell etwas mehr Joghurt als an warmen Tagen

Die Joghurtbakterien brauchen einige Stunden Wärme und Ruhe, um sich zu vermehren. Sie können die Temperatur der Milch dadurch konstant halten, dass Sie den bedeckten Topf in eine saubere Decke wickeln und in die Nähe einer Wärmequelle stellen. Vermeiden Sie es, den Topf an Orten abzustellen, wo er Erschütterungen ausgesetzt ist. Wenn möglich, setzen Sie den Joghurt abends an, weil dann die Störungsmöglichkeiten am geringsten sind. Gewöhnlich braucht der Joghurt 4 bis 8 Stunden, um fest zu werden. Sobald der Joghurt einmal dick ist, stellen Sie ihn in den Kühlschrank, um die Vermehrung der Bakterien zu verlangsamen. Sonst werden sie in fortschreitendem Maße den Milchzucker fressen, und binnen zwei Tagen wird der Joghurt sauer.

Der Joghurt sollte für vier bis fünf Tage haltbar bleiben. Vergessen Sie nicht, einen Rest Joghurt aufzubewahren, um die nächste Kultur anzusetzen. Wenn die Ausgangskultur schwächer wird, dann ersetzen Sie sie durch frisch gekauften Joghurt.

Zubereitungs- und Kochzeit: 15 Min.
Reifezeit: 4 bis 8 Std.

Joghurt, eine der besten natürlichen Arzneien

Aufgrund seiner gesundheitsfördernden Eigenschaften und seiner vielfältigen Verwendungsmöglichkeiten beim Zubereiten der verschiedensten Gerichte nimmt Joghurt in der vedischen Ernährung eine wichtige Stellung ein. Der Ayurveda gibt eine detaillierte Beschreibung der heilenden Eigenschaften von Joghurt.

Außerhalb Indiens ist Joghurt am weitesten unter den Einwohnern Russlands und der Balkanländer verbreitet, die für ihre lange Lebensdauer bekannt sind. Die direkte Beziehung zwischen joghurtreicher Ernährung und einer verlängerten Lebensdauer wurde vor über 100 Jahren von dem russischen Gerontologen Ilja Metschnikow entdeckt. Sein vorrangiger Beitrag zur Wissenschaft war seine Autotoxikosetheorie, wonach der Inhalt des Dickdarms in den Blutkreislauf übergehen und dabei den gesamten Körper vergiften kann. Metschnikow untersuchte und befragte viele Hundertjährige in Asien und Russland und beobachtete, dass ihre Nahrung große Mengen Joghurt und gegorener Milch enthielt. Er schloss daraus, dass ihre Langlebigkeit auf die Bakterien in diesen Produkten zurückzuführen sei, die die Fäulnisbakterien im Darm einfach ersetzen. Unmittelbar auf seine Theorie folgte die erste Welle des Interesses an Joghurt als Gesundheitskost. Im Zuge des gesteigerten Joghurtkonsums im Westen hat die moderne Wissenschaft inzwischen noch weitere seiner bemerkenswerten Eigenschaften herausgefunden.

Hierzu einige Beispiele:

- Bei einer Fehlbesiedelung des Darms mit schädlichen Bakterien wird Nahrung unzureichend verdaut. Daraus entstehende Gärungs- und Fäulnisprodukte können Krankheiten und vorzeitige Alterung hervorrufen. Joghurt enthält Milchsäure, die solche Bakterien zerstört.
- Weil Joghurt aufgrund seiner *Lactobacillus-bulgaris*-Bakterien vorverdaut ist, wird er vom Körper schneller assimiliert als Milch.
- Joghurt enthält reichlich Proteine, Minerale, Enzyme und die meisten bekannten Vitamine, selbst die seltenen Vitamine D und B_{12}.
- Joghurt enthält Bakterien, mit denen die Darmflora aufgebaut werden kann. Patienten, deren Darmbakterien durch Antibiotika zum Großteil vernichtet wurden, bekommen von ihrem Arzt oft den Rat, Joghurt zu essen, um die Anzahl dieser Bakterien wieder zu ergänzen.
- Joghurt birgt in sich natürliche antibiotische Wirkstoffe, die stark genug sind, um bestimmte Amöben und selbst schädliche Bakterien wie Staphylokokken, Streptokokken und Typhuserreger abzutöten.

Reis

1 Chawal *(Weißer Reis)* 98
2 Nimbu chawal *(Zitronenreis)* 100
3 Palak chawal *(Reis mit Spinat)* 101
4 Narial chawal *(Kokosreis)* 102
5 Masala bhat *(Gewürzreis)* 103
6 Dahi bhat *(Reis mit Joghurt)* 104
7 Matar pulao *(Reis mit Erbsen und Käse)* 105
8 Kesar paneer pulao *(Safranreis mit Käsebällchen)* 106
9 Sabji pulao *(Gemischter Gemüsereis)* 108
10 Seb pulao *(Apfelreis)* 109
11 Biriyani *(Gebackener Gemüsereis)* 110
12 Pushpanna *(Blumenreis)* 111

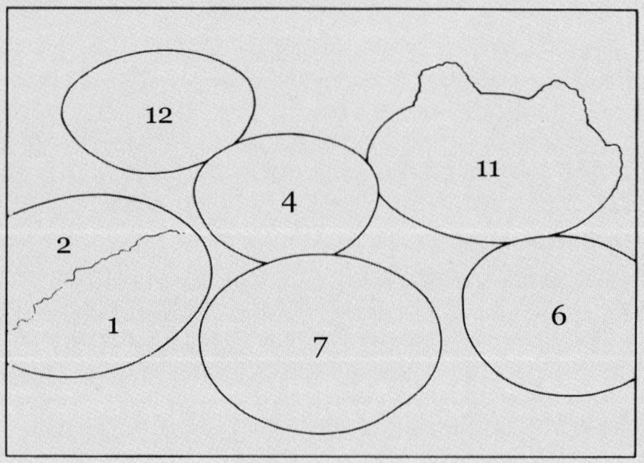

Reis ist einer der wichtigsten Grundbestandteile der vedischen Küche. In Indien, wo die Menschen mindestens einmal am Tag Reis essen, kennt man schier endlose Möglichkeiten, Reis zuzubereiten und mit anderen Nahrungsmitteln zu kombinieren.

Gekochter Reis mit Kräutern, Gewürzen, Nüssen und Rosinen, hausgemachtem Käse und Gemüse ergibt ein herzhaftes *pulao*. Gekochter Reis mit Gewürzen und daruntergemischtem Joghurt ist eine erfrischende Beilage für einen heißen Sommertag. Reis mit Gewürzen, *dal* und Gemüse ergibt einen köstlichen Eintopf. In Milch gekochter Reis mit Zucker und Kuchengewürzen ergibt ein cremiges Dessert. Reis kann zu Mehl gemahlen, zu Puffreis verarbeitet sowie für Pfannkuchen, Klöße, Süßigkeiten und diverse Snacks verwendet werden.

Egal welches Rezept Sie kochen möchten, der erste Schritt besteht immer darin, den besten Reis auszuwählen. In unserer Küche verwenden wir niemals Kochbeutel-, vorgekochten („parboiled") oder 5-Minuten-Reis, weil er sowohl vom Geschmack als auch vom Nährwert nichts hergibt. Abgesehen davon ist es in jedem Falle vorzuziehen, selbstgekochte Speisen zu Krishna zu opfern.

Verschiedene Reissorten eignen sich für verschiedene Gerichte. Wegen seiner flockigen Konsistenz benutzen wir am häufigsten Langkornreis. Rundkornreis wird für Milchpudding verwendet, und manchmal wird er auch gemahlen, zum Beispiel um *dosas* zu backen. Brauner Reis benötigt mehr Wasser und braucht etwa eine Stunde Kochzeit (45 Minuten im Schnellkochtopf).

Es gibt drei ausgezeichnete Sorten Langkornreis: nordindischer Patnareis, Amerikanischer Carolina und Dehradun Basmati (der beste unter den Besten). Diejenigen, die Basmati-Reis ernten, schälen und worfeln, vermeiden das Bleichen, Granulieren, Ölen und Pudern, das den handelsüblichen Reis auf Kosten von Geschmack und Nährwert so attraktiv erscheinen lässt. Basmati-Reis ist nahrhaft und außergewöhnlich leicht zu kochen und hat darüber hinaus einen einzigartigen nussartigen Geschmack und Geruch. Sie können ihn in den meisten indischen und orientalischen Lebensmittelgeschäften oder in Supermärkten kaufen.

Die meisten Menschen im Westen wissen nicht, wie man Reis richtig kocht. Sie verwenden zu viel Wasser und kochen ihn länger als nötig. Das Ergebnis ist meistens ein pampiger und unappetitlicher Reis. Wenn Sie jedoch die Rezepte in diesem Kapitel befolgen, wird es Ihnen leichtfallen, den Reis so zu kochen, dass jedes einzelne Korn locker, körnig und voller Geschmack ist.

Ein paar Tipps für die Zubereitung von Reis

- Nehmen Sie ungefähr 50 g Reis pro Person.
- Der in unseren Breitengraden erhältliche Reis braucht in der Regel nicht nach Steinchen oder anderen Unreinheiten durchgesehen zu werden. Falls Sie dennoch Bedenken haben, schütten Sie den Reis auf eine Hälfte eines großen Tabletts oder Backblechs und schieben Sie ihn häufchenweise zur anderen Seite, während Sie sorgfältig nach Unreinheiten Ausschau halten.
- Waschen sie den Reis, um die Staub-, Spreu- und Stärkepuderreste auszusondern. Schütten Sie den Reis in eine große Schüssel kaltes Wasser. Wenn Sie den Reis mit der Hand durchrühren, wird sich das Wasser von der Stärke milchig färben. Gießen Sie langsam das Wasser ab, wobei Sie mit der anderen Hand die Körner zurückhalten, oder verwenden Sie ein Sieb. Wiederholen Sie diesen Vorgang drei bis vier Mal, bis das Wasser einigermaßen klar bleibt.
- Lassen Sie den Reis vor dem Kochen 15 bis 30 Minuten einweichen. Jedes Korn saugt Wasser auf und wird deshalb beim Kochen weniger an den anderen Körnern kleben. Geben Sie den eingeweichten Reis vor dem Kochen in ein Sieb und lassen Sie ihn für ein paar Minuten abtropfen. Falls Sie beabsichtigen, den Reis zu sautieren, sollte er mindestens 10 bis 15 Minuten abtropfen.
- Eine andere Art, das Zusammenkleben zu verhindern, besteht darin, den Reis vor dem Kochen, Backen oder Dämpfen zu sautieren. Sautieren Sie den Reis leicht in etwas Ghee, Butter oder Pflanzenöl, wobei Sie ständig

umrühren, damit der Reis nicht anbrennt und damit jedes Korn etwas Fett aufsaugt. Rühren Sie so lange, bis ein Teil der Körner glasig geworden ist.

- Wenn Sie den Reis durch Dämpfen garen, verwenden Sie etwa 1 3/4 Teile Wasser auf je einen Teil Reis. Wenn Sie den Reis vorher eingeweicht haben, können Sie etwas weniger Wasser zum Dämpfen verwenden.
- Wenn Sie große Mengen Reis dämpfen, brauchen Sie weniger Wasser. Zum Beispiel reichen bei mehr als 1 kg Reis 1 1/2 Teile Wasser, bei über 2 kg Reis etwas weniger als 1 1/2 Teile Wasser.
- Wenn Sie kochendes Wasser hinzugießen, sollten Sie einmal umrühren, damit die Körner nicht zusammenkleben.
- Bei den meisten Rezepten ist es vorteilhaft, wenn der Dampf im Topf bleibt. Achten Sie also darauf, dass der Deckel gut schließt. Sollte dies nicht der Fall sein, so können Sie einfach zwischen Topf und Deckel eine Schicht Aluminiumfolie einziehen. Dämpfen Sie den Reis auf kleinster Flamme, ohne den Deckel zu öffnen oder umzurühren. Der Grund dafür, dass man Reis nicht umrühren sollte, ist folgender: Wenn der Reis aufgeht, bildet sich ein Netz von „Dampftunneln“. Werden diese Tunnel zerstört, so kocht der Reis ungleichmäßig durch; von unten wird er klebrig oder brennt an, und von oben ist er noch nicht gar.
- Der Reis ist fertig, wenn die Körner weich und dennoch körnig sind. Nehmen Sie den Deckel ab, und lassen Sie den Reis noch 2 bis 3 Minuten weiterkochen. So verkocht die überschüssige Feuchtigkeit, ohne dass die Körner zusammenkleben.
- Entfernen Sie vor dem Servieren alle oben aufliegenden ganzen Gewürze. Entnehmen Sie vorsichtig und in kleinen Portionen jeweils etwas Reis von der Oberfläche, damit die Reiskörner möglichst unversehrt bleiben. Mischen Sie den Reis daraufhin behutsam mit einer Gabel durch.

Chawal

Weißer Reis

Richtig zubereiteter weißer Reis ist eine Delikatesse. Er kann opulente oder pikante Gerichte abrunden oder mit Garnierungen und gerösteten Gewürzen dekoriert werden. Ein Teelöffel Kurkuma, aufgelöst in einem Esslöffel Ghee, kann mit dem Reis vermischt werden, um ihn gelb zu färben. Im Folgenden finden Sie drei verschiedene Methoden, weißen Reis zuzubereiten.

275 g Basmati-Reis oder anderer weißer Langkorn-Qualitätsreis
1 TL Salz
500 ml Wasser
1–2 EL Ghee oder Butter

Gedämpfter Reis: Diese Methode, Reis zu kochen, wird in Indien am häufigsten angewandt. Alles Wasser sowie sämtliche Würzmittel werden restlos vom Reis absorbiert. Sie brauchen einen gut schließenden Deckel, so dass der Dampf nicht entweichen kann. Wenn zu viel Wasser herausdampft, kann der Reis nicht garkochen.

Wenn Sie den Reis würzen wollen, versuchen Sie einmal Folgendes: etwas Zitronensaft, eine kleine Prise Kurkuma, ein paar ungemahlene Kreuzkümmelsamen, einen grünen Chili (entkernt), ein Stück frischen Ingwer.

Den Reis waschen, einweichen und dann abtropfen lassen. Das Wasser mit dem Salz in einem 2-Liter-Topf aufsetzen.

Das Ghee bzw. die Butter in einem anderen Topf auf mittlerer Flamme erhitzen und den abgetropften Reis für etwa eine Minute unter ständigem Rühren andünsten, bis er gleichmäßig vom Ghee durchdrungen ist. Wenn die Körner glasig werden, das kochende Wasser hinzugießen und auf mittlerer Flamme zum Kochen bringen. Nach einer Minute Kochzeit einmal umrühren, so dass der Reis keine Klumpen bilden kann. Den Deckel fest schließen und den Reis ungefähr 15 bis 20 Minuten (je nach Reissorte) auf niedrigster Flamme kochen lassen, bis der Reis alles Wasser absorbiert hat und zart und locker ist.

Gekochter Reis: Kochen ist der schnellste Weg, um Reis zu garen. Diese Methode ist besonders dann vorteilhaft (aber nicht unbedingt notwendig), wenn der Reis mit anderen Zutaten vermischt werden soll. Der (ungewaschene oder gewaschene) Reis wird in mehr Wasser gekocht, als er aufnehmen kann; wenn er gar ist, lässt man ihn in einem Sieb abtropfen.

2 l Wasser mit dem Salz in einem Topf mit schwerem Boden zum Kochen bringen, den Reis hinzufügen und auf größerer Flamme für etwa 10 Minuten kochen lassen. Sie können nachprüfen, ob der Reis lange genug gekocht hat, indem Sie ein Korn aus dem Wasser nehmen und es zwischen Daumen und Zeigefinger zerdrücken. Es sollte sich völlig zerquetschen lassen, ohne einen harten Kern zu hinterlassen. Sollte der Kern noch nicht weich sein, lassen Sie den Reis noch ein paar Minuten weiterkochen und probieren Sie es dann wieder. Den Reis in einem Sieb abtropfen lassen, in eine Servierschüssel füllen und ein Stück Butter darangeben.

Gebackener Reis: Zunächst wird der Reis auf dem Herd gekocht, bis er etwa halbgar ist, dann wird er zum Fertiggaren in den Backofen geschoben. Diese Methode ist die langsamste, erfordert aber wenig Aufmerksamkeit und ergibt einen Reis mit zarten, lockeren Körnern.

Den Ofen auf 150 Grad vorheizen. 2,5 l Wasser mit dem Salz zum Kochen bringen, dann den Reis hinzugeben. Das Ganze erneut zum Kochen bringen und den Reis 4 bis 6 Minuten heftig sprudeln lassen. Den Reis in einem Sieb abtropfen lassen, in ein feuerfestes Gefäß umfüllen und ein Stück Butter darangeben. Manche Köche versprengen auch ein paar Tropfen Milch über dem Reis.

Das Gefäß mit Alufolie bedecken und den Rand des Gefäßes so dicht wie möglich mit der Folie umschließen. Der Reis sollte im eigenen Dampf garen. Den Reis in den Ofen schieben und nach etwa 20 Minuten nachsehen, ob er fertig ist. Er sollte körnig, locker und weich sein.

Zubereitungs- und Kochzeit
Gedämpfter Reis: 20 Min.
Gekochter Reis: 15 Min.
Gebackener Reis: 30 Min.

Nimbu chawal

Zitronenreis

Dies ist das ideale Reisgericht für ein Picknick im Sommer. Eine der größten Attraktionen auf unserem jährlichen Ratha-yatra-Festival in Los Angeles ist der „Berg" Zitronenreis. Da das Aroma von nimbu chawal *hauptsächlich auf den Zitronen beruht, sollten Sie darauf achten, die empfohlene Menge der anderen Gewürze nicht zu überschreiten.*

350 g Basmati-Reis oder anderer Langkorn-Qualitätsreis
1 EL Ghee oder Pflanzenöl
1 ½ TL Kreuzkümmelsamen
½ TL schwarze Senfkörner
5 Curryblätter (falls vorhanden)
1 Zimtstange, in kleine Stücke zerbrochen
1 grüner Chili, gehackt
850 ml Wasser
2 TL Salz
½ TL Kurkuma (kann entfallen)
4 EL Zitronensaft
2 EL Butter
1 Zitrone, geachtelt
5 oder 6 Stängel Petersilie

Den Reis in kaltem Wasser waschen und für 15 bis 20 Minuten einweichen, dann in einem Sieb abtropfen lassen. Das Ghee bzw. Öl in einem Topf auf mittlerer Flamme erhitzen und die Kreuzkümmelsamen, die schwarzen Senfkörner, die Curryblätter und den Zimt hineingeben. Wenn die Kreuzkümmelsamen ihre Farbe verändern, den gehackten Chili und danach den abgetropften Reis hinzufügen.

Den Reis 2 bis 3 Minuten unter ständigem Rühren andünsten. Wenn die Körner glasig werden, das kochende Salzwasser hinzugießen und alles zusammen eine Minute aufkochen lassen (falls Sie den Reis gelb färben möchten, können Sie zusammen mit dem Wasser auch das Kurkumapulver hinzufügen). Den Topf bedecken, die Hitze reduzieren und den Reis etwa 18 Minuten kochen lassen (ohne umzurühren), bis das Wasser restlos absorbiert ist.

Den Deckel abnehmen, die Zimtstücke herausnehmen und den Zitronensaft darüber versprengen, dann die Butter darangeben. Das Ganze ohne Deckel 2 bis 3 Minuten weiterkochen lassen. Zum Schluss den Reis behutsam mit einer Gabel auflockern und jede Portion mit dem Achtel einer Zitrone und einem Stängel Petersilie garnieren.

Einweichzeit: 15 bis 20 Min.
Zubereitungs- und Kochzeit: 30 Min.

Palak chawal

Reis mit Spinat

Srila Prabhupadas Predigtprogramme – bestehend aus Chanten, Tanzen, Philosophie und prasada-*Verteilung – hatten in Kenia großen Erfolg. Wie die Bengalen essen auch die Kenianer viel Blattgemüse und große Mengen Reis, und immer wenn die Devotees in Kenia eine Kombination aus Blattgemüse und Reis kochen, wie* palak chawal, *wird das Festmahl ein durchschlagender Erfolg.*

350 g Basmati-Reis oder anderer Langkorn-Qualitätsreis
1 ½ TL Salz
850 ml Wasser
225 g frischer Spinat
1 EL Ghee
1 TL gem. Koriander
2 Lorbeerblätter
100 g ungesalzene, angebratene Erdnüsse (kann entfallen)
1 Prise gem. schwarzer Pfeffer

Den Reis gründlich waschen, einweichen und dann abtropfen lassen. Wasser und Salz in einem Topf auf großer Flamme aufsetzen. Die dicken Stängel vom Spinat entfernen, die Blätter mehrmals mit frischem Wasser waschen und abtropfen lassen, dann kurz in kochendes Wasser geben, so dass sie weich werden. Anschließend in einem Sieb unter kaltem Wasser abspülen, abtropfen lassen und in kleine Stücke hacken.

Das Ghee in einem mittelgroßen Kochtopf erhitzen und den Koriander und die Lorbeerblätter, dann nach kurzem Warten den Reis hinzugeben und unter Rühren andünsten, bis die Reiskörner mit Ghee überzogen sind und glasig werden. Jetzt den gehackten Spinat dazugeben, eine Minute umrühren, das Salzwasser in den Topf gießen und zum Kochen bringen.

Den Topf bedecken und für 20 Minuten auf kleiner Flamme kochen lassen. Die Erdnüsse gegebenenfalls 5 Minuten vor Schluss hinzugeben. Wenn der Reis fertig ist, den Pfeffer hinzufügen und die Zutaten vor dem Servieren mit einer Gabel vermischen.

Zubereitungs- und Kochzeit: 30 bis 40 Min.

Narial chawal

Kokosreis

Auf Bali, dem indonesischen Inselparadies, das einstmals von vedischen Königen beherrscht wurde, sind einige der talentiertesten traditionellen Tänzer Krishna-Devotees geworden. Wenn der Tempel eine Theateraufführung aus dem Ramayana zeigt, wird zur musikalischen Untermalung gewöhnlich ein Gamelan-Orchester (40 bis 50 einheimische Musiker mit traditionellen Instrumenten) engagiert. Und die Musiker sind dermaßen begeistert von dem prasada, *besonders wenn es sich um ein so delikates Reisgericht wie* narial chawal *handelt, dass sie auf ihre Gage verzichten und sich einfach mit der Erstattung ihrer Reisekosten sowie dem Vorrecht zufriedengeben, soviel* prasada *zu essen, wie sie nur eben können.*

350 g Basmati-Reis oder anderer Langkorn-Qualitätsreis
850 ml Wasser
200 g Zucker
½ TL feingemahlene Kardamomsamen
150 g Kokosraspeln, leicht geröstet
50 g geröstete Pistazien oder Cashewnüsse
50 g Rosinen
1 TL Butter

Den Reis für eine Stunde einweichen und gut abtropfen lassen. In einem mittelgroßen Topf das Wasser, den Zucker und das Kardamompulver zum Kochen bringen, den Reis hinzugeben und erneut aufkochen lassen. Nach 2 bis 3 Minuten die Flamme auf kleinste Stufe stellen. Den Topf gut zudecken und für weitere 10 Minuten kochen lassen; dann den Deckel abnehmen und die übrigen Zutaten hinzugeben. Den Topf wieder verschließen und nochmals 10 Minuten oder so lange kochen lassen, bis der Reis gar ist. Dann den Deckel wieder herunternehmen und das Ganze für weitere 2 bis 3 Minuten kochen lassen, so dass das restliche Wasser verdampfen kann.

Zum Schluss den Reis behutsam durchmischen und zusammen mit *masala dosas* oder *atta dosas* auf einem Teller zum Frühstück oder Mittagessen reichen.

Einweichzeit: 1 Std.
Zubereitungs- und Kochzeit: 30 Min.

Masala bhat

Gewürzreis

- 350 g Basmati-Reis oder anderer Langkorn-Qualitätsreis
- 850 ml Wasser
- 1 TL Salz
- 2 EL Ghee oder Pflanzenöl
- 1 TL Kreuzkümmelsamen
- 1 TL gem. Zimt
- 2 frische rote oder grüne Chilis, entkernt und in Scheiben geschnitten
- 1 TL geriebener frischer Ingwer
- 3 Kardamomkapseln, zerstoßen
- 2 EL gehackte frische Koriander- oder Petersilienblätter
- 2 EL Butter

Den Reis gründlich waschen und 15 Minuten einweichen, dann 15 Minuten abtropfen lassen. Wasser und Salz in einem Kochtopf auf hoher Flamme aufsetzen.

Das Ghee bzw. Pflanzenöl in einem mittelgroßen Topf erhitzen, darin die Kreuzkümmelsamen und die Chilis anrösten. Nach einigen Sekunden, wenn die Kreuzkümmelsamen dunkler werden, Zimt, Ingwer und Kardamom hinzugeben. Einmal umrühren, den Reis hinzuschütten und weiterrühren. Nach 1 bis 2 Minuten sollte der Reis leicht glasig werden. Das kochende Wasser hineingießen, den Deckel schließen und die Flamme auf kleinste Stufe stellen. 15 bis 18 Minuten kochen lassen, ohne den Deckel zu heben oder umzurühren, bis der Reis das Wasser restlos absorbiert hat.

Den Deckel abnehmen, den Dampf für einige Minuten entweichen lassen, dann mit einer Gabel behutsam die Butter und die gehackten Koriander- bzw. Petersilienblätter unter den Reis heben. *Masala bhat* passt zu jedem Gemüsegericht und zu jedem mehrgängigen Mahl.

Einweichzeit: 30 Min.
Zubereitungs- und Kochzeit: 25 Min.

Dahi bhat

Reis mit Joghurt

Dahi bhat, *heiß oder kalt serviert, ist ein sehr beliebtes Reisgericht Südindiens. Sie können es auch mit einer oder mehreren der folgenden Zutaten anreichern: gewürfelte rohe rote oder grüne Paprikaschoten, kleingeschnittene Tomaten, frittierte, grobgewürfelte Kartoffeln oder gedämpfte Erbsen.*

350 g Basmati-Reis oder anderer Langkorn-Qualitätsreis
1 EL Ghee oder Pflanzenöl
1 EL *urad-dal*
1 TL schwarze Senfkörner
¾ TL Fenchelsamen
2 frische Chilis, entkernt und kleingeschnitten
1 TL geriebener frischer Ingwer
600 ml Wasser
2 TL Salz
200 g Joghurt
1 TL Butter

Den Reis waschen und für ca. 15 Minuten einweichen, dann in einem Sieb abtropfen lassen. Das Ghee bzw. Pflanzenöl in einem mittelgroßen Topf erhitzen und den *urad-dal* sowie die Senfkörner hineingeben. Sofort den Topf zudecken. Wenn die Senfkörner aufhören zu springen, die Fenchelsamen, die Chilis und den Ingwer hinzugeben und einmal umrühren. Nun den Reis hinzufügen und unter Rühren für etwa eine Minute anrösten, bis die Reiskörner glasig werden. Wasser und Salz hinzuschütten und das Ganze für eine Minute kochen lassen. Den Topf abdecken, die Flamme auf die niedrigste Stufe reduzieren und für 18 bis 20 Minuten köcheln lassen.

Fünf Minuten bevor der Reis völlig gar ist, den Deckel abnehmen, Joghurt und Butter dazugeben und alles schnell mit einer Gabel verrühren. Den Topf wieder bedecken und weiterkochen lassen, bis die Körner flockig sind und die meiste Flüssigkeit absorbiert haben. Zum Schluss den Deckel abnehmen und den Rest der Flüssigkeit in 2 bis 3 Minuten verkochen lassen.

Einweichzeit: 15 Min.
Zubereitungs- und Kochzeit: 25 Min.

Matar pulao

Reis mit Erbsen und Käse

Pulaos *sind ausgesprochen schön. Sie sind der optische Höhepunkt der gedeckten Tafel und können oft auch als Mahl für sich gereicht werden. Jedes* pulao-*Rezept ist durch seine Garnierungen gekennzeichnet (manchmal sind es ein Dutzend oder mehr). Bei jedem der Rezepte wird der Reis zunächst in Butter oder Ghee sautiert, bevor das kalte Wasser hinzugegossen wird.*

350 g Basmati-Reis oder anderer Langkorn-Qualitätsreis
200 g gepresster *paneer*
Ghee oder Pflanzenöl zum Frittieren
1 TL Kurkuma
3 ½ TL Salz
1 EL Ghee oder Butter
800 ml kaltes Wasser
6 zerdrückte Kardamomkapseln
6 Nelken
100 g frische Erbsen, geschält und vorgekocht
1 EL Butter

Den Reis in kaltem Wasser waschen, 15 Minuten einweichen und abtropfen lassen. Den *paneer* in 2,5 cm große Würfel schneiden und diese bei mittlerer Hitze frittieren, bis sie hellbraun sind. Kurkuma und 2 Teelöffel Salz in einer Tasse warmem Wasser oder Molke auflösen und die *paneer*-Würfel zum Einweichen hineingeben. Den Rest Salz in das Wasser für den Reis schütten.

Das Ghee bzw. die Butter auf mittlerer Flamme in einem Topf erhitzen und die Kardamomkapseln und Nelken für eine Minute anrösten; dann den Reis und die Erbsen hinzugeben und ein paar Minuten weiterrühren. Das Wasser mit dem restlichen Salz in den Reis gießen und schnell zum Kochen bringen. Einmal umrühren, die Flamme reduzieren und das Wasser mindestens 20 Minuten köcheln lassen, ohne den Deckel zu heben oder umzurühren.

Den Deckel abnehmen und das restliche Wasser in 2 bis 3 Minuten verdampfen lassen. Die abgetropften Käsewürfel hinzufügen und einige Eckchen Butter darangeben. Vor dem Servieren leicht mit einer Gabel durchrühren.

Einweichzeit: 15 Min.
Zubereitungs- und Kochzeit: 30 Min.

Kesar paneer pulao

Safranreis mit Käsebällchen

Kesar paneer pulao *sieht mit seinen frittierten Käsebällchen, seinen gerösteten Nüssen und seinen Rosinen wie eine safranfarbene, blumenübersäte Landschaft aus. Mit nicht mehr als einer Suppe und einem leichten Fladenbrot ergibt es eine komplette Mahlzeit.*

350 g Basmati-Reis oder anderer Qualitäts-Langkornreis
200 g gepresster *paneer*
50 g Rosinen
½ TL Safranpulver oder 1 TL Safranfäden
2 TL brauner Zucker
250 ml warme Milch
2 EL Butter
600 ml Wasser
2 ½ TL Salz
50 g geschälte Mandeln oder Cashewnüsse, geröstet

Den Reis waschen, 15 bis 20 Minuten in kaltem Wasser einweichen und abtropfen lassen. Den *paneer* weichkneten und zu kleinen Kugeln rollen, oder pressen und in Würfel schneiden. Die Kugeln bzw. Würfel in Fett frittieren, bis sie rundherum braun sind. Abtropfen lassen. Den Safran und den Zucker in der warmen Milch auflösen und die Rosinen und Käsebällchen in der Safranmilch einweichen.

Einen Esslöffel Butter in einem großen Kochtopf schmelzen und den Reis für 3 Minuten unter Rühren andünsten. Wenn die Körner leicht angebraten sind, Wasser und Salz dazuschütten, aufkochen lassen, zudecken und auf sehr niedriger Flamme weiterkochen. Nach 10 Minuten den Deckel abnehmen und vorsichtig die Safranmilch mit den Rosinen (die Käsebällchen vorher herausnehmen) und die Nüsse einrühren. Die Reiskörner sollten möglichst ganz bleiben. Den Topf zudecken und nochmals 10 Minuten weiterkochen lassen, bis der Reis gar ist. Den Deckel abnehmen und das übrige Wasser während zusätzlicher 2 oder 3 Minuten Kochzeit verdampfen lassen.

Zum Schluss die Butter darangeben und das Ganze mit einer Gabel vermischen. Mit den Käsebällchen garnieren und heiß servieren.

Einweichzeit: 15 bis 20 Min.
Zubereitungs- und Kochzeit: 30 bis 40 Min.

Rechts: *Kesar paneer pulao*

Sabji pulao

Gemischter Gemüsereis

250 g Basmati-Reis
1 EL Ghee oder Butter
1 frischer Chili, entkernt und feingehackt
½ TL geriebener frischer Ingwer
½ TL Kurkuma
100 g frische Erbsen
100 g grüne Bohnen
100 g Blumenkohlröschen
100 g gewürfelte Karotten
500 ml Wasser
2 ½ TL Salz
3 feste, reife Tomaten, gewaschen und kleingeschnitten
2 Lorbeerblätter
2 Zitronen oder Limetten, geviertelt

Wickeln Sie zunächst die folgenden Gewürze in ein Stück Musselintuch ein (ähnlich einem Teebeutel):

4 ganze Nelken
2 Zimtstangen, zerstoßen
1 TL Kreuzkümmelsamen
½ TL gem. Kardamomsamen
½ TL Asafötida

Den Reis waschen, 15 Minuten einweichen und 15 Minuten abtropfen lassen. Das Ghee bzw. die Butter in einem mittelgroßen Topf erhitzen und darin den Chili, den geriebenen Ingwer und das Kurkumapulver andünsten.

Das Gemüse (außer den Tomaten) hinzugeben und 4 bis 5 Minuten sautieren, dann den Reis hinzufügen und kurz umrühren. Nun kommen das Wasser, das Salz, die Tomaten und die Lorbeerblätter hinzu. Nochmals umrühren und kurz aufkochen lassen. Den kleinen Beutel mit den Gewürzen in den Reis hängen, den Topf abdecken und die Flamme auf kleine Stufe stellen, bis der Reis das Wasser restlos absorbiert hat.

Den Gewürzbeutel herausnehmen und über dem Reis auspressen. Den Reis in eine vorgewärmte Servierschüssel stürzen und vor dem Servieren mit Zitronen- oder Limettenstücken garnieren. *Sabji pulao* kann sowohl als vollständige Mahlzeit wie auch als Teil eines Menüs gereicht werden.

Einweich- und Abtropfzeit: 30 Min.
Zubereitungs- und Kochzeit: 35 bis 45 Min.

Seb Pulao

Apfelreis

Dieses süße pulao *kann entweder zum Abschluss einer Mahlzeit oder als leichte Mahlzeit für sich serviert werden. Mit Schlagsahne ist es ein Gedicht. Ersatzweise oder zusätzlich zu den Äpfeln können auch Birnen oder Mangos verwendet werden.*

300 g weißer Langkorn-Qualitätsreis
3 mittelgroße Äpfel
350 g Zucker
¼ TL Safran
400 ml Wasser (für den Sirup)
3 EL Ghee oder Butter
1 Zimtstange
6 Nelken
6 Kardamomkapseln
3 Lorbeerblätter
500 ml Wasser (für den Reis)
50 g Mandelblättchen
50 g Rosinen

Den Reis waschen und abtropfen lassen. Die Äpfel schälen, vom Kerngehäuse befreien und in Stücke schneiden. Als Nächstes einen Sirup zubereiten. Hierzu den Zucker, eine Prise Safran und das Wasser für 30 Minuten in einem Topf auf mittlerer Flamme kochen, bis es etwa auf ein Drittel der ursprünglichen Menge heruntergekocht ist.

Das Ghee bzw. die Butter in einem Topf erhitzen und den Zimt, die Nelken, den Kardamom und die Lorbeerblätter dazugeben. Kurz umrühren, dann den Reis hinzufügen und weitere 2 bis 3 Minuten rühren. Das Wasser hineingießen und zum Kochen bringen. Zwei Prisen Safran ins Wasser geben, den Topf abdecken und 15 Minuten auf kleiner Flamme kochen lassen. Anschließend den Topf vom Feuer nehmen.

In der Mitte des Reises eine Mulde ausheben und die Apfelstücke, etwas von dem Sirup sowie die Rosinen und die gehobelten Mandeln hineinfüllen. Die Mulde mit Reis bedecken und den restlichen Sirup darübergießen. Den Topf wieder schließen und das Ganze auf niedriger Flamme für weitere 15 Minuten kochen, bis der Reis gar ist. Die ganzen Gewürze herausnehmen; vorsichtig umrühren und heiß servieren.

Zubereitungs- und Kochzeit: 40 Min.

Biriyani

Gebackener Gemüsereis

- 350 g Basmati-Reis oder anderer Langkorn-Qualitätsreis
- 1 L Wasser
- 3 TL Salz
- ¼ TL Safranpulver
- 3 EL Ghee oder Pflanzenöl
- 2 TL *garam masala*
- 2 TL gem. Koriander
- 3 Kartoffeln, geschält und gewürfelt
- 1 TL Kurkuma
- 200 g frische Erbsen, gekocht
- 4 Tomaten, blanchiert und zerstampft
- 3 EL gehackte frische Koriander- oder Petersilienblätter
- 150 g Joghurt
- 2 TL Rosenwasser
- 25 g gehackte Hasel- oder Walnüsse

Den Reis waschen und abtropfen lassen. Das Wasser und 2 Teelöffel Salz in einem mittelgroßen Topf zum Kochen bringen, dann den Reis hinzufügen und erneut aufkochen lassen. Den Topf abdecken und für ungefähr 15 Minuten auf kleiner Flamme kochen lassen.

Inzwischen den Safran in ein wenig warmer Milch auflösen. Das Ghee bzw. Pflanzenöl in einem anderen Topf erhitzen und die gemahlenen Gewürze unter Rühren anrösten. Nach ein paar Sekunden die Kartoffelwürfel dazugeben und 5 Minuten rühren, bis sie leicht angebräunt sind. Jetzt die Erbsen, die Tomaten, die Hälfte der Korianderblätter und das restliche Salz hinzufügen. Das Gemüse bei geschlossenem Deckel weichdünsten, dabei gelegentlich umrühren. Wenn nötig, etwas Wasser dazugeben, damit das Gemüse nicht anbrennt.

Mittlerweile sollte der Reis gar sein. Den Joghurt, das Rosenwasser und die Safranmilch hineinmengen, den Reis behutsam mit einer Gabel durchrühren und 5 Minuten stehenlassen. Eine Kuchenform oder eine Kasserolle einfetten und den Boden mit einer Hälfte des Reises bedecken. Den Reis am Boden festdrücken. Nun das Gemüse gleichmäßig auf dem Reis verteilen; darauf kommt dann der restliche Reis. Das Ganze sanft zusammendrücken und die Form mit Alufolie verschließen. Den Ofen auf 140 Grad erhitzen und den Reis für 15 bis 20 Minuten backen. Anschließend den Reis in servierfertige Portionen schneiden und mit einem Spatel herausheben. Jede Portion mit gehackten Nüssen und Korianderblättern garnieren. Heiß servieren.

Zubereitungs- und Kochzeit: 45 Min.

Pushpanna

Blumenreis

Pushpanna *ist mit seinen vielen Garnierungen und Gewürzen eines der opulentesten Reisgerichte und, wie der Name bereits andeutet, so farbenfroh wie ein Blumenstrauß. Einige Köche geben zusätzlich kleingehackte Trockenfrüchte dazu, um diesen Effekt noch zu verstärken.*

- 250 g gepresster *paneer*
- 100 g Cashewkerne oder abgezogene Mandeln
- 100 g Kokosraspeln
- 6 EL Ghee oder Butter
- 1 TL Fenchelsamen
- 1 TL Kreuzkümmelsamen
- 2 Lorbeerblätter
- 6 Kardamomkapseln, zerstoßen
- 2 TL gem. Koriander
- 1 TL Kurkuma
- 1 TL geriebene Muskatnuss
- 1 TL gem. Zimt
- ½ TL Cayennepfeffer
- ½ TL gem. schwarzer Pfeffer
- ¼ TL Asafötida
- ¼ TL gem. Nelken
- 350 g Basmati-Reis oder anderer weißer Langkorn-Qualitätsreis
- 100 g Rosinen
- 850 ml Molke
- 100 g Zucker
- 1 EL Salz

Den *paneer* entweder in Würfel schneiden oder zu einem Teig kneten und daraus Bällchen von 2,5 cm Durchmesser rollen. Die Würfel bzw. Bällchen, dann die Nüsse frittieren und abtropfen lassen. Die Kokosraspeln in 2 Esslöffeln Ghee rösten und beiseitestellen.

Das restliche Ghee in einem großen Topf erhitzen. Wenn es anfängt zu rauchen, Fenchel, Kreuzkümmel, Lorbeerblätter und Kardamom dazugeben und nach 30 Sekunden auch die gemahlenen Gewürze. Ein paar Sekunden umrühren, dann den Reis hinzufügen und weiterrühren, bis die Reiskörner glasig und leicht braun werden. Jetzt den frittierten Käse, die Rosinen, den Zucker und das Salz sowie die Molke dazugeben. Sie können hierfür die von der Herstellung des *paneer* übriggebliebene Molke benutzen; falls sie nicht ausreicht, ergänzen Sie einfach die fehlende Menge Wasser. Umrühren. Die Molke zum Kochen bringen, auf niedrigste Flamme stellen und den Topf gut abdecken. 20 Minuten köcheln lassen, bis der Reis gar ist. Dann die frittierten Nüsse und die Kokosraspeln hinzugeben. Vor dem Servieren noch einmal behutsam durchmischen.

Zubereitungs- und Kochzeit: 40 Min.

Dal und Suppen

1 Dal tarkari *(Dal-Suppe mit Gemüse)* 118
2 Tamatar mung dal *(Mung-dal-Suppe mit Tomaten)* 119
3 Jagannath Puri channe ki *dal (Süßer dal)* 121
4 Gujarati urad dal *(Urad-dal mit pikantem Joghurt)* 122
5 Tamatar toor dal *(Toor-dal-Suppe mit Tomaten)* 123
6 Swadisht dal *(Gemischter dal)* 124
7 Sambar *(Gemüse- und dal-Eintopf)* 125
8 Mithi ghani dal *(Mungbohnen in Joghurtsoße)* 126
9 Khitchri *(Reis, dal und Gemüse, gekocht)* 127
10 Geeli khitchri *(Reis, dal und Spinat, gekocht)* 130
11 Chana masala *(Pikante Kichererbsen)* 131
12 Chana raita *(Gebratene Kichererbsen in würziger Joghurtsoße)* 132
13 Chana aur simla mirch *(Gebratene Kichererbsen mit Paprika)* 133
14 Mili-juli sabji ka soup *(Sämige Gemüsesuppe)* 134
15 Tamatar ka soup *(Tomatensuppe)* 135

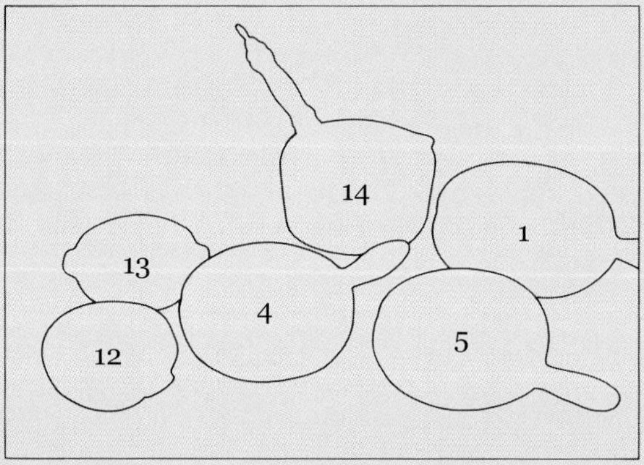

Halbierte und geschälte Linsen oder Erbsen werden *dal* genannt, und *dal* ist auch der Name für das suppenartige Gericht, das daraus zubereitet wird. *Dal* wird in Indien zusammen mit der Hauptmahlzeit serviert und wird oft auch über weißen Reis gegossen oder mit Fladenbrot gegessen.

Abgesehen davon, dass *dal* reichlich Eisen und die Vitamine der B-Gruppe enthält, bildet er in der vedischen Küche eine der wichtigsten Proteinquellen. Manche *dal*-Sorten enthalten genauso viel oder sogar noch mehr Protein als Fleisch und verfügen über ein Vielfaches des Proteingehaltes von Reis oder Weizen.

In Indien gedeihen mehr als 60 verschiedene Sorten *dal*. Die vier Sorten, die wir in diesem Buch verwenden, gehören zu den gebräuchlichsten und sind in jedem asiatischen oder orientalischen Lebensmittelgeschäft und fast allen Reformhäusern erhältlich. Ihre Merkmale werden im Folgenden beschrieben.

- *Mung-dal*: klein, blassgelb und rechteckig. Dieser *dal* wird aus Mungbohnen gewonnen, die eine bedeutende Rolle in der Bohnensprossenproduktion spielen. *Mung-dal* ist leicht zu kochen und hat einen milden Geschmack. Er ist so bekömmlich, dass er besonders für Kinder, ältere Menschen und Rekonvaleszenten empfohlen wird.
- *Urad-dal*: klein, gräulich-weiß und rechteckig. Dieser *dal* enthält so viel

Protein wie Fleisch. Er wird oft für Snacks verwendet oder zu Pulver gemahlen und vergoren, um bestimmte Speisen aufzulockern.

- *Chana-dal*: größer als *mung-dal*, gelblich und rund. *Chana* ist ein kleineres Mitglied der Kichererbsenfamilie und hat einen gehaltvollen, leicht süßlichen Geschmack. Falls *chana* nicht erhältlich ist, können Sie stattdessen auch gelbe, halbierte Schälerbsen nehmen; das Ergebnis wird ein wohlschmeckender, wenn nicht recht authentischer *dal* sein.
- *Toor-dal*: größer als *chana-dal*, blassgelb und rund. Diese *dal*-Art ist oft mit einer Ölschicht überzogen, die vor dem Kochen abgewaschen werden sollte.

Kichererbsen, in Indien *kabuli chana* genannt, sind eine hervorragende Proteinquelle. Sie sind äußert hart und müssen vor Gebrauch eingeweicht werden. Gekochte Kichererbsen werden für gewöhnlich morgens gegessen, entweder als eigenständige Mahlzeit oder zusammen mit anderen Gerichten wie *upma* oder *khitchri*.

In der vedischen Küche ist eine Mahlzeit ohne *dal* sehr selten. Zu allen Mahlzeiten, vom Frühstück bis zum Abendessen, gibt es passende *dal*-Gerichte. Sie können aus *dal* Suppen, dicke Soßen, Eintopf, pikante Beilagen, saftige Chutneys, knusprige Pfannkuchen, Sprossensalate und Süßigkeiten zubereiten.

Dal sollte vor Gebrauch gewaschen werden. Und bei allen *dal*-Sorten müssen die kleinen Steinchen ausgelesen werden. Am besten schütten sie hierzu den *dal* auf das eine Ende eines großen Backblechs und schieben ihn häufchenweise zur anderen Seite, wobei Sie alle Steinchen oder anderen Fremdkörper aussortieren. Waschen Sie nur so viel *dal*, wie Sie gerade brauchen, und schütten Sie ihn anschließend in ein Metallsieb, das Sie in eine Schüssel mit Wasser tauchen. Reiben Sie die Bohnen für ca. 30 Sekunden zwischen Ihren Händen. Erneuern Sie das Wasser und wiederholen Sie dieses Reiben und Spülen mehrere Male, bis das Wasser einigermaßen klar bleibt. Dann lassen Sie den *dal* abtropfen bzw. einweichen, je nachdem wie es im Rezept verlangt wird.

Dal-Suppe, ob dick oder dünn, braucht meist eine lange Kochzeit, bis die *dal*-Bohnen zerfallen und eindicken, um der *dal*-Suppe ihre sämige Konsistenz zu verleihen. Manche Köche geben den fertigen *dal* noch für ein paar Minuten in einen Elektromixer; so wird er noch sämiger.

Wenn *dal* kocht, bildet sich ein dicker Schaum, der den Weg des Dampfes behindert. Lassen Sie den Deckel einen Spalt offenstehen und schöpfen Sie ab und zu den Schaum mit einem Löffel ab, damit der *dal* nicht hochsteigt und überkocht. Auch ein Esslöffel Butter vermindert die Schaumbildung.

Die *chaunk* (in Ghee oder Pflanzenöl geröstete Gewürze), die in den letzten Minuten des Kochens hinzugegeben wird, ist das Element, das dem *dal* eine besondere Würze verleiht. Erhitzen Sie eine kleine Menge Ghee oder Pflanzenöl in einer Kelle oder einem kleinen Topf und geben Sie die Gewürze hinzu. Wenn sie braun sind, schütten Sie sie in den kochenden *dal*. Aufgepasst! Seien Sie bereit, den Deckel sofort auf den Topf zu schlagen, denn der Kontakt des heißen Ghee mit dem *dal* wird eine kleinere Explosion verursachen – eine der Freuden beim vedischen Kochen.

Dal tarkari

Dal-Suppe mit Gemüse

250 g *mung-dal* oder grüne halbierte Schälerbsen
2 l Wasser
2–3 TL Salz
2 Lorbeerblätter
1 Zimtstange, einmal durchgebrochen
2 TL Kurkuma
1 EL Butter
1 EL Ghee
300 g gemischtes Gemüse, grobgewürfelt
2 TL Kreuzkümmelsamen
2 getrocknete Chilis, zerbröselt
1 TL geriebener frischer Ingwer
¼ TL Asafötida
1 EL gehackte frische Korianderblätter
2 Zitronen, geachtelt

Den *dal* verlesen, waschen und abtropfen lassen. Wasser, Salz, Lorbeerblätter und Zimt in einer großen Kasserolle oder einem schweren Topf aufkochen lassen und den *dal* in das kochende Wasser geben.

Wenn das Wasser erneut aufkocht, den Topf teilweise bedecken, die Flamme auf mittlere Stufe reduzieren und für 20 Minuten weiterkochen lassen, bis der *dal* einigermaßen mürbe ist. Gelegentlich den Schaum abschöpfen, der sich an der Oberfläche bildet. Kurkuma, Butter und anschließend das geschnittene Gemüse hineingeben, den Topf wieder zudecken und auf gleicher Flamme weiterkochen lassen, bis das Gemüse weich und der *dal* völlig verkocht ist. Den *dal* weiterköcheln lassen; währenddessen die Gewürze vorbereiten.

Den Esslöffel Ghee in einer kleinen Bratpfanne erhitzen und die Kreuzkümmelsamen sowie die zerbröselten Chilis hineingeben. Einmal umrühren. Wenn die Kreuzkümmelsamen dunkler werden, den geriebenen Ingwer und die Asafötida hinzufügen und ein paar Sekunden rühren. Die Pfanne ein wenig schwenken und kippen und die Gewürzmischung mit einem Schwung in den *dal* gießen. Unverzüglich den Topf bedecken und 4 bis 5 Minuten warten, damit sich die Gewürze mit dem *dal* vermischen. Servieren Sie diesen *dal* kochendheiß zum Mittagessen, zusammen mit Reis, Gemüse und Fladenbrot und garniert mit frischgehackten Kräutern und einer achtel Zitrone.

Dal tarkari sollte dünnflüssig sein; nötigenfalls können Sie einfach etwas heißes Wasser hinzugeben.

Zubereitungs- und Kochzeit: 1 Std.

Tamatar mung dal

Mung-dal-Suppe mit Tomaten

250 g *mung-dal*
2,4 l Wasser
3 Lorbeerblätter
1 EL Butter
2 ½ TL Salz
1 EL Ghee
1 TL schwarze Senfkörner
1 TL Kreuzkümmelsamen
2 getrocknete Chilis, zerbröselt
2 TL geriebener frischer Ingwer
¼ TL Asafötida
1 TL Kurkuma
5 mittelgroße Tomaten, gewaschen und kleingeschnitten
2 EL Zitronensaft
1 EL kleingehackte frische Korianderblätter

Den *dal* auslesen und (ungewaschen) in einen schweren Kochtopf geben. Den Topf auf mittlerer Flamme erhitzen und den *dal* 4 bis 5 Minuten unter ständigem Rühren anrösten, bis die meisten *dal*-Bohnen leicht gebräunt sind. Nun den *dal* in ein Sieb füllen, unter fließendem Wasser waschen und in den Topf zurückgeben. Wasser, Lorbeerblätter, Butter und Salz hinzufügen. Den Topf auf großer Flamme aufsetzen und zum Kochen bringen, dann abdecken und bei mittlerer Hitze 30 Minuten kochen lassen.

Wenn der *dal* zu zerfallen beginnt, das Ghee in einem kleinen Topf erhitzen und die Senfkörner hineingeben. Wenn sie aufhören zu springen, schnell der Reihe nach die Kreuzkümmelsamen, die Chilis, den Ingwer, die Asafötida und das Kurkumapulver hinzufügen. 20 Sekunden unter Rühren rösten, dann die Tomatenstücke hineingeben und für 1 bis 2 Minuten mit einem Kochlöffel wenden.

Die Tomaten und Gewürze in die Suppe hineingeben, den Topf bedecken und so lange weiterkochen lassen, bis der *dal* völlig gar ist. Zum Schluss den Zitronensaft und die Korianderblätter hinzufügen und gut umrühren. Mit einem beliebigen Reisgericht oder indischem Brot heiß servieren.

Zubereitungs- und Kochzeit: 1 Std.

Jagannatha Puri channe ki dal

Süßer *dal*

Wer je das große Glück hatte, die Gestalt Krishnas zu sehen, die von alters her in der indischen Stadt Jagannatha Puri verehrt wird, wird den Anblick nie wieder vergessen. Diese Form Krishnas, die den Namen Jagannatha trägt, „der Herr des Universums“, ist sehr barmherzig und anziehend. Seine Augen sind groß und leuchtend, und Er lächelt über das ganze Gesicht.

Jagannatha Puri channe ki dal *ist eine der Lieblingsspeisen Sri Jagannathas, und in vielen unserer Tempel opfern Ihm die Devotees regelmäßig diese Suppe. Ein Gast, der zum ersten Mal diese Suppe kostete, bemerkte einmal, dass er nun verstehe, warum Jagannatha immer lächle.*

- 250 g *chana-dal*
- 1,4 l Wasser
- 2 TL Salz
- 4 Lorbeerblätter
- 6 mittelgroße Tomaten
- 1 EL Butter
- 2 EL Ghee oder Pflanzenöl
- ½ TL Kreuzkümmelsamen
- 1 TL geriebener Ingwer
- ½ TL Asafötida
- 3 EL frische oder 4 EL getrocknete Kokosraspeln
- 2 EL brauner Zucker
- 2 TL Melasse

Den *dal* 3 bis 4 Stunden einweichen und in einem Sieb abtropfen lassen. Das Wasser mit dem Salz in einem großen Topf zum Kochen bringen, dann den *dal* und die Lorbeerblätter hineingeben. Auf mittlerer Flamme teilweise bedeckt 30 bis 40 Minuten kochen lassen, dabei gelegentlich den Schaum abschöpfen. Den Deckel abnehmen, mehrmals umrühren und auf niedriger Flamme weiterköcheln lassen.

Die Tomaten waschen, achteln und zusammen mit der Butter in den *dal* geben. Den Topf wieder abdecken.

Inzwischen das Ghee bzw. Öl in einem kleinen Topf erhitzen und die Kreuzkümmelsamen darin anrösten. Nach ein paar Sekunden den geriebenen Ingwer, das Asafötidapulver und die Kokosraspeln dazugeben. Diese Mischung unter ständigem Rühren 2 bis 3 Minuten rösten. Nun das Ghee mit den Gewürzen sowie auch den Zucker und die Melasse in den heißen *dal* geben. Gut umrühren und vor dem Servieren weitere 5 Minuten köcheln lassen.

Zubereitungs- und Kochzeit: 1 Std.

Links: *Jagannatha Puri channe ki dal*

Gujarati urad dal

Urad-dal mit pikantem Joghurt

Urad-dal *ist dermaßen proteinhaltig, dass der Ayurveda empfiehlt, ihn nicht öfter als vier Mal pro Woche zu essen; sonst wird der Körper mit Proteinen überladen. Die Zugabe von pikantem Joghurt verleiht dieser Suppe eine cremige Konsistenz. Sie passt gut zu gedämpftem Reis und indischem Brot.*

250 g Naturjoghurt
2 EL brauner Zucker
1,5 l Wasser
200 g *urad-dal*
½ TL Kurkuma
4 Lorbeerblätter
2 TL Salz
1 TL Ghee oder Pflanzenöl
1 TL schwarze Senfkörner
2 getrocknete Chilis, zerbröselt
1 TL Fenchelsamen
1 TL geriebener frischer Ingwer

Den Joghurt und den braunen Zucker mit 250 ml Wasser verrühren und die Mischung beiseitestellen. Den *dal* auslesen, waschen und abtropfen lassen. In einer großen Kasserolle das restliche Wasser zum Kochen bringen und den *urad-dal*, das Kurkumapulver, die Lorbeerblätter und das Salz hineingeben. Erneut zum Kochen bringen und ohne Deckel 10 Minuten kochen lassen. Gelegentlich den Schaum entfernen, der sich an der Oberfläche sammelt. Einmal umrühren, den Topf abdecken und für 20 Minuten auf mittlerer bis niedriger Flamme kochen lassen, bis die *dal*-Bohnen sich zwischen zwei Fingern zerdrücken lassen. Dann auf kleiner Flamme weiterköcheln lassen.

Das Ghee bzw. Pflanzenöl in einem kleinen Topf auf mittlerer Flamme erhitzen und darin die schwarzen Senfkörner anrösten. Den Topf kurzzeitig abdecken, um zu verhindern, dass die Senfkörner herausspringen. Wenn die Senfkörner nicht mehr hochspringen, die Chilis, die Fenchelsamen und den geriebenen Ingwer hinzugeben. Einige Sekunden rühren. Die nun fertige *chaunk* in den Joghurt kippen und den Joghurt in den *dal* gießen. Gut umrühren. Vor dem Servieren weitere 5 Minuten kochen lassen.

Zubereitungs- und Kochzeit: 1 Std.

Tamatar toor dal

Toor-dal-Suppe mit Tomaten

Im indischen Bundesstaat Gujarat wird toor-dal *so häufig verwendet, dass mit dem Wort* dal *ausschließlich* toor-dal *gemeint ist. Alle anderen* dal-*Sorten kennt man unter ihrem spezifischen Namen. Auch in Madrid wird* toor-dal *immer bekannter, und für Hunderte von Tempelbesuchern, die dort zum Mittags-*prasada *kommen, ist dieses Gericht eine Art Leibspeise geworden. Viele Gäste fragen die Devotees nach dem Rezept.*

200 g *toor-dal*
2 l Wasser
3 TL Salz
½ TL Kurkuma
1 EL Ghee oder Pflanzenöl
1 TL Kreuzkümmelsamen
1 TL geriebener frischer Ingwer
1 TL gem. Koriander
1 TL Asafötida
3 mittelgroße Tomaten, gewaschen und kleingeschnitten
1 EL gehackte frische Koriander- oder Petersilienblätter
1 Zitrone, in Scheiben geschnitten

Den *dal* verlesen und unter fließendem warmem Wasser waschen, bis sich ggf. die Ölschicht gelöst hat. Abtropfen lassen.

Salz und Kurkuma ins Wasser geben und zum Kochen bringen.

Den *dal* beifügen und zudecken. Auf mittlerer Flamme 30 Minuten kochen lassen, dabei gelegentlich umrühren. Wenn der *dal* weich ist, das Ghee bzw. Öl in einem kleinen Kochtopf erhitzen und die Kreuzkümmelsamen anrösten. Nach ein paar Sekunden den geriebenen Ingwer, den gemahlenen Koriander und die Asafötida, anschließend die Tomaten hineinrühren. 2 bis 3 Minuten rühren, dann die Tomaten und Gewürze in den *dal* geben. Unter gelegentlichem Umrühren so lange weiterkochen, bis der *dal* völlig gar ist.

Jede Portion mit frischgehackten Koriander- oder Petersilienblättern und einer Zitronenscheibe garnieren.

Zubereitungs- und Kochzeit: 1 Std.

Swadisht dal

Gemischter *dal*

je 75 g *toor-dal, mung-dal* und *urad-dal*
5 EL Ghee oder Pflanzenöl
1 EL geriebener frischer Ingwer
½ TL Kurkuma
2 l Wasser
1 TL schwarze Senfkörner
1 TL Kreuzkümmelsamen
2 grüne Chilis, entkernt und grobgehackt
½ TL Asafötida
4 Curryblätter oder 2 Lorbeerblätter
1 mittelgroße Aubergine, grobgewürfelt
3 mittelgroße Tomaten, kleingeschnitten
1 TL Zucker
2 ½ TL Salz
½ TL *garam masala*
3 EL gehackte frische Korianderblätter

Die *dals* waschen, eine Stunde einweichen und dann abtropfen lassen. 2 Esslöffel Ghee oder Pflanzenöl erhitzen und den Ingwer andünsten. Kurkuma und die *dals* hinzufügen. Eine Minute rühren, mit 750 ml Wasser bedecken und auf mittlerer Hitze kochen (gelegentlich den Schaum von der Oberfläche abschöpfen), bis der *dal* weich wird. Den Topf vom Feuer nehmen, den *dal* in einem Mixer pürieren oder zu Brei stampfen und beiseitestellen.

Das restliche Ghee bzw. Pflanzenöl in einer Kasserolle erhitzen und die Senfkörner, Kreuzkümmelsamen, Chilis, Curryblätter und die Asafötida darin andünsten. Die Auberginenwürfel hineingeben und 5 Minuten rühren. Tomaten, Zucker, Salz, *garam masala, dal* und das restliche Wasser dazugeben, den Topf zudecken und kochen lassen, bis das Gemüse weich ist. Mit Korianderblättern garnieren und zusammen mit weißem Reis heiß servieren.

Zubereitungs- und Kochzeit: 45 Min.

Sambar

Gemüse- und *dal*-Eintopf

Sambar *ist dicker als normaler* dal *und ausgesprochen bekömmlich. Er wird traditionsgemäß mit* masala dosa, atta dosa *oder mit weißem Reis und einem der Fladenbrote serviert, die im nächsten Kapitel beschrieben werden.*

1,5 l Wasser
3 TL Salz
250 g *mung-dal, toor-dal,* grüne halbierte Schälerbsen oder ganze Linsen
700 g gemischtes Gemüse, z. B. Auberginen, Karotten, Tomaten, grüne Bohnen oder Kürbis
50 g Tamarinde
3 EL Ghee oder Pflanzenöl
1 TL schwarze Senfkörner
1 ½ TL gem. Kreuzkümmel
2 TL gem. Koriander
½ TL Cayennepfeffer oder 2 frische Chilis, zerhackt
1 TL Kurkuma
4 EL Kokosraspeln

Zunächst das Wasser mit dem Salz aufsetzen. Den *dal* auslesen, waschen und abtropfen lassen, ins kochende Wasser geben und 10 Minuten kochen lassen. Den Schaum und die angesammelten *dal*-Häutchen von der Oberfläche schöpfen, zudecken und auf mittlerer Flamme 15 bis 20 Minuten kochen, dabei gelegentlich umrühren. Der *dal* sollte weicher werden, jedoch nicht breiig.

Mittlerweile das Gemüse waschen und in kleine Würfel schneiden. Den Klumpen Tamarinde zerstückeln, in einer kleinen Menge Wasser kochen und den Saft auspressen (siehe Seite 78).

Das Ghee bzw. Pflanzenöl in einem Topf erhitzen und die Senfkörner rösten. Wenn sie aufhören zu springen, die gemahlenen Gewürze dazugeben, für ein paar Sekunden mitrösten und das Gemüse hinzufügen. 8 bis 10 Minuten rühren, bis die Auberginen das Ghee bzw. Öl teilweise absorbiert haben und die Gemüsestücke leicht angebräunt sind. Nun die Kokosraspeln hinzufügen und weitere 2 Minuten braten.

Inzwischen dürfte der *dal* fertig sein. Das Gemüse und den Tamarindensaft in den *dal* füllen und gut durchmischen. Die Hitze reduzieren und ohne Deckel kochen lassen, bis der *dal* zerfällt und eindickt und das Gemüse weich ist.

Zubereitungs- und Kochzeit: 45 Min.

Mithi ghani dal

Mungbohnen in Joghurtsoße

- 300 g ganze Mungbohnen
- 250 g Joghurt oder Buttermilch
- 2 EL Kichererbsenmehl
- 3 EL Ghee oder Pflanzenöl
- 1 TL Kreuzkümmelsamen
- 1 EL geriebener frischer Ingwer
- ¼ TL Asafötida
- 5 Curryblätter (falls vorh.)
- 1 TL Kurkuma
- 2 TL Salz
- 3 frische Chilis, entkernt und grobgehackt
- 1 ½ TL Zucker
- 4 EL gehackte frische Korianderblätter
- 600 ml Wasser

Die Mungbohnen waschen und über Nacht einweichen, am nächsten Morgen in ein feuchtes Tuch wickeln und 24 Stunden vor dem Kochen aufhängen, so dass sie anfangen zu keimen. Vergewissern Sie sich ab und zu, dass das Tuch nicht austrocknet.

Das Kichererbsenmehl unter den Joghurt bzw. die Buttermilch rühren und beiseitestellen. Das Ghee bzw. Pflanzenöl erhitzen und den Kreuzkümmel, den Ingwer, die Chilistücke und die Asafötida darin rösten. Wenn die Kreuzkümmelsamen dunkler werden, Curryblätter, Kurkuma, Salz und Mungbohnen hinzufügen. Das Wasser dazugießen und auf mittlerer Flamme für 30 bis 40 Minuten kochen lassen; wenn nötig, noch etwas Wasser nachfüllen. Wenn die Bohnen weich sind, den Joghurt bzw. die Buttermilch sowie den Zucker dazugeben und für weitere 5 Minuten kochen lassen. Mit den gehackten frischen Korianderblättern garnieren. Mit weißem Reis oder indischem Fladenbrot servieren.

Einweichzeit: über Nacht
Keimzeit: 24 Std.
Zubereitungs- und Kochzeit: 1 Std.

Khitchri

Reis, *dal* und Gemüse, gekocht

Dieses preiswerte Gericht sättigt so zufriedenstellend, dass Srila Prabhupada einmal sagte: „Eine Schale khitchri *und eine kleine Portion Joghurt sind ein königliches Festmahl, das sich auch ein armer Mann leisten kann.“*

Dieses Rezept beschreibt ein „trockenes“ khitchri, *das die Konsistenz von etwas zu lange gekochtem Reis hat, d. h. weich und ein wenig feucht.*

- 200 g *mung-dal*, halbierte Schälerbsen oder ganze Mungbohnen
- 250 g Langkornreis
- 1 kleiner Blumenkohl, gewaschen und in kleine Röschen geschnitten
- 4 mittelgroße Kartoffeln, gewaschen, geschält und grobgewürfelt
- 4 mittelgroße Tomaten, gewaschen und geviertelt
- 3 EL Ghee oder Pflanzenöl
- 2 TL Kreuzkümmelsamen
- 2 frische Chilis, entkernt und grobgehackt
- 2 TL geriebener frischer Ingwer
- 1 TL gem. Kreuzkümmel
- ½ TL Asafötida
- 1,6 l Wasser
- 2 TL Salz
- 2 TL Kurkuma
- 3 EL Zitronensaft
- 2 EL Butter
- ½ TL gem. schwarzer Pfeffer

Den *dal* verlesen und zusammen mit dem Reis gründlich waschen, dann in einem Sieb abtropfen lassen.

Inzwischen das Gemüse waschen, putzen und schneiden. Das Ghee bzw. Pflanzenöl erhitzen und darin die Kreuzkümmelsamen, die Chilis und den Ingwer andünsten. Nach etwa einer Minute den gemahlenen Kreuzkümmel und die Asafötida, dann ein paar Sekunden später die gewürfelten Kartoffeln und die Blumenkohlröschen dazugeben. Die Gemüsestücke mit einem Kochlöffel für 4 bis 5 Minuten wenden, bis sie braune Flecken bekommen. Nun den abgetropften *dal* und Reis dazugeben und eine Minute gut umrühren, dann das Wasser, das Salz, das Kurkumapulver und die Tomaten hinzufügen und auf hoher Flamme voll aufkochen lassen. Die Flamme auf niedrige Stufe reduzieren, den Topf teilweise zudecken und 30 bis 40 Minuten kochen lassen, bis der *dal* weich und völlig gar ist (Mungbohnen brauchen etwas mehr, Schälerbsen etwas weniger Kochzeit). Am Anfang ein- oder zweimal umrühren, damit der Reis nicht am Topfboden ansetzt.

Zum Schluss die Zitrone über dem *khitchri* ausdrücken, die Butter darangeben und auf niedriger Hitze köcheln lassen, bis die Flüssigkeit restlos absorbiert ist. Mit dem Pfeffer würzen. Alle Zutaten behutsam, aber zügig mit einer Gabel vermischen.

Wenn Sie einmal ein ganz besonderes *khitchri* probieren möchten, können Sie dazu etwas Kadhisoße reichen. Falls Sie braunen Reis verwenden, sollte das *khitchri* 20 Minuten länger kochen.

Zubereitungs- und Kochzeit: 45 Minuten

Rechts: *Geeli khitchri* (S. 130)
Khitchri

Geeli khitchri

Reis, *dal* und Spinat, gekocht

In Kolkata versorgt die ISKCON Tausende unterprivilegierte Kinder im Rahmen des „Annamrita"-Programms täglich mit einer warmen Mahlzeit. Der Grundgedanke besteht darin, dass die Kinder nicht nur vor Hunger und Mangelernährung bewahrt werden, sondern auch zum Schulbesuch verleitet werden. Geeli khitchri *steht durch den hohen Proteingehalt regelmäßig auf dem Speiseplan.*

250 g Langkornreis
250 g *mung-dal*, halbierte Schälerbsen oder ganze Mungbohnen
50 g Butter oder Ghee
3 Lorbeerblätter
1 EL feingehackter Ingwer
2 Nelken
2 TL Salz
¼ TL geriebene Muskatnuss
200 g frischer Spinat, gewaschen, entstielt und kleingehackt
3 Tomaten, kleingeschnitten

Dal und Reis waschen, eine Stunde einweichen und dann abtropfen lassen. Die Butter bzw. das Ghee in einem schweren Topf erhitzen, die Lorbeerblätter, den gehackten Ingwer und die Nelken sowie den abgetropften Reis und den *dal* dazugeben. 8 bis 10 Minuten rühren, bis die Butter absorbiert ist. So viel Wasser hinzugießen, dass der Reis und der *dal* mit einer 5 cm hohen Schicht Wasser bedeckt sind. Salz und Muskat dazugeben, umrühren und für eine Minute kochen lassen, dann gut abdecken und auf mittlerer bis niedriger Flamme weiterkochen lassen.

Während das Wasser absorbiert wird, die Hitze allmählich verringern. Gemächlich für 30 Minuten kochen lassen, dabei achtgeben, dass die Mischung stets mit etwas Wasser bedeckt ist (wenn nötig, ein paar Esslöffel Wasser dazugeben). Nun den kleingehackten Spinat und die Tomaten behutsam unterrühren, zudecken und weitere 15 Minuten kochen lassen, bis die Mischung gar, aber immer noch einigermaßen feucht ist. Vor dem Servieren noch einmal gut umrühren.

Einweichzeit: 1 Std.
Zubereitungs- und Kochzeit: 1 Std.

Chana masala

Pikante Kichererbsen

Eine kleine Portion pikante Kichererbsen mit khitchri *oder* sambar *(oder auch für sich allein) sind ein einfaches, nahrhaftes Frühstück.*

250 g Kichererbsen, ausgelesen und gewaschen
1 ½ TL Salz
2 TL Zitronensaft
1 TL geriebener frischer Ingwer
¼ TL Asafötida
½ TL gem. schwarzer Pfeffer

Die Kichererbsen über Nacht in der doppelten Volumenmenge Wasser einweichen. Abgießen, in einen mittelgroßen Topf geben und so viel Wasser auffüllen, dass die Kichererbsen mit einer 8 cm hohen Schicht bedeckt sind. ½ Teelöffel Salz hinzufügen und zum Kochen bringen. Den Schaum von der Oberfläche abschöpfen, zudecken und 45 Minuten bis 1 Stunde köcheln lassen, bis die Kichererbsen so weich sind, dass sie sich zwischen zwei Fingern zerdrücken lassen. Jetzt das Wasser abgießen, die Kichererbsen in eine Schüssel füllen und mit dem Zitronensaft und den Gewürzen vermischen.

Einweichzeit: über Nacht
Zubereitungs- und Kochzeit: 1 Std.

Chana raita

Gebratene Kichererbsen in würziger Joghurtsoße

Chana raita *ist ein herzhaftes Ftühstücksgericht. Der am Schluss hinzugefügte Joghurt gibt diesem* raita *eine üppige, soßenartige Konsistenz, die gut zu* puris *und* upma *oder* khitchri *passt.*

180 g Kichererbsen
1 ½ TL Salz
4 TL Ghee
¾ TL Asafötida
1 TL *garam masala* oder gem. Koriander
150 g Naturjoghurt
¼ TL gem. schwarzer Pfeffer

Die Kichererbsen über Nacht in der doppelten Volumenmenge Wasser einweichen. Abtropfen lassen und in einen mittelgroßen Kochtopf füllen. So viel Wasser dazugießen, dass die Kichererbsen 7,5 cm hoch davon bedeckt sind, und ½ Teelöffel Salz beifügen. Für 10 Minuten kochen lassen, dabei gelegentlich den Schaum von der Oberfläche abschöpfen. Den Topf bedecken, die Flamme auf mittlere Stufe reduzieren und so lange kochen, bis die Kichererbsen weich sind. Gegebenenfalls Wasser nachfüllen, damit die Erbsen nicht anbrennen. Zum Abtropfen in ein Sieb geben.

Das Ghee bzw. Pflanzenöl in einem Topf auf mittlerer Flamme erhitzen, *garam masala* und Asafötida hineingeben und einmal umrühren, dann sofort die abgetropften Kichererbsen beimengen. 8 bis 10 Minuten braten, dabei ständig mit einem Kochlöffel umwenden. Wenn sie braune Flecken bekommen, den Topf vom Feuer nehmen und den Joghurt hineinrühren. Mit Salz und Pfeffer würzen. Heiß servieren.

Einweichzeit: über Nacht
Zubereitungs- und Kochzeit: 45 Min. bis 1 Std.

Chana aur simla mirch

Gebratene Kichererbsen mit Paprika

Dieses Gericht wird traditionsgemäß mit geachtelten festen Tomaten und heißen bhaturas *serviert. Sie können es auch mit einem der vedischen Fladenbrote, die im nächsten Kapitel beschrieben werden, oder mit Joghurt und Ingwertee zum Frühstück reichen.*

250 g Kichererbsen
1 ½ TL Salz
2 EL Ghee oder Pflanzenöl
2 TL Kreuzkümmelsamen
1 oder 2 frische Chilis, grobgehackt
1 TL geriebener frischer Ingwer
½ TL Kurkuma
½ TL Asafötida
1 grüne Paprikaschote, in 1,5 cm große Stücke geschnitten
1 mittelgroße Tomate, gewaschen und kleingeschnitten (kann entfallen)
2 mittelgroße Tomaten, gewaschen und geachtelt

Die Kichererbsen über Nacht in der doppelten Volumenmenge Wasser einweichen, abtropfen lassen und in einen Topf geben. So viel Wasser hineingeben, dass sie mit einer 8 cm hohen Schicht bedeckt sind; einen halben Teelöffel Salz hinzufügen. 10 Minuten kochen lassen. Den Schaum, der sich an der Oberfläche bildet, abschöpfen. Auf mittlerer bis niedriger Flamme 40 Minuten bis eine Stunde kochen lassen. Die weichen Kichererbsen in ein Sieb füllen und abtropfen lassen. (Falls Sie beabsichtigen, eine Soße zu machen, können Sie 100 ml dieser Flüssigkeit aufbewahren.)

Das Ghee bzw. Pflanzenöl auf mittlerer Flamme in einer Bratpfanne erhitzen und die Kreuzkümmelsamen darin anrösten. Wenn sie braun werden, die Chilistücke und den Ingwer dazugeben und darauf das Kurkumapulver und die Asafötida, sofort gefolgt von der kleingeschnittenen Paprikaschote. Die Paprikastücke mit einem Löffel wenden, bis sie weich und angebräunt sind, dann die abgetropften Kichererbsen beimengen und für 3 Minuten rühren. Nun das restliche Salz hinzufügen. Wer dazu eine Soße möchte, gebe das aufbewahrte Kochwasser oder eine kleingeschnittene Tomate dazu und rühre noch 5 Minuten länger.

Einweichzeit: über Nacht
Zubereitungs- und Kochzeit: 1 Std.

Mili-juli sabji ka soup

Sämige Gemüsesuppe

Diese Suppe ist eine der Spezialitäten unseres Londoner Restaurants, Govinda's.

3 EL Ghee
2 Lorbeerblätter
1 TL gem. Koriander
¼ TL gem. Asafötida
1 ¼ TL Kurkuma
700 g gemischtes Gemüse, gewaschen und gewürfelt
500 ml Wasser
3 TL Salz
¼ TL Pfeffer
450 ml Milch
2 EL Butter
3 EL weißes Mehl

Das Ghee in einem schweren Kochtopf erhitzen. Lorbeerblätter, Koriander, Asafötida und Kurkuma für einige Sekunden anrösten, dann sofort die Gemüsestücke hinzufügen. 4 bis 5 Minuten unter Rühren anbraten, so dass das Gemüse braune Flecken bekommt. Wasser, Salz und Pfeffer dazugeben, den Topf abdecken und auf mittlerer Flamme kochen lassen (dabei ab und zu umrühren), bis das Gemüse weich und zart ist. Sie können die Gemüsestücke nach Belieben entweder ganz lassen, zu Brei zerstampfen oder in einem Mixer pürieren. Vergessen Sie im letzteren Falle nicht, vorher die Lorbeerblätter herauszunehmen.

Während das Gemüse kocht, die Butter in einem kleinen Topf auf mittlerer Flamme erhitzen, das Mehl dazugeben und 1 bis 2 Minuten unter Rühren anbräunen; dann die heiße Milch hinzufügen. Die Mischung für 2 Minuten mit einem Schneebesen schlagen, bis die Soße ziemlich dick ist, dann mit der Suppe verrühren und kurz aufkochen lassen. Fertig zum Servieren!

Zubereitungs- und Kochzeit: 45 bis 50 Min.

Tamatar ka soup

Tomatensuppe

2 kg rote, feste Tomaten
6 EL Ghee oder Pflanzenöl
1 TL gem. Koriander
¼ TL Asafötida
4 EL gehackte frische Korianderblätter
1 ½ EL brauner Zucker
1 ½ TL Salz
¼ TL gem. schwarzer Pfeffer
¼ TL Cayennepfeffer
2 EL Butter
2 EL weißes Mehl
450 ml Milch
1 EL Zitronensaft

Die Tomaten waschen und achteln. Das Ghee bzw. Pflanzenöl in einem schweren Topf erhitzen, den gemahlenen Koriander und die Asafötida einige Sekunden anrösten, dann die Tomaten hineingeben. Den Herd auf kleine bis mittlere Hitze stellen und die Tomaten 20 bis 25 Minuten kochen, bis sie sehr weich aussehen und die Schale sich löst.

Die Tomaten durch ein Sieb streichen und wieder in den Topf schütten. Den gehackten Koriander, Zucker, Salz, Pfeffer und Cayennepfeffer hinzufügen.

Die Butter in einem zweiten Topf erhitzen und das Mehl unter ständigem Rühren leicht anbräunen. Langsam die Milch dazugießen und weiterkochen (dabei ständig umrühren, damit sich keine Klümpchen bilden, bis die Milch eindickt). Nun das Tomatenpüree in die Milch gießen und gut umrühren. Zum Schluss den Zitronensaft dazugeben und heiß servieren.

Zum Garnieren können Sie einen Esslöffel Vermicelli in etwas Butter braten und auf der Oberfläche der Suppe verstreuen.

Zubereitungs- und Kochzeit: 30 bis 40 Min.

Brot und Pfannkuchen

1 Chapati *(Vollweizen-Fladenbrot)* 142
2 Puri *(Frittierte Fladenbrötchen aus Vollweizen)* 145
3 Kela puri *(Bananen-puris)* 147
4 Bhatura *(Dicke Sauerteig-puris)* 148
5 Paratha *(Blätterteigfladen aus Vollweizen)* 149
6 Alu paratha *(Fladenbrot mit würziger Kartoffelfüllung)* 150
7 Makkai ki roti *(Maismehlfladen)* 152
8 Besan roti *(Fladenbrot aus Kichererbsenmehl)* 154
9 Matthi *(Indische Cracker)* 155
10 Masala dosa *(Pfannkuchen mit würziger Kartoffelfüllung)* 156
11 Atta dosa *(Vollweizen-Pfannkuchen)* 158
12 Pudla *(Pfannkuchen aus Kichererbsenmehl)* 159

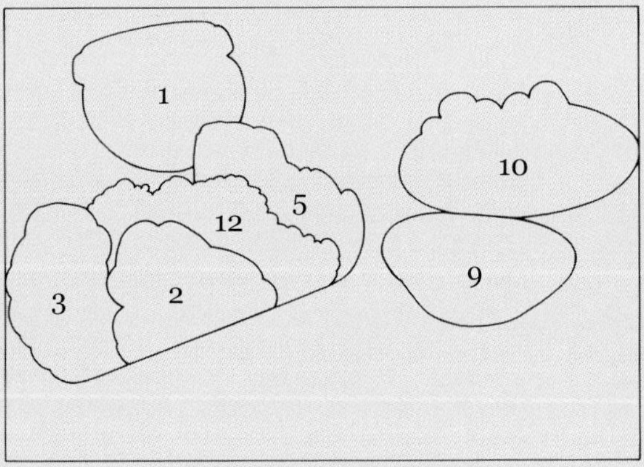

Brot spielt als Grundnahrungsmittel par excellence in Indien eine noch größere Rolle als das „täglich Brot“ bei uns im Westen, wo die meisten Menschen denaturiertes Brot mit nur wenigen Nähr- und Aufbaustoffen essen. In Indien gehört naturbelassenes, hausgemachtes Brot zu fast jeder Mahlzeit. Indisches Brot gibt es in einer Vielzahl verschiedener Formen, Zusammensetzungen und Geschmäcke, doch alle lassen sich problemlos und schnell zubereiten.

Die vedische Art, Brot zu servieren, gibt der Mahlzeit eine besondere Note: Sobald der Gast eines der ofenfrischen Brote aufgegessen hat, bekommt er unverzüglich ein neues.

Sie mögen sich fragen, wie es möglich sein soll, Krishna Brot zu opfern und es dann auch noch den Gästen heiß anzubieten. Der Trick besteht darin, das Brot als letztes, erst kurz vor der Opferung, zuzubereiten, und zwar gerade so viel, wie für Krishnas Teller benötigt wird. Während der Opferteller auf dem Altar steht, können Sie den Rest zubereiten und dann warmhalten. Bei vielen Gästen ist es vielleicht praktischer, alle Brote vor der Opferung zu backen und sie kurz vor dem Servieren im Backofen aufzuwärmen.

Im Westen kann man oft die Essgewohnheit beobachten, mit Brot andere Speisen auf die Gabel zu schieben. In Indien jedoch wird das Brot selbst zur Gabel. Man reißt ein kleines Stück Fladenbrot ab, nimmt damit ein Stück Speise oder etwas Soße auf und schiebt sich dann zusammen mit dem Essen auch die „Gabel“ in den Mund.

In allen Hare-Krishna-Zentren gibt es täglich ein einfaches vedisches Mittagsmahl, bestehend aus Reis, *dal*, Gemüse und *chapatis*. Wie bei den meisten vedischen Brotsorten wird auch bei *chapatis* eine Art steingemahlenes Vollweizenmehl verwendet, genannt *chapati*-Mehl oder *atta*. Dieses Mehl, das man in indischen Läden bekommt, unterscheidet sich um einiges von dem Vollweizenmehl, das in Supermärkten und Reformhäusern angeboten wird. *Chapati*-Mehl besteht aus ganzen, zu einem naturfarbenen, feinen Pulver zermahlenen Weizenkörnern. Teig aus *atta*-Mehl wird samtweich, lässt sich leicht kneten und sehr gut ausrollen. Falls Sie *chapati*- Mehl nirgends bekommen, können Sie auch Weizenschrotmehl nehmen, die gröbsten Bestandteile heraussieben und es im Verhältnis 2:1 mit Mehl der Ausmahlungsgrade 550 oder 405 mischen.

Puris und *bhaturas* sind frittierte Fladenbrote. Sie werden im Allgemeinen aus besonders geschmeidigem Teig zubereitet, wobei vor der Hinzugabe des Wassers etwas Butter oder Ghee in das Mehl hineingerieben wird. Der Teig wird zu runden, flachen Scheiben ausgerollt und in das heiße Ghee oder Pflanzenöl gegeben, wo die Fladen zur Oberfläche steigen und sich zu hohlen, dampfgefüllten Ballons aufblähen. (Wenn Sie etwas Erfahrung gesammelt haben, können Sie auch probieren, mehrere *puris* oder *bhaturas* auf einmal zu frittieren.) *Puris* werden meistens aus Vollweizenmehl gemacht und *bhaturas* aus einer joghurtgesäuerten Mehlmischung, die sich aus Vollweizenmehl und Weißmehl zusammensetzt.

In den meisten Brotrezepten ist die Wassermenge nur ungefähr angegeben, da sie von der Beschaffenheit des Mehles und der Luftfeuchtigkeit abhängig ist. Beginnen Sie mit etwas weniger Wasser, als im Rezept verlangt wird. Sollte der Teig zu trocken sein, so geben Sie einfach etwas mehr Wasser dazu, bis er die gewünschte Konsistenz hat. Dann kneten Sie den Teig.

Der wichtigste Schritt bei der Zubereitung von Teigen ist das Kneten. Wenn der Teig gleichmäßig und sorgfältig geknetet wurde, ist das Ausrollen und Backen leicht. Und so wird's gemacht: Die Hände und den Teig mit etwas Mehl einstäuben, die Handballen in den Teig hineinpressen und den Teig vom Körper weg drücken. Den abgeflachten Teil zurückfalten, den Teigballen etwas drehen und wieder vorwärts drücken. Diesen Vorgang – Vorwärtsdrücken, Zurückfalten und Drehen – ständig wiederholen, so dass die Bewegungen allmählich rhythmisch werden. So lange weiterkneten, bis der Teig geschmeidig und elastisch wird. Sollte er immer noch an den Händen oder der Schüssel kleben, nachdem Sie alle Zutaten beigemengt haben, so kneten Sie einfach weiter, wobei Sie von Zeit zu Zeit etwas Mehl hinzugeben, bis sich der Teigklumpen ohne Rückstände von den Händen und der Schüssel löst.

Die Brote in diesem Kapitel werden entweder auf der *tava* (einer schweren, leicht gewölbten, gusseisernen Pfanne) geröstet oder in einer *karhai* oder einem Wok frittiert. Gewöhnlich wird die *tava* vorgeheizt; dann wird das Brot schneller gar und wird nicht so leicht trocken und brüchig. Die *karhai* und der Wok helfen Ghee sparen, und ihre weit gewölbte Innenwand lässt eine Menge Raum zum Frittieren. Wenn Sie keine *tava* haben, können Sie auch eine gusseiserne Bratpfanne benutzen. Und wenn Sie weder *karhai* noch Wok besitzen, tut es auch ein weiter Topf mit schwerem Boden.

Zum Teigausrollen gehört schon ein wenig Praxis; lassen Sie sich also nicht entmutigen, wenn es am Anfang nicht gleich klappt. Schon nach ein paar Versuchen werden Sie mehr Geschick entwickeln. Außerdem werden sogar Ihre misslungenen Versuche gut schmecken.

Am Ende dieses Kapitels werden Sie Rezepte für drei verschiedene Sorten salziger Pfannkuchen finden, jede mit einem anderen Mehl zubereitet.

Chapati

Vollweizen-Fladenbrot

Chapatis *sind das tägliche Brot von Millionen von Indern. Sie werden zunächst auf einer trockenen Bratpfanne oder* tava *vorgebacken und dann direkt über die offene Flamme gehalten, wo sie sich so weit mit Dampf aufblähen, dass sie beinahe platzen.*

250 g *atta* oder gesiebtes Vollweizenmehl
150 ml lauwarmes Wasser
½ TL Salz
2 oder 3 EL zerlassene Butter

Mehl und Salz in einer großen Salatschüssel vermengen und langsam Wasser dazugeben, dabei gleichzeitig das Mehl mit dem Wasser vermischen, bis ein weicher Teig entsteht. Den Teig auf eine Arbeitsfläche legen und für 6 bis 8 Minuten durchkneten, bis er glatt und elastisch ist. Den Teigklumpen mit Wasser besprengen, in ein feuchtes Tuch wickeln und für eine halbe Stunde bis zwei Stunden beiseitestellen.

Wenn der Teig fertig ist, die *tava* (siehe S. 53) oder eine schwere, gusseiserne Bratpfanne auf mittlerer Flamme vorheizen. Den Teig mit angefeuchteten Händen nochmals durchkneten, 12 gleichgroße Bällchen formen, mit etwas Mehl bestäuben und auf einem eingemehlten Brett zu möglichst gleichmäßig runden, dünnen Fladen von etwa 15 cm Durchmesser ausrollen. Ein kleiner Vorrat an Vollweizenmehl sollte stets zur Hand sein, um das Ausrollen zu erleichtern.

Das überschüssige Mehl zwischen beiden Händen abklopfen und den *chapati* auf die vorgewärmte Pfanne legen. Wenn auf der Oberfläche kleine, weiße Bläschen erscheinen und sich die Ränder nach oben wölben, den *chapati* mit einer Zange umdrehen und die andere Seite rösten, bis an der Oberfläche Luftblasen hervortreten. Den *chapati* mit der Zange aufnehmen und beide Seiten für einige Sekunden über die offene Flamme halten, bis er sich wie ein Ballon aufbläht. Ein fertiger *chapati* sollte durch und durch gar (ohne feuchte Stellen) und auf beiden Seiten mit braunen Flecken übersät sein. Die Luft herauspressen und eine Seite mit zerlassener Butter bepinseln.

Eine interessante Variante des *chapati* ist *paneer chapati*. Anstatt das Mehl mit warmem Wasser zu vermischen, wird es (zusammen mit dem Salz) in eine Kasserolle gegeben, in der 400 ml Milch mit 2 Teelöffeln Zitronensaft

Rechts: Zubereitung von *chapatis*

zum Gerinnen gebracht wurden. Rühren Sie das Mehl in die Mischung aus Molke und geronnenem Frischkäse, bis alles gut miteinander vermengt ist. Wenn die Mischung kühl genug zum Anfassen ist, den Inhalt der Kasserolle auf eine saubere Arbeitsfläche geben und 5 bis 10 Minuten durchkneten, bis der Teig glatt und geschmeidig ist. Den Teig 30 Minuten bis 1 Stunde ruhen lassen, dann genauso wie in dem Rezept für gewöhnliche *chapatis* fortfahren. Geben Sie acht, dass Ihre *paneer chapatis* nicht anbrennen.

Chapatis können auch auf dem Elektroherd zubereitet werden. Lassen Sie den *chapati* einfach auf der Pfanne liegen und wenden Sie ihn so oft um, bis beide Seiten gar sind; dann vorsichtig ein weiches Tuch auf die Oberfläche pressen und der *chapati* wird sich aufblähen. Servieren Sie *chapatis* möglichst frisch vom Herd, oder wickeln Sie sie in ein Küchentuch ein, um sie warm und weich zu halten.

Zubereitungszeit: 15 Min.
Stehzeit: 30 Min. bis 2 Std.
Ausroll- und Garzeit: 2 bis 3 Min. pro *chapati*

Puri

Frittierte Fladenbrötchen aus Vollweizen

Puris zu frittieren – zuzusehen, wie sich kleine, runde Teigfladen im schwimmenden Fett wie Ballons aufblähen, ist eines der Vergnügen beim vedischen Kochen. Sie zu essen, macht sogar noch mehr Spaß. Vom Geschmack und ihrer Konsistenz her passen sie perfekt zu jeder Mahlzeit.

250 g Vollweizenmehl
100 g weißes Mehl
½ TL Salz
1 EL Butter oder Ghee
150 ml warmes Wasser
Ghee oder Pflanzenöl zum Frittieren

Die beiden Mehlsorten und das Salz in eine Teigschüssel sieben und den Esslöffel Butter (bzw. Ghee) mit den Fingerspitzen hineinreiben. Langsam das Wasser dazugeben und mit den Händen verrühren, bis das Mehl zusammenhält und sich kneten lässt. Die Hände mit etwas Ghee einfetten und den Teig durchkneten, bis er glatt und elastisch ist. (Zur Abwechslung können Sie das folgende Rezept für *masala puris* ausprobieren: dazu ½ Teelöffel Kreuzkümmelsamen, ½ Teelöffel Kurkuma und 2 Prisen Cayennepfeffer in den Teig mischen.)

Das Ghee bzw. Öl in einer *karhai*, einem Wok oder einem Kochtopf auf mittlerer bis hoher Flamme erhitzen. Inzwischen ein paar Tropfen Ghee auf der Ausrollfläche verreiben (kein Mehl verwenden – es verbrennt, und das Ghee verfärbt sich). Aus dem Teig 12 Kugeln formen und diese zu dünnen, ebenmäßigen Fladen ausrollen.

Wenn das Ghee anfängt zu rauchen, die Hitze auf mittlere Flamme reduzieren und einen *puri* auf die Oberfläche des Ghee legen – passen Sie auf, dass Sie sich nicht die Finger verbrennen. Der *puri* wird für einige Sekunden auf den Boden sinken, um dann zischend zur Oberfläche zu steigen. Tauchen Sie ihn rasch, aber sanft mit dem Rücken einer Siebkelle unter, bis er sich wie ein Ballon aufbläht. Den *puri* umwenden, für einige Sekunden ausbacken lassen, herausnehmen und aufrecht in einem Sieb abtropfen lassen.

Heiße *puris* können Sie zu praktisch jeder Mahlzeit reichen oder als Imbiss mit Apfelmus, Honig, Marmelade oder Frischkäse servieren.

Zubereitungszeit: 15 Min.
Ausroll- und Backzeit: 2 Min. pro *puri*

Kela puri

Bananen-*puris*

Kela puris *sind ein Grund mehr, dankbar zu sein, dass die vedische Küche in den Westen kam. Der Teig muss so lange geknetet werden, bis er fest ist, und die* puris *müssen so lange im Fett backen, bis sie golden und mit braunen Sprenkeln bedeckt sind.*

300 g Vollweizenmehl
50 g Kichererbsenmehl
½ TL Cayennepfeffer
1 TL Kurkuma
1 TL Kreuzkümmelsamen
1 TL Salz
1 EL Ghee oder zerlassene Butter
2 reife Bananen
2 TL brauner Zucker
Ghee oder Pflanzenöl zum Frittieren

Das Weizenmehl und das Kichererbsenmehl in eine große Schüssel sieben und die Gewürze und das Salz beifügen. Das zerlassene Ghee bzw. die Butter hineinträufeln und mit den Fingerspitzen in das Mehl hineinreiben, bis es groben Brotkrumen gleicht.

In einer anderen Schüssel die Bananen zu einem weichen Brei zerstampfen, den Zucker einrühren und diese Mischung gründlich mit dem Mehl vermischen, bis alles Mehl zusammenklebt. Falls zum Binden des Mehls mehr Flüssigkeit benötigt wird, einfach mehr zerdrückte Bananen oder 1 bis 2 Esslöffel warmes Wasser hinzugeben. Sollte der Teig zu klebrig sein, mehr Mehl beimengen.

Den Teig für mehrere Minuten kneten, bis er glatt und elastisch ist, dann 15 bis 30 Minuten ruhen lassen. Ausrollen und frittieren wie im Rezept für *puris*.

Zubereitungszeit: 15 Min.
Stehzeit: 15 bis 30 Min.
Ausroll- und Backzeit: 3 Min. pro *kela puri*

Links: Zubereitung von *puris* (S. 145)

Bhatura

Dicke Sauerteig-*puris*

Hefe wird in vedischen Broten selten verwendet. Nötigenfalls wird der Teig einfach zum Gären an einen warmen Platz gestellt. In heißem Klima säuert der Teig innerhalb weniger Stunden, in kälterem Klima verwenden wir manchmal Backpulver, um den Vorgang zu beschleunigen.

In Indien werden bhaturas *oft zusammen mit* chana raita *(pikante Kichererbsen) und Joghurt zum Frühstück gegessen.*

150 g Naturjoghurt
2 TL brauner Zucker
½ TL Backpulver
150 g weißes Mehl
300 g *atta* oder gesiebtes Vollweizenmehl
2 TL Salz
1 EL Ghee oder Butter
100 ml warmes Wasser
Ghee oder Pflanzenöl zum Frittieren

Am Abend zuvor den Joghurt, den Zucker, das Backpulver und das weiße Mehl in einer großen Schüssel vermengen, mit einem Tuch abdecken und an einem warmen Ort gären lassen. Wenn an der Oberfläche Blasen erscheinen, ist die Mischung fertig für den nächsten Vorgang.

In einer zweiten Schüssel das *atta* bzw. das gesiebte Vollweizenmehl mit dem Salz vermischen und das Ghee bzw. die Butter mit den Fingerspitzen hineinreiben. Die angegorene Mischung und das warme Wasser dazugeben und das Ganze mit den Händen gut durchmischen, so dass ein Teig entsteht. Diesen Teig 5 bis 10 Minuten bzw. so lange durchkneten, bis er glatt und geschmeidig ist. Falls er zu feucht sein sollte, etwas Mehl hinzugeben. Den Teig zu einem kompakten Klumpen formen, mit einem feuchten Tuch bedecken und wieder an einem warmen Ort abstellen.

Nach 2 Stunden Stehzeit den Teig nochmals durchkneten, 15 gleichgroße Bällchen formen und zu 13 cm großen Fladen ausrollen. Das Ghee erhitzen und die *bhaturas* genauso wie *puris* frittieren.

Zubereitungszeit: 20 Min.
Stehzeit: über Nacht plus 2 Std.
Ausroll- und Backzeit: 4 Min. pro *bhatura*

Paratha

Blätterteigfladen aus Vollweizen

Parathas *sind schwer und blättrig, weil sie mit* Ghee *oder Butter bestrichen und mehrfach gefaltet wurden. Reichen Sie sie zu einem Gemüsegericht, Joghurt und Minz- oder Korianderchutney.*

200 g *atta* oder gesiebtes Vollweizenmehl
100 g weißes Mehl
3 EL zerlassene Butter
125 ml warmes Wasser
1 TL Salz

Die beiden Mehlsorten in einer großen Schüssel vermischen und die Butter in das Mehl hineinreiben. Einen Teig wie nach dem Rezept für *chapatis* ansetzen und mit einem feuchten Tuch bedeckt ruhen lassen. Nach 30 Minuten eine gusseiserne Pfanne oder *tava* auf mittlerer bis niedriger Flamme vorheizen; inzwischen den Teig nochmals durchkneten, 10 gleichgroße Bällchen formen und zu Fladen ausrollen (nicht zu dünn). Die Arbeitsfläche nötigenfalls mit Mehl einstäuben, damit der Teig nicht festklebt. Eine Seite mit zerlassener Butter bepinseln und in der Mitte zusammenklappen. Wiederum die Oberfläche mit Butter bestreichen und ein zweites Mal zusammenklappen – zu einem Dreieck. Zu ziemlich dünnen, großen Dreiecken ausrollen.

Einen *paratha* auf die trockene, vorgeheizte Pfanne bzw. *tava* legen und ständig hin- und herschieben, damit der Fladen gleichmäßig durchgeröstet wird. *Parathas* brauchen mehr Zeit zum Garen als *chapatis*. Die Flamme so regulieren, dass sie nicht anbrennen. Wenn beide Seiten goldbraun sind, den *paratha* wieder auf die erste Seite wenden und mit dem Rücken eines Löffels einen halben Teelöffel Ghee (oder Butter) auf der Oberfläche verstreichen. Daraufhin sollte sich der *paratha* aufblähen. Drehen Sie ihn um und bestreichen Sie auch die andere Seite mit Ghee. Der *paratha* ist fertig, wenn beide Seiten goldbraun und mit dunklen Flecken bedeckt sind.

Parathas, die nicht gleich serviert werden, in ein Küchentuch wickeln, damit sie sich warm halten.

Zubereitungszeit: 15 Min.
Stehzeit: 30 Min.
Ausroll- und Backzeit: 8 Min. pro *paratha*

Alu paratha

Fladenbrot mit würziger Kartoffelfüllung

200 g *atta* oder gesiebtes Vollweizenmehl
100 g weißes Mehl
4 EL Butter
125 ml warmes Wasser
½ TL Salz
3 mittelgroße Kartoffeln
1 EL Ghee
½ TL Kreuzkümmelsamen
1 TL geriebener Ingwer
½ TL Cayennepfeffer
½ TL Kurkuma
1 EL Zitronensaft
1 TL Salz
2 EL frische Korianderblätter, gehackt

Den Teig wie im Rezept für *parathas* (siehe S. 149) ansetzen und ruhen lassen. Die Kartoffeln weichkochen, unter kaltem Wasser abspülen, abschälen und grob zerstampfen. Einen Esslöffel Ghee in einem mittelgroßen Topf erhitzen, die Kreuzkümmelsamen dazugeben und unter Rühren anrösten. Ein paar Sekunden später den Ingwer, den Cayennepfeffer und das Kurkumapulver hinzufügen. Einige Sekunden weiterrühren, dann die zerdrückten Kartoffeln dazugeben und 4 bis 5 Minuten braten, dabei ständig rühren. Nun den Zitronensaft, das Salz und die Korianderblätter beimengen und gründlich durchrühren. Die fertige Mischung zum Abkühlen auf einem Tablett ausbreiten.

Wenn die Füllung erkaltet ist, aus dem Teig 12 Bällchen formen und zu 15 cm großen Fladen ausrollen. Die Oberfläche der Fladen mit etwas Ghee bepinseln, einen Esslöffel der Füllung in die Mitte setzen und die Ränder über der Füllung zusammenschlagen. Den überstehenden Teig abreißen und die so entstandene Öffnung durch Zusammendrücken gründlich schließen. Den gefüllten Teigklumpen flachdrücken, mit Mehl bestäuben und so dünn wie möglich ausrollen. Geben Sie acht, dass die Füllung nicht durchbricht.

Eine schwere Bratpfanne mit Ghee einfetten. Den *paratha* langsam rösten und so oft wenden, bis beide Seiten goldbraun und mit rötlichen Flecken bedeckt sind. *Alu parathas* passen ausgezeichnet zu einem *sabji* in Soße und einem *raita* oder Naturjoghurt.

Zuberubereeitungszeit: 30 Min.
Stehzeit: 30 Min.
Ausroll- und Backzeit: 8 Min. pro *paratha*

Rechts: Zubereitung von *alu parathas*

Die Sonne ist

Makkai hi roti

Maismehlfladen

Maismehl bekommen Sie in Reformhäusern oder Bioläden. Es zählt eigentlich nicht zu den hochklassigen Backmehlen, eignet sich aber ganz gut für indische Fladenbrote. Wichtig ist, dass Sie es vorher gründlich durchsieben.

150 g Maismehl, feingemahlen und gut durchgesiebt
75 g Vollweizenmehl, gut gesiebt
2 TL ungesalzene Butter oder Ghee
½ TL Salz
½ TL Zucker oder natürlicher Süßstoff
200 ml warmes Wasser
2 oder 3 EL zerlassene Butter

Das Maismehl und das Weizenmehl mit dem Salz und dem Zucker bzw. Süßungsmittel in einer großen Schüssel vermengen und mit den Fingerspitzen die Butter bzw. das Ghee hineinreiben. Langsam das Wasser hinzugießen und mit der Hand verrühren, bis alles Mehl zusammenhält und sich kneten lässt. Die Hände mit etwas Ghee einfetten und den Teig 8 bis 10 Minuten durchkneten, bis er weich und geschmeidig ist. Nun aus dem Teig einen Ball formen, mit einem feuchten Tuch bedecken und eine Stunde ruhen lassen.

Wenn es an der Zeit ist, den Teig nochmals ein oder zwei Minuten durchkneten, in acht gleich große Stücke teilen und aus diesen Stükcken Bällchen rollen. Die Ausrollfläche mit Vollweizenmehl einstäuben und eines der Teigbällchen zu einem 12 cm großen Fladen ausrollen. Die Oberfläche mit etwas zerlassener Butter einreiben und den Fladen in der Mitte falten. Die Oberfläche des Halbkreises ebenfalls mit Butter einreiben und nochmals falten. Nun den Teig behutsam zu einem Dreieck ausrollen.

Eine gusseiserne Bratpfanne oder eine *tava* auf mittlerer Flamme für 1 oder 2 Minuten vorerhitzen. Ein oder zwei der Dreiecke auf die Pfanne legen und für 1 Minute rösten, dann umdrehen und noch eine halbe Minute weiterrösten. Den *roti* unter sanftem Druck mit einem sauberen Tuch zum Aufblähen bringen. Falls notwendig, den *roti* nochmals wenden, damit er gleichmäßig gart. Bei korrekter Ausführung wird der *roti* aufgehen und sich aufblähen, und die Oberfläche sollte mit braunen Tüpfeln bedeckt sein.

Die fertigen *rotis* mit etwas Butter bepinseln. Servieren Sie sie entweder sofort oder stapeln Sie sie auf einem Haufen auf, eingewickelt in ein dickes Tuch. Für das Ausrollen und Garen der Fladenbrote sollten Sie einen Rhythmus finden, so dass Sie, während ein *roti* auf der Pfanne gart, schon den nächsten ausrollen.

Zubereitungszeit: 15 Min.
Stehzeit: 1 Std.
Ausroll- und Backzeit: 6 Min. pro *roti*

Besan roti

Fladenbrot aus Kichererbsenmehl

Einen Kilometer entfernt von Varsana, dem Geburtsort von Sri Krishnas ewiger Gefährtin, Srimati Radharani, liegt ein kleines Dorf namens Annapura, das weithin für sein prasada *bekannt ist. Es heißt, dass es dort mit mehr Hingabe zubereitet werde als irgendwo anders im Universum. Die Einwohner von Annapura sind berühmt für ihre Gastfreundlichkeit. Schon seit 5 000 Jahren sollen alle Besucher des Dorfes herzlich empfangen und mit einer Mahlzeit bewirtet worden sein, die für gewöhnlich so viele* besan rotis *enthielt, wie sie nur essen konnten.*

200 g gesiebtes Vollweizenmehl
200 g Kichererbsenmehl
1 TL Salz
½ TL gem. schwarzer Pfeffer
½ TL Kreuzkümmelsamen
1 EL Ghee oder Butter
1 frischer Chili, kleingeschnitten
3 EL gehackte frische Koriander- oder Spinatblätter
150 ml warmes Wasser

Beide Mehlsorten, das Salz, die Gewürze und die Koriander- bzw. Spinatblätter in eine große Schüssel geben und vermengen. Das Ghee bzw. die Butter in die Mischung hineinreiben und langsam das warme Wasser hinzugießen; dabei ständig mischen und kneten, bis ein glatter, elastischer Teig entsteht. Mit einem feuchten Tuch bedecken und stehenlassen.

Nach mindestens 30 Minuten eine schwere Pfanne oder eine *tava* auf mittlerer bis kleiner Flamme erhitzen. Aus dem Teig 12 gleichgroße Kugeln formen und ausrollen, in der Mitte falten und wieder flachrollen, wie bei den *parathas*. Einen *besan roti* auf die inzwischen heiße Pfanne legen und 2 bis 3 Minuten rösten, dabei etwas Ghee oder Butter benutzen, falls der *roti* an der Pfanne haftenbleibt. Dann mit dem Rücken eines Löffels ½ Teelöffel Ghee oder zerlassene Butter auf eine Seite streichen. Das gleiche mit der anderen Seite wiederholen. Der *besan roti* ist fertig, wenn beide Seiten goldbraun und mit rötlichen Flecken besprenkelt sind. Alle 12 *rotis* auf die gleiche Weise rösten.

Zubereitungszeit: 15 Min.
Stehzeit: 30 Min.
Ausroll- und Backzeit: 5 Min. pro *roti*

Matthi

Indische Cracker

Diese Cracker sind einfach in der Zubereitung und können als Imbiss, zusammen mit Suppen oder als Teil einer Mahlzeit gegessen werden.

350 g gesiebtes Vollweizenmehl oder weißes Mehl
2 EL Kümmel- oder Sesamsamen
1 ½ TL Salz
½ TL Backpulver
180 ml Wasser
2 EL Ghee oder Butter
Ghee oder Pflanzenöl zum Frittieren

Mehl, Kümmel, Salz und Backpulver in einer großen Schüssel vermengen. Das Ghee bzw. die Butter in das Mehl reiben und so viel Wasser dazugießen, dass sich ein recht fester Teig bildet. Mindestens 5 Minuten kräftig durchkneten, bis der Teig glatt und elastisch ist, dann einige Minuten ruhen lassen.

Die *karhai* bzw. den Wok zu zwei Dritteln mit Ghee oder Pflanzenöl füllen und auf mittlerer Flamme erhitzen. Während das Ghee heiß wird, den Teig zu einem großen Quadrat von etwa 1 cm Dicke ausrollen und mit einem scharfen Messer 5 cm lange Rauten oder Rechtecke ausschneiden: davon die Hälfte vorsichtig in das heiße Ghee sinken lassen. Die Hitze sollte so reguliert werden, dass die Cracker in 4 bis 5 Minuten auf beiden Seiten goldbraun backen. Mit einer Schaumkelle herausholen und zum Abtropfen in ein Sieb geben. Die andere Hälfte genauso backen.

Zubereitungs- und Backzeit: 30 Min.

Masala dosa

Pfannkuchen mit würziger Kartoffelfüllung

Diese dünnen, knusprigen Pfannkuchen mit würziger Kartoffelfüllung sind ein in ganz Südindien verbreiteter Imbiss. Da masala dosas *frisch und heiß gegessen werden sollten, servieren Sie sie am besten direkt vom Herd. Kokosnusschutney und gehackte Korianderblätter sind die traditionellen Garnierungen.*

200 g weißer Rundkornreis, gewaschen
100 g *urad-dal*, ausgelesen und gewaschen
2 frische, gehackte Chilis
2 ½ TL Salz
10 mittelgroße Kartoffeln
Ghee oder Pflanzenöl zum Einfetten der Pfanne
½ TL brauner Zucker
4 EL Kokosraspeln
3 TL geriebener frischer Ingwer
4 EL Ghee oder Pflanzenöl
2 TL Kreuzkümmelsamen
2 TL schwarze Senfkörner
1 ½ TL Kurkuma
2 EL kleingehackte Korianderblätter
2 EL Butter

Reis und *dal* in getrennten Schüsseln über Nacht einweichen, dann getrennt waschen, abtropfen lassen und nacheinander in einem elektrischen Mixer pürieren; hierbei gerade so viel Wasser verwenden, dass ein feiner Brei entsteht. Die beiden Pürees in einer großen Schüssel mit einem kleingehackten Chili, dem braunen Zucker und einem halben Teelöffel Salz vermischen. Den Teig kräftig durchrühren, die Schüssel bedecken und für 1 oder 2 Stunden (oder, wenn möglich, über Nacht) an einem warmen Ort ruhen lassen.

Als Nächstes die Pfanne auf mittlerer Flamme vorwärmen und mit einem halben Teelöffel Ghee oder Pflanzenöl einfetten; währenddessen den Teig nochmals durchschlagen – er sollte von ziemlich flüssiger Konsistenz sein. Zur Probe ein paar Tropfen Wasser auf die Pfanne spritzen. Wenn sie tanzen und zischen, ist die Pfanne heiß genug. 4 Esslöffel des Teiges in die Pfanne gießen und mit dem Löffelrücken von der Mitte her kreisförmig und dünn ausstreichen. Diese Menge Teig sollte einen dünnen *dosa* von ungefähr 20 cm Durchmesser ergeben. (Die Kunst besteht darin, dass man den Teig möglichst schnell und dünn ausstreicht, bevor ihn die Hitze erstarren lässt.) Den *dosa* für 2 bis 3 Minuten backen, bis er goldbraun wird, dann einmal wenden. Die zweite Seite braucht nur halb so lange wie die erste; sie bräunt niemals so gleichmäßig wie die erste.

Alle *dosas* nacheinander backen, bis der Teig aufgebraucht ist. Die Pfanne nur dann einfetten, wenn die *dosas* ankleben. Die fertigen *dosas* auf einem Teller aufstapeln, so dass sie warm und feucht bleiben, währenddessen die folgende Füllung vorbereiten.

Die Kartoffeln weichkochen, abschälen und mit einer Gabel oder einem Kartoffelstampfer grob zerstampfen. Die Kokosraspeln, die restlichen Chilistückchen, den Ingwer und ein paar Tropfen Wasser zu einem *masala*-Brei verreiben oder zermahlen. In einem mittelgroßen Topf das Ghee bzw. Pflanzenöl erhitzen und die Kreuzkümmelsamen und Senfkörner unter ständigem Rühren darin rösten. Wenn die Senfkörner anfangen zu springen, den *masala*-Brei hineinrühren. Nach einer Minute das Kurkumapulver und sofort danach die Kartoffeln, die gehackten Korianderblätter sowie das restliche Salz hinzufügen. 5 Minuten unter Rühren braten, dann das Ganze zur Seite stellen.

Die Füllung in so viele Portionen teilen, wie *dosas* vorhanden sind.

Jeweils eine Portion davon auf die Mitte eines *dosa* setzen und diesen in der Mitte falten. Jetzt die Bratpfanne mit Butter einfetten und beide Seiten des gefüllten *dosa* nochmals rösten. *Masala* dosa mit *sambar* und frischem Tomatensalat ist ein traditionelles südindisches Gericht.

Zubereitungszeit: 30 Min.
Stehzeit: 1 bis 2 Std. oder über Nacht
Backzeit: 5 Min. pro *dosa*

Atta dosa

Vollweizen-Pfannkuchen

250 g gesiebtes Vollweizenmehl
2 EL gehackte frische Korianderblätter
1 frischer Chili, kleingeschnitten
1 TL Salz
500 ml lauwarmes Wasser

Alle trockenen Zutaten in einer großen Schüssel vermischen, langsam das Wasser hinzugießen und mit einem Schneebesen durchschlagen, so dass ein glatter Pfannkuchenteig entsteht. Die Schüssel mit einem Tuch bedecken und mindestens eine halbe Stunde stehenlassen.

Danach den Teig nochmals durchschlagen und die *dosas* genauso backen wie im vorherigen Rezept. Bei 4 Esslöffeln Teig pro *dosa* kommen Sie auf etwa 15 *dosas*. Sie können *atta dosas* mit Kokosnusschutney und/oder Naturjoghurt servieren.

Zubereitungszeit: 10 Min.
Stehzeit: 30 Min.
Backzeit: 5 Min. pro *dosa*

Pudla

Pfannkuchen aus Kichererbsenmehl

Dies ist das Grundrezept für pudla. *Durch Hinzugabe von gekochtem oder schnellgarendem Gemüse, wie z. B. Mungbohnensprossen, geriebenen Karotten, gehackter Petersilie oder kleinen Kartoffelwürfeln, ergibt sich eine Vielzahl schmackhafter Varianten.*

200 g Kichererbsenmehl
50 g weißes Mehl
1 TL Kreuzkümmelsamen
2 frische Chilis, gehackt
¼ TL Asafötida
¾ TL Kurkuma
1 ½ TL Salz
¼ TL Pfeffer
1 TL gem. Koriander
300 ml kaltes Wasser
1 TL geriebener frischer Ingwer
2 mittelgroße Tomaten, kleingeschnitten
1 grüne Paprikaschote, gewürfelt
3 EL Butter
3 EL Zitronensaft

In einer großen Schüssel Kichererbsenmehl, Weißmehl, Kreuzkümmelsamen, die Chilistücke, Asafötida, Kurkuma, Salz, Pfeffer und den gemahlenen Koriander vermengen. Langsam das kalte Wasser dazugießen, dabei gleichzeitig umrühren, bis ein dickflüssiger Pfannkuchenteig entsteht. Wenn Ihnen der Teig zu dick erscheint, bedenken Sie, dass der Saft der Tomaten den Teig noch verdünnt. Jetzt den geriebenen Ingwer, die Tomatenstücke und die Paprika hineinrühren und den Teig ruhen lassen.

Einen Esslöffel Butter in einer Bratpfanne von 20 bis 26 cm Durchmesser auf mittlerer Flamme erhitzen. Soviel Teig hineingeben, dass zwei Pfannkuchen von 10 bis 13 cm Durchmesser gleichzeitig in der Pfanne backen können. Es ist wichtiger, dass die Pfannkuchen gleichmäßig dick sind, als dass sie vollkommen rund sind. Langsam von beiden Seiten durchbacken, so dass sie goldbraun und knusprig werden (etwa 4 bis 5 Minuten). Den ganzen Teig auf diese Weise aufbrauchen, nötigenfalls noch etwas Butter in die Pfanne geben. Den Zitronensaft darüberträufeln und heiß servieren.

Zubereitungszeit: 15 Min.
Backzeit: 5 Min. pro *pudla*

Gemüse

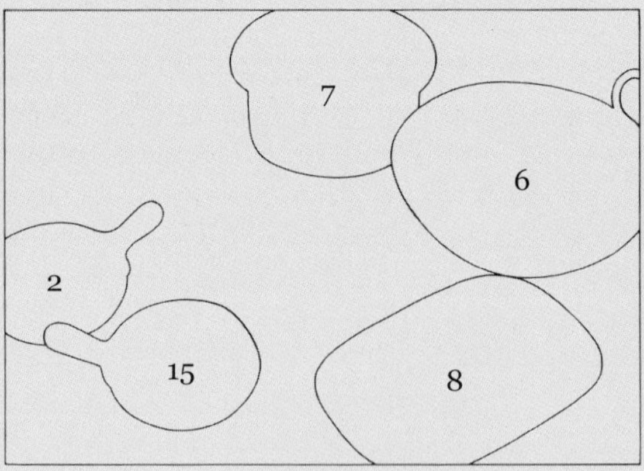
7
6
2
15
8

Die vedische Gemüsekochkunst ist auf der ganzen Welt unübertroffen. Die vedische Küche bietet eine unbegrenzte Vielfalt vegetarischer Gemüsegerichte. Srila Prabhupada sagte manchmal zu den Gottgeweihten, dass Srimati Radharani (Sri Krishnas ewige Gefährtin) seit ewigen Zeiten für Krishna koche und noch kein einziges Gericht ein zweites Mal gekocht habe – jedes Gericht habe seinen eigenen, individuellen Geschmack. Und im *Caitanya-caritamrita*, einer bengalischen Vaisnava-Schrift, in der die Spiele Sri Caitanyas erzählt werden, findet man lebhafte Beschreibungen von Festmählern mit Hunderten von köstlichen Gemüsegerichten, die dem Herrn von Seinen Geweihten dargebracht wurden.

Gemüse nach indischer Art zuzubereiten bedeutet, den Eigengeschmack des Gemüses hervorzuheben, ohne seinen Nährwert zu beeinträchtigen. Die Rezepte in diesem Kapitel zeigen, wie man einfaches Gemüse in köstliche Speisen verwandeln kann. Das Geheimnis liegt in dem Wissen, welche Gewürze zu welchem Gemüse passen und wie man sie zusammen kocht. Gemüse lässt sich auch gut mit Getreide, Joghurt, Käse, Nüssen und frischen Kräutern kombinieren.

Der Lebensmittelladen in Ihrer Nachbarschaft dürfte fast alle der in den Rezepten vorkommenden Gemüsearten führen. Sie können sich aber auch umsehen, was es sonst noch bei den umliegenden Bauern, in Feinkostläden oder asiatischen Spezialitätengeschäften gibt. Achten Sie bei der Auswahl von Gemüse und anderen Nahrungsmitteln auf deren Herkunft, denn wie die Veden prophezeien, ist unser jetziges Zeitalter durch einen allmählichen

Verfall von Natur und Umwelt gekennzeichnet, und davon sind auch unsere Nahrungsmittel betroffen. Wir können bereits beobachten, dass trotz beachtlicher Fortschritte in der Medizin die am weitesten verbreitete Krankheit in der industrialisierten Welt frühzeitiges Altern ist. Viele Wissenschaftler schreiben diesen Tatbestand der ansteigenden Verschmutzung von Luft bzw. Wasser und belasteter Nahrung zu. Die Landwirtschaft ist wesentlich mehr auf Profit bedacht als auf die Gesundheit des Verbrauchers, und was im Supermarkt angeboten wird, sind gewöhnlich überzüchtete Erzeugnisse, die zwar äußerlich schön glänzen mögen, aber dafür umso weniger Nährwert besitzen. Verwenden Sie soweit wie möglich biologische Produkte, die fest und voller Farbe sind. Es ist besser, Gemüse zu kaufen oder selbst zu ziehen, das vielleicht Schönheitsfehler aufweist, dafür aber frei von Chemikalien ist. Laut dem Ayurveda ist es außerdem für ein gesundes Leben in Einklang mit der Natur wichtig, einheimische Saisonprodukte zu essen.

Es gibt zwei grundsätzliche Arten, Gemüse zuzubereiten: mit Soße und ohne Soße. Im ersteren Fall bräunt man zunächst die Gewürze in ein wenig Ghee oder Pflanzenöl an und sautiert dann das Gemüse in den Gewürzen. Nun wird etwas Wasser und ein Bindemittel hinzugegeben, z. B. Kokosraspeln, Joghurt oder pürierte Tomaten. Das Gemüse wird dann bei niedriger Temperatur und geschlossenem Deckel gegart, so dass kein Dampf entweichen kann. Bei der zweiten Zubereitungsmethode wird das Gemüse sautiert und ohne Wasser oder mit gerade so viel Wasser gedünstet, dass es nicht anbrennt. Zum Ende nimmt man den Deckel ab und lässt den größten Teil der Feuchtigkeit verkochen. Alle Gemüsegerichte passen zu Reis oder indischen Brotfladen.

Es gibt auch andere Methoden, Gemüse zuzubereiten, die in anderen Kapiteln dieses Buches beschrieben werden, so zum Beispiel gebackene Gemüsepfannkuchen (siehe S. 159), mit Reis und *dal* gekochtes Gemüse (siehe S. 127) oder in Teig frittierte Gemüsestücke (siehe S. 205).

Sie werden in Krishnas Küche niemals Tiefkühlkost oder Dosengemüse finden. Warum sollten wir Konserven verwenden, wenn täglich frische Produkte erhältlich sind? Der Geschmack von Frischgemüse ist so viel besser, dass sich der zeitliche Mehraufwand der Zubereitung leicht auszahlt. Gemüse sollte nur so lange gekocht werden, bis es gar ist, und immer heiß gegessen werden.

Alu phul gobhi paneer sabji

Blumenkohl, Kartoffeln und Frischkäse, frittiert

Dies ist ein einfaches, schnelles Gericht. Der Blumenkohl und die Kartoffeln werden frittiert und dann in einer flüssigen chaunk *weichgedünstet. Servieren Sie dieses Gemüsegericht mit indischem Brot und einer leichten* dal- *oder Gemüsesuppe.*

- 2 EL Ghee oder Pflanzenöl
- ½ TL schwarze Senfkörner
- 2 frische Chilis, entkernt und kleingeschnitten
- 1 EL geriebener frischer Ingwer
- 2 Lorbeerblätter
- 1 TL Kurkuma
- 1 TL gem. Koriander
- 1 TL gem. Zimt
- 4 Kartoffeln, geschält und grobgewürfelt
- 500 ml Wasser
- 350 g gepresster *paneer*, grobgewürfelt
- 1 mittelgroßer Blumenkohl, gewaschen, geputzt und in Röschen geschnitten
- 2 TL Salz
- ½ TL *garam masala*
- 2 EL gehackte frische Koriander- oder Petersilienblätter

Das Ghee bzw. Öl in einem mittelgroßen Topf auf mittlerer Flamme erhitzen, die Senfkörner hineinwerfen und den Topf schnell zudecken, damit sie nicht in allen Richtungen davonspringen. Wenn sie aufhören zu springen, die Chilis, den Ingwer und die Lorbeerblätter dazugeben und 30 Sekunden umrühren. Jetzt die gemahlenen Gewürze – bis auf die *garam masala* – dazugeben und sofort danach das Wasser. Schnell zum Kochen bringen, dann die Flamme reduzieren und langsam köcheln lassen.

Inzwischen die Kartoffelstücke und die Käsewürfel getrennt goldbraun frittieren und abtropfen lassen. Dann die Blumenkohlröschen frittieren, bis sie leicht angebräunt und halbgar sind, in die flüssige *chaunk* geben, zudecken und auf kleiner Flamme weiterkochen lassen. Nach 5 Minuten den Deckel abheben und die frittierten Kartoffel- und Käsewürfel hinzufügen, einmal umrühren und noch 2 bis 3 Minuten weiterkochen lassen, bis alle Zutaten gar sind. Mit Salz und *garam masala* würzen und die frischen Koriander- bzw. Petersilienblätter darüberstreuen. Durchmischen und heiß servieren.

Zubereitungs- und Kochzeit: 30 Min.

Alu phul gobhi hi bhaji

Blumenkohl und Kartoffeln in Joghurtsoße

Die Methode, Gemüse zunächst in einer chaunk *anzubraten und dann zu dünsten, kann auch bei anderen Gemüsesorten angewandt werden. Solche Gerichte werden manchmal als „Gemüsecurry" bezeichnet.*

- 1 mittelgroßer Blumenkohl
- 4 EL Ghee oder Pflanzenöl
- 2 TL Kreuzkümmelsamen
- 1 oder 2 getrocknete Chilis, zerbröselt
- 2 TL gem. Koriander
- 1 TL Kurkuma
- ½ TL Asafötida
- 4 EL Wasser
- 4 mittlere Kartoffeln, geschält und grobgewürfelt
- 1 ½ TL Salz
- 200 g Naturjoghurt
- ¾ TL *garam masala*
- 2 feste, reife Tomaten, gewaschen und in Scheiben geschnitten
- Zitrone oder Limette, gewaschen und geachtelt

Den Blumenkohl putzen und in Röschen von 4 cm Länge und 2,5 cm Dicke schneiden, in einem Durchschlag gut abspülen und abtropfen lassen.

Das Ghee bzw. Öl in einer schweren Kasserolle auf mittlerer Flamme erhitzen. Die Kreuzkümmelsamen und die zerbröselten Chilis hineingeben und 30 bis 45 Sekunden anrösten, bis die Kreuzkümmelsamen goldbraun werden. Die gemahlenen Gewürze dazugeben, ein paar Sekunden warten und dann die gewürfelten Kartoffeln hinzufügen. 2 bis 3 Minuten rühren, bis die Kartoffeln braune Flecken bekommen, dann den Blumenkohl dazugeben und wiederum 2 bis 3 Minuten rühren. Wasser und Salz hineinschütten und den Topf gut abdecken, so dass der Dampf nicht entweichen kann. Auf mittlerer Hitze etwa 10 Minuten kochen lassen, dabei ab und zu den Topf kurz schütteln, bis das Gemüse weich, aber noch fest ist.

Zum Schluss den Joghurt einrühren und einige Minuten köcheln lassen, bis die Soße sämig wird. Die *garam masala* darüberstreuen und behutsam umrühren. Jeden Teller mit einer Tomatenscheibe und einem Stück Zitrone oder Limette garnieren.

Zubereitungs- und Kochzeit: 25 Min.

Alu gauranga

Gratin-Kartoffeln

Die Geweihten Krishnas haben dieses Gericht nach Sri Caitanya Mahaprabhu benannt, der Inkarnation Krishnas, die zur Erde herabstieg, um das Chanten des Hare-Krishna-Mantra zu lehren. Wegen Seiner hellen, leuchtenden Hauttönung wurde Er auch Gauranga („der Goldene") genannt.

Zusammen mit einem Gemüsegericht und ein paar chapatis *ist* alu gauranga *ein äußerst zufriedenstellendes Mahl.*

450 g *paneer*
10 mittelgroße Kartoffeln
½ TL Asafötida
3 TL Salz
1 TL gem. schwarzer Pfeffer
3 EL gem. Koriander
3 EL frische Korianderblätter, kleingehackt
750 g saure Sahne, vermischt mit 1 TL Kurkuma
100 g Butter
2 EL Milchpulver

Den *paneer* unter fließend kaltem Wasser durchspülen, fest mit dem Käsetuch umschließen und das Wasser auspressen. Die Kartoffeln waschen, schälen und in dünne Scheiben schneiden.

Eine Kasserolle oder Kuchenform einfetten und den Boden mit einem Drittel der Kartoffelscheiben auslegen; diese Schicht mit einem Drittel von jedem Gewürz bestreuen, und zwar in folgender Reihenfolge: Asafötida, Salz, Pfeffer, Korianderblätter und gemahlener Koriander. Es folgt eine Schicht zerkrümelter *paneer* (ein Drittel der Gesamtmenge) sowie ein Drittel der sauren Sahne, schließlich ein Drittel der Butter, in Scheibchen geschnitten.

Das Ganze mit einer zweiten Schicht der Kartoffelscheiben und der anderen Zutaten bedecken, in der gleichen Reihenfolge wie zuvor. Aus dem Rest der Kartoffelscheiben eine dritte Schicht bilden und mit den restlichen Zutaten den oben beschriebenen Vorgang wiederholen. Schließlich das Milchpulver darüberstreuen. Die Kasserolle mit Alufolie bedecken, dabei die Ränder fest umschließen, und für etwa 45 Minuten bei 200 Grad im Ofen backen. 10 Minuten vor Schluss die Alufolie entfernen, so dass sich oben eine braune Kruste bilden kann.

Zubereitungs- und Backzeit: 1 Std.

Bandgobhi alu sabji

Kohl und Kartoffeln, geschmort

Selbst etablierte kulinarische Traditionen sind ständig auf der Suche nach Innovation. Aus der klassischen französischen Küche entwickelte sich die „Nouvelle Cuisine“, und später fand man in der „cuisine moderne“ eine Kombination der klassischen Küche und der Nouvelle Cuisine. Aus Italien verkündeten die findigsten Chefköche „la nuova cucina italiana“, den neuesten italienischen Kochstil.

Die vedische Art zu kochen jedoch ändert sich nie. Das folgende einfache Gericht aus geschmortem Gemüse und Küchengewürzen, das von dem Oberpriester des alten Menaksi-Tempels aus Madurai stammt, ist so gesund und wohlschmeckend wie bereits vor Tausenden von Jahren.

450 g Kohl
3 Nelken
3 Kardamomkapseln
1 Zimtstange
4 EL Ghee oder Pflanzenöl
4 Kartoffeln, geschält und grobgewürfelt
1 EL geriebener Ingwer
½ TL Cayennepfeffer
1 TL Kurkuma
4 Tomaten, geachtelt
1 ½ TL Salz
½ TL Zucker
150 ml Wasser

Den Kohl waschen, schnitzeln und abtropfen lassen. Die Nelken, den Kardamom und die Zimtstange fein zermahlen und beiseitestellen. 3 Esslöffel Ghee oder Pflanzenöl in einem Topf auf mittlerer Flamme erhitzen, die Kartoffelwürfel dazugeben und umrühren, dabei auch öfters am Boden entlangschaben. Wenn die Kartoffeln leicht angebräunt sind, den Topfinhalt umfüllen und zur Seite stellen.

Das übrige Ghee bzw. Öl in demselben Topf erhitzen und den Ingwer unter Rühren andünsten. Cayennepfeffer, Kurkuma und nach einigen Sekunden Rühren den geschnitzelten Kohl dazugeben. 3 bis 4 Minuten gleichmäßig umrühren, so dass sich die Gewürze gut verteilen und der Kohl nicht anbrennt. Tomaten, Kartoffeln, Salz, Zucker und Wasser beimengen, den Topf bedecken und das Gemüse auf niedriger Flamme weichschmoren. Vor dem Servieren die gemahlenen Kuchengewürze darüberstreuen und behutsam durchmischen.

Zubereitungs- und Kochzeit: 30 Min.

Links: *Bandgobhi alu sabji*

Tamatar bharta

Gedünstete Tomaten und Bandnudeln

15 mittelgroße Tomaten
8 große *papadams* (oder 12 kleine)
2 EL Ghee oder Pflanzenöl
1 Zimtstange
1 TL Kreuzkümmelsamen
5 Curryblätter (falls nicht erhältlich, 3 Lorbeerblätter)
½ TL Asafötida
1 frischer Chili, entkernt und kleingeschnitten
1 EL geriebener frischer Ingwer
1 ½ TL Salz
1 TL brauner Zucker
2 EL gehackte Koriander- oder Petersilienblätter
150 g saure Sahne oder Joghurt (kann entfallen)

Die Tomaten blanchieren und enthäuten, dann entweder fein zerhacken, in einem Mixer pürieren oder durch ein Sieb pressen. Beiseitestellen. Die *papadams* in 2 cm breite Streifen schneiden und ebenfalls beiseitestellen.

In einem mittelgroßen Topf das Ghee oder Pflanzenöl auf mittlerer Flamme erhitzen. Wenn das Ghee anfängt zu rauchen, die Zimtstange, die Kreuzkümmelsamen, die Curryblätter (bzw. die Lorbeerblätter), den Chili und ein paar Sekunden darauf die Asafötida hinzufügen. Nun die Tomaten sowie den Ingwer, das Salz und den Zucker in den Topf geben. Zum Kochen bringen und gut umrühren. Den Topf halb bedecken und auf mittlerer Hitze 15 Minuten köcheln lassen, dabei häufig umrühren.

Währenddessen in einem anderen mittelgroßen Topf etwas Salzwasser aufsetzen, zum Kochen bringen und die *papadam*-Streifen hineinlegen. 8 bis 10 Minuten kochen lassen, bis sie ziemlich weich sind. Das Kochwasser abgießen und die *papadam*-Streifen zusammen mit dem Koriander in die gedünsteten Tomaten geben, und zwar ein paar Minuten bevor der Topf vom Feuer genommen wird. Falls Sie Sauerrahm oder Joghurt verwenden, sollten Sie ihn jetzt unterziehen. Vor dem Servieren noch einige Minuten erhitzen.

Tamatar bharta passt gut zu Reisgerichten oder indischem Brot.

Zubereitungs- und Kochzeit: 40 Min.

Tamatar paneer malai

Käse mit gebratenen Tomaten

Servieren Sie tamatar paneer malai *zusammen mit* puris *als Teil einer Mahlzeit oder als leichte Mahlzeit für sich. Zur Abwechslung können Sie nur die Hälfte* paneer *nehmen und 250 g gedünstete Erbsen oder goldgelb gebackene Blumenkohlröschen dazugeben. Eine* karhai *oder ein Wok eignet sich ideal für dieses Rezept.*

450 g *paneer*
6 mittelgroße Tomaten
3 EL Ghee oder Pflanzenöl
2 TL Kreuzkümmelsamen
1 TL Kurkuma
2 TL Salz
½ TL Pfeffer
150 g saure Sahne
2 EL gehackte Koriander- oder Petersilienblätter

Den *paneer* im Käsetuch lassen und kurz unter kaltem Wasser abspülen, dann einen Teil des Wassers auspressen. Den noch feuchten *paneer* in grobe, etwa 2,5 cm große Stücke brechen und beiseitestellen, dann die Tomaten waschen und achteln. Das Ghee bzw. Öl in einer *karhai,* einem Wok oder einem mittelgroßen Topf erhitzen und die Kreuzkümmelsamen hineingeben. Sobald sie dunkel werden (nach etwa 30 Sekunden), die Tomatenstücke hinzufügen und ab und zu behutsam umwenden, bis sie angebräunt sind. Jetzt die *paneer*-Stücke hineingeben, mit Kurkuma, Salz und Pfeffer würzen und 2 bis 3 Minuten rühren, dabei achtgeben, dass die *paneer*- und Tomatenstücke ganz bleiben.

Zum Schluss die saure Sahne unterziehen und alle Zutaten einmal durchschütteln. Mit den kleingehackten Koriander- bzw. Petersilienblättern garnieren und heiß servieren.

Zubereitungs- und Kochzeit: 40 Min.

Phansi kadhi

Grüne Bohnen in Kadhisoße

- 1 kg frische grüne Bohnen
- 1 l Wasser
- 6 geh. EL gesiebtes Kichererbsenmehl
- 250 g Naturjoghurt
- 1 EL Ghee oder Pflanzenöl
- 1 TL schwarze Senfkörner
- ½ TL geriebener Ingwer
- ¼ TL Cayennepfeffer
- ½ TL Asafötida
- 1 TL Kurkuma
- 1 TL Zucker
- 2 TL Zitronensaft
- 2 ½ TL Salz
- 1 Zitrone, geviertelt
- 2 Tomaten, geachtelt

Die Bohnen waschen, putzen und in der Mitte durchbrechen. Den Boden eines mittelgroßen Topfes mit 2,5 cm Wasser bedecken, einen Dünsteinsatz einsetzen und die Bohnen hineingeben. Das Wasser zum Kochen bringen und den Topf gut zudecken. Nach etwa 10 Minuten, wenn die Bohnen dunkel und weich werden, den Einsatz herausnehmen, das Kochwasser abgießen und aufbewahren.

Das Wasser zum Kochen bringen und das Kichererbsenmehl mit einem Schneebesen einrühren, den Joghurt und das Bohnenwasser dazugeben und das Ganze unter ständigem Rühren erneut zum Kochen bringen, dann für etwa 15 Minuten sprudelnd kochen lassen.

Das Ghee bzw. Öl in einem kleinen Topf erhitzen und darin die Senfkörner anrösten. Wenn sie anfangen zu springen, den geriebenen Ingwer, den Cayennepfeffer und die Asafötida dazugeben. Einige Sekunden mit einem Kochlöffel umrühren, dann das Ghee und die Gewürze in die Kadhisoße schütten. Zu der Soße Kurkuma, Zucker, Zitronensaft und Salz hinzufügen und gut durchmischen. Die Hitze auf kleine Stufe reduzieren und 5 Minuten köcheln lassen. Je dicker die Soße wird, desto öfter umrühren. Die Bohnen daruntermischen und unter ständigem Rühren auf Serviertemperatur erhitzen. Am Schluss mit den Zitronen- und Tomatenstücken garnieren.

Zubereitungs- und Kochzeit: 30 bis 40 Min.

Sukta

Bittermeloneneintopf

Sukta *kann mit den verschiedensten Gemüsesorten zubereitet werden, doch sein bezeichnender Geschmack ist auf ein ganz bestimmtes Gemüse zurückzuführen, und zwar auf* karela, *auch Bittermelone genannt. Bittermelonen sind im Allgemeinen in asiatischen Spezialitätengeschäften erhältlich. Srila Prabhupada schätzte ihren Geschmack und ihre Heilkräfte so sehr, dass er manchmal einen Vorrat getrockneter* karelas *mit auf Reisen nahm.*

- 2 oder 3 *karelas*, grün und fest
- je 450 g: Blumenkohlröschen, gewaschen und abgetropft; Kartoffeln, geschält und grobgewürfelt; Kürbis oder Auberginen, grobgewürfelt; frische Erbsen oder grüne Bohnen, in 5 cm lange Stücke geschnitten
- 4 EL Ghee
- 1 TL Bockshornkleesamen
- 450 ml Wasser
- 6 Curryblätter (falls nicht vorhanden, 4 Lorbeerblätter)
- 1 TL Kreuzkümmelsamen
- 2 TL geriebener Ingwer
- 1 oder 2 frische Chilis, entkernt und kleingeschnitten
- ½ TL Kurkuma
- 1 TL *panch masala*
- 2 TL gem. Koriander
- ½ TL Asafötida
- 250 g Naturjoghurt
- 2 ½ TL Salz

Die *karelas* entkernen und in 2,5 cm große Würfel schneiden. In einem großen Kochtopf (ca. 5 l) auf mittlerer Flamme 2 Esslöffel Ghee erhitzen. Die Bockshornkleesamen für etwa 30 Sekunden rösten, anschließend das geschnittene Gemüse und die Curryblätter (bzw. Lorbeerblätter) hinzugeben und 5 Minuten sautieren, dabei mit einem Kochlöffel die Gemüsestücke ab und zu umwenden. Nun die Hälfte des Wassers dazugießen, den Topf bedecken und für 10 Minuten bei mittlerer Temperatur kochen lassen.

In der Zwischenzeit mit Mörser und Stößel oder einer elektrischen Kaffeemühle die Kreuzkümmelsamen, den geriebenen Ingwer, die zerbröselten Chilis, das Kurkumapulver und ein paar Tropfen Wasser zu einem feinen *masala*-Brei verarbeiten. Die restlichen zwei Esslöffel Ghee bzw. Öl in einem kleinen Topf erhitzen und den *masala*-Brei unter Rühren 1 bis 2 Minuten andünsten. Dann die *panch masala*, den gemahlenen Koriander und die Asafötida dazugeben und einige Sekunden umrühren. Das übrige Wasser in die Gewürzmischung gießen, zum Kochen bringen und 1 Minute kochen lassen.

Die flüssige *masala* in das kochende Gemüse kippen und den Kochvorgang für 15 bis 20 Minuten auf mittlerer Flamme fortsetzen, dabei gelegentlich umrühren, bis das Gemüse fast weich ist.

Den Deckel abnehmen und den Joghurt und das Salz unterziehen.

Wenn Sie möchten, können Sie jetzt *sada pakoras* oder *bhajas* (siehe S. 206) dazugeben, jedoch nicht später, da sie einige Minuten brauchen, um etwas Soße aufzusaugen und sich mit den anderen Zutaten zu vermischen. Behutsam umrühren, so dass sich die Gewürze und die Soße gleichmäßig mit dem Gemüse vermischen, und für einige Minuten ohne Deckel köcheln lassen. Anschließend als Hauptgericht zusammen mit Reis oder indischem Brot servieren.

Zubereitungs- und Kochzeit: 45 Min.

Matar paneer

Erbsen und Käse in Tomatensoße

Diese einfache Kombination von Gemüse und Käse ergibt, zusammen mit einem üppigen Reisgericht oder einem frischen indischen Fladenbrot, eine vollwertige Mahlzeit.

Sie können die Soße nach Belieben dick- oder dünnflüssiger machen, indem Sie die Wassermenge variieren. Dünn passt sie gut zu Reis, dick zu chapatis.

- 250 g *paneer*
- Ghee oder Pflanzenöl zum Frittieren
- 4 TL Salz
- 2 TL Kurkuma
- 2 EL Ghee
- ½ TL Kreuzkümmelsamen
- ¼ TL Asafötida
- 1 oder 2 frische Chilis, entkernt und kleingeschnitten
- 1 TL geriebener frischer Ingwer
- 450 g frische Erbsen ohne Hülsen
- 150 ml Wasser
- 6 Tomaten, kleingeschnitten
- 1 ½ EL Zitronensaft
- 1 TL *garam masala*

Den *paneer* gut durchkneten, bis er weich und geschmeidig ist, zu weintraubengroßen Bällchen formen und diese in Ghee oder Pflanzenöl frittieren, bis sie knusprig und goldbraun sind. Die fertigen Bällchen mit einer Schaumkelle aus dem Ghee holen, in einer Lösung aus 3 Teelöffeln Salz, 2 Teelöffeln Kurkuma und 2 Tassen warmem Wasser oder Molke einlegen und einweichen lassen.

In einem mittelgroßen Kochtopf die 2 Esslöffel Ghee auf mittlerer Flamme erhitzen, dann die Kreuzkümmelsamen hineingeben, gefolgt von den kleingeschnittenen Chilis und dem geriebenen Ingwer. Wenn die Kreuzkümmelsamen braun sind (nach 30 bis 45 Sekunden), die Asafötida hinzufügen und einige Sekunden später die Erbsen. Jetzt das Wasser dazugießen, den Topf bedecken und die Erbsen weichkochen. Nun kommen die Tomaten und die Käsebällchen dazu. Das Ganze auf unveränderter Flamme 5 Minuten weiterkochen lassen.

Kurz vor dem Servieren mit dem Zitronensaft, dem übrigen Salz und der *garam masala* würzen.

Zubereitungs- und Kochzeit: 25 Min.

Bengali tarkari

Bengalisches Gemüsecurry

5 mittelgroße Kartoffeln, geschält und gewürfelt
1 große Aubergine, gewürfelt
350 g Kürbis, gewürfelt
450 g Erbsen oder kleingeschnittene grüne Bohnen
3 EL Ghee oder Pflanzenöl
1 ½ TL schwarze Senfkörner
3 Lorbeerblätter
2 getrocknete Chilis, zerbröselt
1 TL Bockshornkleesamen
1 TL Anissamen
1 TL gem. Kreuzkümmel
600 ml Wasser
2 TL brauner Zucker
2 TL Salz
2 Zitronen, geviertelt
6 Stängel Petersilie

Das Ghee bzw. Öl in einem großen Topf auf mittlerer Flamme erhitzen. Die Senfkörner, Chilis, Lorbeerblätter und Bockshornkleesamen beigeben. Den Topf bedecken, damit die Senfkörner nicht herausspringen. Wenn die Senfkörner aufhören zu springen und die Bockshornkleesamen dunkel werden, die Anissamen und den gemahlenen Kreuzkümmel hinzufügen. Dann sofort die gewürfelten Kartoffeln dazugeben und für etwa 8 Minuten wenden, bis sie rundherum goldbraun sind. Die Kürbis- und Auberginenstücke dazugeben und weitere 5 Minuten rühren.

Als Nächstes die Erbsen bzw. die grünen Bohnen zusammen mit dem Wasser hinzugeben und den Topf abdecken. Auf mittlerer bis niedriger Flamme kochen lassen, dabei etwa alle 5 Minuten einmal umrühren. Nach 15 Minuten Zucker und Salz untermengen und auf derselben niedrigen Flamme dünsten lassen, bis das Gemüse weich und die Soße dick ist.

Bengali tarkari mit heißen *puris* oder *parathas* servieren. Jede Portion mit einer viertel Zitrone und einem Stängel Petersilie garnieren.

Zubereitungs- und Kochzeit: 30 bis 40 Min.

Links: *Bengali tarkari*

Matar alu tarkari

Gemüseeintopf mit Käse

In Frankreich sind viele Devotees hervorragende Köche, doch am besten von allen ist Kishori. Sie hat in Indien oft für Srila Prabhupada gekocht. Srila Prabhupada mochte matar alu tarkari *ganz besonders gern, ja er sagte zu Kishori, dass er es jeden Tag essen könne.*

1 EL Ghee oder Pflanzenöl
6 Nelken
2 Zimtstangen
3 Lorbeerblätter
½ TL gem. Kardamom
6 Kartoffeln, geschält und grobgewürfelt
450 g frische Erbsen ohne Hülsen
1 TL Kurkuma
450 ml Wasser
1 TL geriebener frischer Ingwer
6 mittelgroße Tomaten, gewaschen und geviertelt
¼ TL geriebene frische Muskatnuss
½ TL brauner Zucker
2 TL Salz
150 g saure Sahne
1 EL feingehackte frische Koriander- oder Petersilienblätter
100 g Mandeln, leicht geröstet
250 g *paneer*, grobgewürfelt und frittiert

Das Ghee bzw. Öl auf mittlerer Flamme in einem großen Topf erhitzen. Wenn es anfängt zu rauchen, die Nelken, Zimtstangen, Lorbeerblätter und den gemahlenen Kardamom hineingeben und für etwa 30 Sekunden unter Rühren rösten, dann die Kartoffeln beimengen. 5 Minuten braten lassen, dabei regelmäßig mit einem Pfannenwender am Topfboden entlangschaben, bis die Kartoffeln leicht angebräunt sind. Nun die Erbsen und das Kurkumapulver hinzugeben. Einmal umrühren, das Wasser hineingießen und 10 Minuten mit Deckel kochen lassen. Dann die Tomaten, den geriebenen Ingwer, Muskat, Zucker und Salz untermengen und weitere 5 Minuten bei geschlossenem Deckel kochen lassen.

Die saure Sahne, die Koriander- bzw. Petersilienblätter, die Mandeln und die frittierten *paneer*-Würfel einrühren. Alle ganzen Gewürze herausnehmen. Vor dem Servieren noch einige Minuten erhitzen.

Zubereitungs- und Kochzeit: 40 Min.

Maha brinjal

Auberginen-, Spinat- und Tomatenpüree

Auberginen sind das gebräuchlichste Gemüse überhaupt in Indien. Maha brinjal *wird zubereitet, indem das Gemüse so lange gekocht wird, bis es die Konsistenz einer dicken Soße annimmt.* Maha brinjal *passt gut zu einem leichten Reisgericht und heißen* chapatis.

- **1 kg Auberginen, geschält und gewürfelt**
- **500 g frischer Spinat, gewaschen, entstielt und gehackt**
- **1 kg Tomaten, blanchiert, gehäutet und kleingeschnitten**
- **4 EL Ghee oder Pflanzenöl**
- **1 oder 2 getrocknete, zerbröselte Chilis**
- **1 TL gem. Koriander**
- **½ TL gem. Kreuzkümmel**
- **½ TL Kurkuma**
- **½ TL Asafötida**
- **150 ml Wasser**
- **1 TL brauner Zucker**
- **2 ½ TL Salz**
- **½ TL *garam masala***

Das Ghee bzw. Öl in einem großen Topf erhitzen. Die Chilis und den gemahlenen Koriander für einige Sekunden darin anrösten. Die restlichen gemahlenen Gewürze und nach einigen Sekunden die Auberginenstücke hinzufügen. Auf mittlerer bis hoher Flamme braten, bis die Auberginen weich werden und die Samen sich lösen.

Nun die kleingeschnittenen Tomaten, den Spinat und das Wasser hineinrühren und gut untermengen. Den Topf teilweise bedecken und unter gelegentlichem Umrühren etwa 20 Minuten köcheln lassen, bis die Auberginen sehr weich sind. Die Flamme auf mittlere Stufe erhöhen und unter häufigem Rühren für weitere 10 Minuten kochen lassen, bis der Spinat, die Auberginen und die Tomaten zu einem dicken, samtweichen Püree zerkocht sind. Zum Schluss mit Zucker, Salz und *garam masala* würzen. Gut umrühren.

Zubereitungs- und Kochzeit: 40 Min.

Palak baingan aur chana

Spinat, Auberginen, Tomaten und Kichererbsen

100 g Kichererbsen, über Nacht eingeweicht
3 EL Ghee oder Pflanzenöl
1 TL Kreuzkümmelsamen
2 frische Chilis, entkernt und kleingeschnitten
1 TL geriebener frischer Ingwer
1 TL gem. Koriander
1 TL Kurkuma
450 g Auberginen, geschält und grobgewürfelt
6 Tomaten, kleingeschnitten
450 g frischer Spinat, gewaschen, entstielt und kleingehackt
4 EL Wasser
2 TL Salz
1 EL Butter

Die eingeweichten Kichererbsen weichkochen, dann zum Abtropfen beiseitestellen. Das Ghee bzw. Pflanzenöl in einem mittelgroßen Topf auf mittlerer Flamme erhitzen. Wenn es heiß ist, die Kreuzkümmelsamen, die Chilistücke, den geriebenen Ingwer, den gemahlenen Koriander und das Kurkumapulver der Reihe nach schnell hintereinander in den Topf geben und für etwa 30 Sekunden unter Rühren andünsten; dann die Auberginenstücke hinzufügen und mit einem Kochlöffel wenden, bis sie angebräunt sind.

Jetzt die Tomaten und den gehackten Spinat hinzugeben, mit den Gewürzen verrühren und anschließend Wasser und Salz hineingeben. Die Flamme auf mittlere bis niedrige Stufe herunterstellen, den Topf bedecken und für etwa 10 Minuten köcheln lassen, dann die Kichererbsen unterrühren. Die Butter hinzufügen und auf niedriger Temperatur ohne Deckel weiterkochen lassen, dabei alle paar Minuten einmal umrühren, bis der größte Teil der überschüssigen Flüssigkeit verkocht ist. Mit *nimbu chawal* oder *alu paratha* heiß servieren.

Einweichzeit: über Nacht
Zubereitungs- und Kochzeit: 45 Min.

Sak

Blattgemüse im eigenen Saft

Sak *war das Lieblingsgericht Sri Caitanya Mahaprabhus, der Inkarnation Krishnas, die vor 500 Jahren in Westbengalen erschien, um das Chanten des Hare-Krishna-Mantra zu verbreiten.* Sak *kann mit Spinat oder anderem Blattgemüse, wie Rettich- oder Brokkoliblättern zubereitet werden.*

1 kg frisches grünes Blattgemüse
2 EL Ghee
½ TL Fenchelsamen
½ TL geriebener frischer Ingwer
2 frische Chilis, entkernt und feingewürfelt
½ TL Kurkuma
¼ TL Asafötida (kann entfallen)
2 Kartoffeln, geschält und gewürfelt (kann entfallen)
1 TL Salz
2 EL Zitronensaft

Das Blattgemüse mehrmals in frischem Wasser waschen und die harten Stiele entfernen. Die Blätter abtropfen lassen und in kleine Stücke hacken. Das Ghee bzw. Pflanzenöl in einer *karhai* oder einem mittelgroßen Kochtopf erhitzen und darin die Fenchelsamen, den geriebenen Ingwer und die Chilistücke für 30 bis 40 Sekunden andünsten. Die gemahlenen Gewürze und kurze Zeit später die Kartoffelstücke hineingeben und 8 bis 10 Minuten unter Rühren braten, dabei auch am Boden des Topfes entlangschaben. Die Kartoffeln so lange bräunen, bis sie von allen Seiten schön golden sind.

Als Nächstes das feingehackte Blattgemüse dazugeben, den Topf bedecken und bei niedriger Hitze etwa 15 Minuten kochen lassen, bis die Blätter gar und die Kartoffeln weich sind. (Blattgemüse mit viel Flüssigkeit und kurzer Garzeit braucht meist kein zusätzliches Wasser zum Kochen: bei Blättern hingegen, die trocken bleiben und länger kochen, sollte etwas Wasser dazugegossen werden.) Mit Salz und Zitronensaft würzen, umrühren und den Topf von der Flamme nehmen.

Sak passt gut zu weißem Reis oder heißen *chapatis* und zu allen *dal*-Suppen, die im vorangegangenen Kapitel beschrieben wurden.

Zubereitungs- und Kochzeit: 30 Min.

Paneer sak

Gedünsteter Spinat mit Frischkäse

Hoch in den Tirumala-Bergen liegt der Tirupati-Tempel, der von Srila Prabhupada im Krishna-Buch als „die bedeutendste Pilgerstätte Südindiens“ beschrieben wird. Hier residiert Sri Venkatesvara, die reichste Bildgestalt der Welt. Um für die Bedürfnisse der zigtausend täglich eintreffenden Pilger sorgen zu können, haben die Tempelvorsteher ein Verwaltungssystem entwickelt, das Srila Prabhupada in den höchsten Tönen lobte, ja er drängte die ISKCON-Verantwortlichen, sich daran ein Beispiel zu nehmen.

Zwischen der Hare-Krishna-Bewegung und diesem Tempel hat sich eine sehr freundschaftliche Beziehung entwickelt. Aufgrund des Respekts, den die Tempelvorsteher vor Srila Prabhupada und seinem Bestreben hatten, das lokale Predigen in Tirupati zu erweitern, stellten sie den Gottgeweihten Land und Kapital zur Verfügung, um einen Tempel zu bauen. Ferner überließen sie den Gottgeweihten die Leitung eines Restaurants im Freien, durch das die Pilger die Möglichkeit bekommen, mit den Gottgeweihten Gemeinschaft zu pflegen und ihre Bücher zu erwerben. Das folgende Gericht, paneer sak, *wird in diesem Restaurant angeboten, das auf halber Strecke des acht Kilometer langen Fußweges zum Tempel liegt.*

500 g frischer Spinat, gewaschen und entstielt
1 EL Ghee oder Pflanzenöl
2 TL gem. Koriander
½ TL Kurkuma
2 Prisen Asafötida
3 EL Wasser
¼ TL Cayennepfeffer
150 g saure Sahne (kann entfallen)
250 g *paneer*, grobgewürfelt
1 TL Salz
½ TL Zucker

Die gewaschenen und abgetropften Spinatblätter in kleine Stücke hacken, das Ghee in einem Kochtopf auf mittlerer Flamme erhitzen und die gemahlenen Gewürze darin rösten. Den gehackten Spinat und 3 Esslöffel Wasser dazugeben und den Topf abdecken. Den Spinat auf schwacher Flamme weichdünsten. Das sollte etwa 10 Minuten dauern. Jetzt den Sauerrahm und die *paneer*-Würfel daruntermischen. Salz und Zucker beimengen, gut umrühren und weitere 5 Minuten auf gleichniedriger Flamme dünsten. *Paneer sak* als Hauptgericht mit Reis oder heißen *chapatis* oder auch mit beidem servieren.

Zubereitungs- und Kochzeit: 30 Min.

Khati mithi sabji

Süß-saures Gemüse

- 180 g Tamarinde
- 2 EL Ghee
- 1 TL Kreuzkümmelsamen
- 2 EL geriebener Ingwer
- 2 grüne Chilis, in Ringe geschnitten
- ½ TL gem. schwarzer Pfeffer
- ¼ TL Asafötida
- 300 ml Molke
- 100 g brauner Zucker
- 1 Ananas, geputzt und grobgewürfelt
- 3 Karotten, in Scheibchen geschnitten
- 2 TL Mangopulver
- 2 TL Paprika
- 2 TL gem. Koriander
- 300 g gepresster *paneer,* grobgewürfelt
- 3 Zucchini, grobgewürfelt
- 4 Tomaten, geviertelt
- 2 TL Salz
- 4 Kartoffeln, gewaschen, geschält, grobgewürfelt und frittiert, oder 3 grüne Kochbananen, in Scheiben geschnitten

Zunächst den Tamarindensaft (siehe S. 78), dann die *chaunk* zubereiten. Das Ghee in einem großen Kochtopf erhitzen und der Reihe nach die Kreuzkümmelsamen, den geriebenen Ingwer und die grünen Chilis andünsten. Als Nächstes den gemahlenen Pfeffer und die Asafötida hineingeben, ein paar Sekunden darauf die Molke in die *chaunk* gießen und zum Sieden bringen. Nun den Tamarindensaft, den braunen Zucker, die Ananasstücke, die Karottenscheiben, das Mangopulver, den Paprika und den gemahlenen Koriander beifügen. Zum Kochen bringen und eindicken lassen, dabei gelegentlich umrühren, um ein Anbrennen zu vermeiden. Währenddessen die *paneer*-Würfel hellbraun frittieren und beiseitestellen.

Die Zucchini hinzufügen, den Topf schließen und die Zucchini leicht weichkochen. Nun die frittierten *paneer*-Würfel, die Tomaten und das Salz hineingeben und gut umrühren. Falls Sie grüne Kochbananen verwenden, fügen Sie sie jetzt hinzu. Falls Sie Kartoffeln verwenden, warten Sie, bis die *paneer*-Würfel etwas Soße aufgesogen haben und saftig werden. Den Topf bedecken und so lange kochen lassen, bis alle Zutaten gar sind.

Zubereitungs- und Kochzeit: 40 Min.

Masala bhindi sabji

Okra mit Kokosnuss

Okra findet vielfältige Verwendung in der kreolischen Küche und ist eine beliebte, traditionelle Speise der schwarzen Bevölkerung Amerikas. Falls Sie im Supermarkt keine Okraschoten bekommen, können Sie es in asiatischen Lebensmittelgeschäften oder Delikatessenläden probieren. Nehmen Sie Schoten, die klein, fest und hellgrün sind.

700 g frische, zarte Okra
2 TL gem. Koriander
1 TL Kurkuma
1 Prise Cayennepfeffer
1 ½ TL Salz
5 EL Ghee oder Pflanzenöl
2 TL Kreuzkümmelsamen
2 TL schwarze Senfkörner
¼ TL Asafötida
75 g frische Kokosraspeln
1 ½ TL Zucker
2 EL Zitronensaft

Die Okraschoten waschen und trocknen; die beiden Enden abschneiden und die Schoten in 5 mm dicke Scheiben schneiden. Die Scheiben in eine Schüssel füllen und mit dem gemahlenen Koriander, dem Kurkumapulver, dem Cayennepfeffer und dem Salz bestreuen. Die Schüssel kurz durchschütteln, so dass die Scheiben gleichmäßig mit den Gewürzen bedeckt sind.

Das Ghee bzw. Pflanzenöl in einer Bratpfanne, einer *karhai* oder einem Wok erhitzen. Die Kreuzkümmelsamen und die Senfkörner hineingeben und die Pfanne kurzzeitig abdecken, damit die Senfkörner nicht herausspringen. Die Asafötida hineinstreuen, ein paar Sekunden rühren und so viele Okrascheiben dazugeben, dass der Boden bedeckt ist. Sie werden die Okra wahrscheinlich in 2 bis 3 Portionen braten müssen. Schätzen Sie vorher ab, wie viele Portionen Sie zu braten haben, so dass Sie die Zutaten demgemäß einteilen können.

Jede Portion 3 bis 4 Minuten unter Rühren braten, bis die Okrascheiben etwas weich und bräunlich aussehen. Dann je einen Teil des Zuckers, des übrigen Ghee und der Kokosraspeln hinzufügen. So lange rühren, bis die Schoten eine rotbraune Färbung annehmen und sehr weich sind. Mit dem Zitronensaft beträufeln und heiß servieren.

Zubereitungs- und Kochzeit: 25 Min.

Links: *Masala bhindi sabji*,
Khati mithi sabji (S. 183)

Upma

Pikante Grießspeise mit Gemüse

In vielen Hare-Krishna-Zentren rund um die Welt beginnen die Gottgeweihten nach dem spirituellen Morgenprogramm ihren Tag des hingebungsvollen Dienstes mit einem herzhaften Frühstück bestehend aus upma, *Kichererbsen und Ingwertee.*

Die Zubereitung von upma *umfasst drei gleichzeitige Vorgänge: das Gemüse zu kochen, das Wasser zum Kochen zu bringen und den Grieß zu rösten. Wenn alles fertig ist, werden die Zutaten miteinander vermengt.*

4 mittelgroße Tomaten
500 g gemischtes Gemüse
3 EL Butter oder Ghee
2 TL Kreuzkümmelsamen
1 TL schwarze Senfkörner
½ TL Bockshornkleesamen
6 Curryblätter (falls nicht erhältlich, 3 Lorbeerblätter)
2 TL geriebener frischer Ingwer
1 getrockneter, zerbröselter Chili
½ TL Kurkuma
¼ TL Asafötida
1,4 l Wasser
3 TL Salz
250 g Butter oder Ghee
450 g Grieß
50 g Rosinen (kann entfallen)
½ TL Pfeffer
2 EL Zitronensaft
2 EL Butter

Zunächst das Gemüse schneiden. Grüne Bohnen und Paprika am besten in Stücke, Karotten in Scheiben, Blumenkohl in Röschen schneiden, Kartoffeln würfeln und Tomaten vierteln. Die 2 Esslöffel Ghee in einem Kochtopf auf mittlerer Flamme erhitzen und die Kreuzkümmelsamen, die schwarzen Senfkörner, die Bockshornkleesamen, die Curryblätter, den Ingwer und den zerbröselten Chili darin rösten. Nach 30 bis 45 Sekunden Kurkuma und Asafötida hinzugeben, anschließend das geschnittene Gemüse. (Um ein *upma* mit besonderem Geschmack zu erzielen, können Sie die gewürfelten Kartoffeln, die Karottenscheiben und die Blumenkohlröschen vorfrittieren und zum Schluss in das *upma* einrühren.) Das Gemüse so lange sautieren, bis es anbräunt; etwas Wasser dazugeben, damit nichts ansetzt. Die Temperatur reduzieren, den Topf bedecken und das Gemüse langsam weichdünsten. Während dieses Vorgangs das Wasser mit dem Salz in einem kleinen Topf aufsetzen.

Die Butter bzw. das Ghee in einem 3-Liter-Topf schmelzen, den Grieß hineinschütten und auf niedriger bis mittlerer Flamme rösten, dabei jeweils umrühren, wenn der Grieß am Boden leicht gebräunt ist. Nach etwa 10 bis 15 Minuten sollte sämtlicher Grieß eine hellbraune Färbung angenommen haben.

Wenn der Grieß fertig ist und das Wasser kocht, das gekochte Gemüse und die Rosinen (falls erwünscht) in den Grieß geben und das kochende Wasser in die Mischung kippen. Vorsicht! Die Mischung wird heftig brodeln und spritzen. Die Flamme niedriger stellen und mehrmals umrühren, damit jegliche Grießklumpen sich auflösen. Nun den Topf bedecken, so dass kein Dampf entweichen kann. Auf kleinster Flamme noch etwa 5 Minuten weiterköcheln lassen, dann nachsehen, ob der Grieß alles Wasser absorbiert hat. Sollte dies nicht der Fall sein, mehrmals schnell umrühren und einige Minuten ohne Deckel weiterkochen lassen. Zum Schluss Pfeffer, Zitronensaft und Butter hinzufügen und alles noch einmal durchmischen.

Zubereitungs- und Kochzeit: 35 Min.

Bhari hui sabji

Gefülltes Gemüse

6 mittelgroße bis große Tomaten
oder 6 mittlere bis kleine Paprikaschoten
oder 6 mittlere bis kleine Auberginen

Die Tomaten waschen und trocknen und bei jeder Tomate oben eine Art Kappe abschneiden. Mit einem Löffel die Tomaten aushöhlen und den Inhalt durch ein Sieb streichen. Die Samen wegwerfen, das Fruchtfleisch für die Füllung aufbewahren. Etwas Salz in die hohlen Tomaten streuen und mit der Öffnung nach unten austropfen lassen.

Mit den Paprikaschoten ebenso verfahren, hierbei jedoch das Innere wegwerfen. Die Auberginen der Länge nach halbieren und das Fruchtfleisch (bis auf eine dickere Schicht) herausschneiden, in kleine Stücke zerteilen und in einer kleinen Menge Ghee oder Öl garbraten, zerstampfen und für eine der Füllungen benutzen.

Eine der unten beschriebenen Füllungen vorbereiten und in das ausgehöhlte Gemüse stopfen. Jede der Füllungen ist ausreichend, um 6 Stück Gemüse zu füllen.

FÜLLUNGEN

Reis- und Käsefüllung:

3 EL Ghee
100 g gepresster *paneer*, zerbröselt
150 g gekochter weißer Langkornreis
½ TL Asafötida
75 g leicht angeröstete Cashewkerne, gehackt
1 TL Salz
150 g saure Sahne

Das Ghee in einem kleinen Topf auf mittlerer Flamme erhitzen, den *paneer* zerbröseln und für 1 bis 2 Minuten unter Rühren anbraten. Den gekochten Reis und alle anderen Zutaten hinzufügen, den Topf von der Flamme nehmen, den Sauerrahm unterziehen und die Zutaten sorgfältig vermischen.

Kokosfüllung:

100 g frische Kokosraspeln (falls nicht erhältlich, 75 g trockene Kokosraspeln)
100 g Kichererbsenmehl, leicht geröstet
50 g *paneer*
150 g saure Sahne
1 EL geriebener Ingwer
1 TL gem. Koriander
¼ TL Cayennepfeffer
¼ TL gem. Nelken
1 TL Salz

Alle Zutaten in eine große Schüssel geben und zu einer glatten Füllmasse kneten.

Gemüsefüllung:

4 mittelgroße Kartoffeln
1 kleine Aubergine
Ghee oder Öl zum Frittieren
150 g Naturjoghurt
2 TL gem. Koriander
3 EL frische Korianderblätter, gehackt
¼ TL Cayennepfeffer
½ TL *garam masala*
1 TL Salz

Die Kartoffeln mit Schale kochen, schälen und mit einer Gabel grob zerdrücken. Die Aubergine schälen und würfeln, die Würfel in schwimmendem Fett goldbraun backen und abtropfen lassen. Nun das Gemüse, die Gewürze und den Joghurt vermischen, so dass eine pastenartige Füllung entsteht.

Nach dem Füllen der Tomaten bzw. Paprikaschoten nicht vergessen, die Deckel wieder draufzusetzen. Eine Paste aus einem Teelöffel Mehl und einem Spritzer Wasser ist eine gute Hilfe, um die Deckel zu befestigen.

Die gefüllten Tomaten oder Paprikaschoten (oder beides) in einen feuerfesten Behälter stellen, 4 Esslöffel Wasser dazugeben, abdecken und bei 150 Grad 15 bis 20 Minuten im Ofen backen lassen. Auberginen sollten getrennt gebacken werden, denn sie brauchen 10 Minuten länger zum Garen.

Anstatt das gefüllte Gemüse zu backen, gibt es auch die Möglichkeit, es in einem Topf zu dämpfen. Wenn Sie über einen Dämpfeinsatz verfügen, können Sie es 15 bis 20 Minuten über kochendem Wasser dämpfen. Andernfalls einen Esslöffel Pflanzenöl oder Ghee erhitzen und das gefüllte Gemüse 2 bis 3 Minuten von unten anbraten; darauf ein paar Esslöffel Wasser hinzugeben, den Topf fest verschließen und 15 bis 20 Minuten schmoren lassen. Achten Sie bei beiden Methoden darauf, dass stets genug Wasser im Topf ist.

Jede Portion mit Zitronensaft beträufeln und mit frischgehackten Kräutern garnieren. Mit einer Suppe und indischem Brot heiß servieren.

Zubereitungs- und Kochzeit: 45 Min. bis 1 Std.

Palak kofta

Frittierte Spinat- und Käsebällchen

Radio Krishna Centrale, *unsere italienische Rundfunkstation in Florenz, erreicht mit seinen Sendungen nicht weniger als 12 Millionen Hörer. Das beliebteste Programm, Radio Cucino (Kochunterricht), leitet Krishna Caitanya dasa, der manchmal während der Sendung für die Zuschauer die Gebete für die Opferungen spricht. Oft rufen Zuhörer an, um sich für das folgende Rezept zu bedanken.*

500 g frischer Spinat
1 EL Ghee oder Pflanzenöl
1 TL geriebener frischer Ingwer
2 getrocknete Chilis, zerbröselt
½ TL Kurkuma
½ TL *garam masala*
½ TL gem. Koriander
¼ TL Asafötida
200 g *paneer*, abgetropft und zerhackt
2 TL Salz
275 g Kichererbsenmehl
Ghee oder Pflanzenöl zum Frittieren

Den Spinat gründlich waschen, die größeren Stiele entfernen, dann die Blätter blanchieren, d. h. für einige Minuten in kochendes Wasser geben. Gut abtropfen lassen und das restliche Wasser herauspressen, dann die Blätter auf einem Küchenbrett fein zerhacken.

In einem mittelgroßen Topf einen Esslöffel Ghee oder Pflanzenöl erhitzen und der Reihe nach den Ingwer, die Chilis und die gemahlenen Gewürze hineingeben. Nun den kleingehackten *paneer* hinzufügen und nach einer Minute Rühren auch den Spinat und das Salz. Alle Zutaten mit einem Kochlöffel gut durchmischen. Die Mischung auf eine glatte Arbeitsfläche geben, das Kichererbsenmehl als Bindemittel hinzufügen und gut durchkneten.

Aus der Mischung Bällchen von 2,5 cm Durchmesser formen und in Ghee oder Pflanzenöl frittieren, bis sie angebräunt sind. Abtropfen lassen. *Palak koftas* sind sehr schmackhaft und werden entweder mit Tomatensoße serviert oder auch einfach so wie sie sind.

Zubereitungs- und Kochzeit: 30 bis 40 Min.

Rechts: *Bandgobhi kofta* (S. 194)
Nargisi kofta (S. 196)
Palak kofta

Alu kofta

Frittierte Gemüsebällchen in Tomatensoße

Alu koftas *sind von allen* kofta-*Arten die gebräuchlichsten. Sie sind leicht zuzubereiten und passen zu praktisch jeder Mahlzeit. Servieren Sie sie unmittelbar nach dem Übergießen mit Tomatensoße, sonst könnten sie zu viel Flüssigkeit aufnehmen und auseinanderfallen.*

15 mittelgroße Tomaten
2 EL Ghee oder Pflanzenöl
2 TL geriebener frischer Ingwer
2 getrocknete Chilis, zerbröselt
1 TL gem. Kreuzkümmel
1 ½ TL Kurkuma
3 TL Salz
½ mittelgroßer Blumenkohl, gewaschen, geputzt und in kleine Röschen zerteilt
5 mittelgroße Kartoffeln, gewaschen
100 g Kichererbsenmehl
3 EL gehackte frische Koriander- oder Petersilienblätter
1 EL *garam masala*
¼ TL Asafötida
¾ TL gem. schwarzer Pfeffer
Ghee oder Öl zum Frittieren
250 g Naturjoghurt (kann entfallen)

Zunächst die Tomatensoße zubereiten; dazu die Tomaten für 15 bis 20 Sekunden in kochendem Wasser blanchieren, in ein Sieb geben und unter fließend kaltem Wasser abschrecken, dann abziehen und zerstampfen. Die 2 Esslöffel Ghee bzw. Pflanzenöl in einem Topf auf mittlerer Flamme erhitzen und der Reihe nach einen Teelöffel geriebenen Ingwer, die getrockneten Chilis, den gemahlenen Kreuzkümmel und ½ Teelöffel Kurkuma dazugeben. Nach einigen Sekunden Umrühren folgen die Tomaten und die Hälfte des Salzes. Nun den Topf bedecken, die Flamme reduzieren und 20 Minuten köcheln lassen, dabei etwa alle 5 Minuten einmal umrühren.

Unterdessen die Kartoffeln schälen und den Blumenkohl in große Röschen zerteilen, dann beides gründlich waschen und mit der groben Seite einer Metallreibe kleinraspeln. Das geraspelte Gemüse mit dem Kichererbsenmehl, 2 Esslöffeln der kleingehackten Korianderblätter und den übrigen Gewürzen in einer großen Schüssel gründlich vermischen. Die geraspelten Kartoffeln sollten genügend Flüssigkeit enthalten, um die Zutaten zu binden. Die Mischung für 2 Minuten durchkneten und daraus 20 bis 30 Bällchen formen. Das Ghee bzw. Pflanzenöl erhitzen, bis es fast raucht, und vorsichtig die Gemüseballchen hineinlegen, 4 bis 5 Minuten frittieren, bis sie gleichmäßig goldbraun und knusprig gebacken sind, dann abtropfen lassen.

Falls Sie Joghurt verwenden, rühren Sie ihn in die Tomatensoße und erhitzen Sie diese dann für 2 Minuten. Die *koftas* in eine Servierschüssel legen, mit der heißen Soße übergießen und mit den restlichen gehackten Koriander- bzw. Petersilienblättern garnieren. Zusammen mit Reis oder indischem Brot servieren.

Zubereitungs- und Kochzeit: 45 Min.

Bandgobhi kofta

Gefüllte Kohlblätter

Visnu Gada ist ein Gottgeweihter, der für seine Hingabe beim Kochen bekannt ist. Während seiner Zeit als Chefkoch des New Yorker Tempels kochte er acht Jahre lang jeden Sonntag für 300 Personen ein üppiges Festmahl. Dieses Gericht war oft die Krönung des Menüs.

2 EL Ghee
1 Zimtstange
5 Nelken
1 TL gem. Kreuzkümmel
¼ TL Asafötida
1 kg Tomaten, blanchiert, abgezogen und zerstampft
4 EL Rosinen
1 EL Zitronensaft
1 TL Kurkuma
3 ½ TL Salz
100 g Kichererbsenmehl
2 Prisen gem. Pfeffer
1 kleiner Kopf Weißkohl
2 EL Ghee
50 g Mandeln oder Cashewkerne, gehackt
1 TL geriebener Ingwer
1 oder 2 getrocknete Chilis, zerbröselt
350 g *paneer*, abgetropft und kleingehackt
3 EL feingehackte frische Korianderblätter oder 1 TL gem. Koriander
½ TL Paprika

Das Ghee in einem kleinen Topf erhitzen und die Zimtstange, die Nelken, den gemahlenen Kreuzkümmel und die Asafötida 30 bis 45 Sekunden unter Rühren rösten. Die pürierten Tomaten hinzugeben und bei schwacher Hitze 30 Minuten köcheln lassen, so dass eine dickflüssige Soße entsteht. Die Rosinen, den Zitronensaft, das Kurkumapulver und 2 Teelöffel Salz unterrühren. Die Zimtstange sowie die Nelken herausnehmen und den Topf vom Herd stellen. Das Kichererbsenmehl in einer Schüssel mit einer Prise Salz, dem Pfeffer und gerade so viel Wasser vermengen, dass ein dickflüssiger Teig entsteht. Die Schüssel mit einem Tuch bedecken und beiseitestellen.

Den Kohlstrunk abschneiden und eventuell schlechte Außenblätter entfernen, dann den Kohlkopf waschen und zusammen mit einem Teelöffel Salz in kochendes Wasser geben. Nach frühestens 5 Minuten den Kohl behutsam herausnehmen und unter kaltem Wasser abspülen. Ein weiteres Stück an der Strunkseite abschneiden und 6 bis 8 Blätter abnehmen, ohne sie zu beschädigen. (Den inneren Kohlkopf können Sie für ein anderes Rezept verwenden.) Mit einem kleinen Schälmesser die hervorstehende Rundung der dicken Mittelrippe an der Außenseite der Kohlblätter abschälen (ohne das Blatt zu zerteilen). Dadurch werden die Blätter biegsamer. Das Wasser abschütteln und die präparierten Kohlblätter beiseite legen.

Das Ghee in einem kleinen Topf erhitzen und die gehackten Nüsse, den geriebenen Ingwer und die Chilis anbräunen. Dazu kommen der gehackte *paneer*, die gehackten Korianderblätter, der Paprika und das restliche Salz. Die Flamme auf mittlere Hitze reduzieren und ständig umrühren, bis die Zutaten gut durchgemischt sind. Als Nächstes die Kohlblätter ausbreiten und die Mitte eines jeden Blattes mit einem Esslöffel der Füllung versehen. Die Blattränder umbiegen und die Blätter zu festen Rollen aufwickeln.

Die Rollen in den Teig tauchen und 4 bis 5 Minuten in heißem Ghee oder Pflanzenöl frittieren, bis sie goldbraun sind. Die gefüllten Kohlblätter auf eine Servierplatte legen und mit der wiedererhitzten Tomatensoße übergießen.

Anstatt die Rollen zu frittieren, können Sie sie auch backen. Für diese Art der Zubereitung entfällt der Teig. Die Rollen mit dem Saum nach unten dicht nebeneinander in eine Kasserolle legen, mit Tomatensoße übergießen und für 15 bis 20 Minuten bei 150 Grad im Ofen backen.

Zubereitungs- und Kochzeit: 1 Std. 15 Min.

Nargisi kofta

Kofta „royal“

Die Palette der vedischen Rezepte reicht von sehr einfachen bis sehr komplizierten Gerichten. Nargisi kofta *gehört zwar eher zu den letzteren, aber der Aufwand lohnt sich. In Rajasthan, dem „Land der Könige“, zählt es zu den Nationalgerichten. Servieren Sie* nargisi kofta *entweder mit einem Chutney als Imbiss oder mit einem Gemüsegericht in Soße als Nebengang einer Hauptmahlzeit.*

200 g weißer Reis
8 mittelgroße Kartoffeln
3 ¾ TL Salz
180 g *paneer*
250 g Kichererbsenmehl
1 TL Kalonjisamen oder schwarze Kreuzkümmelsamen (kann entfallen)
½ TL Kurkuma
2 EL warme Milch
10 Safranfäden oder ¼ TL Safranpulver
350 g ganze Spinatblätter, entstielt
¼ TL gem. schwarzer Pfeffer
1 TL *garam masala*
½ TL Kurkuma
¼ TL Asafötida
Ghee zum Frittieren

Den Reis in der doppelten Menge Wasser (mit einem Teelöffel Salz) ca. 18 Minuten dämpfen, bis alles Wasser absorbiert ist dann abtropfen lassen und beiseitestellen. Die Kartoffeln weich kochen und schälen. Einen halben Teelöffel Salz in den *paneer* mischen und diesen zu einem weichen Teig kneten. Mit einem feuchten Tuch bedecken und ebenfalls beiseitestellen. Das Kichererbsenmehl, einen Teelöffel Salz, das Kurkumapulver und die Kalonjisamen in einer Schüssel mit so viel Wasser vermischen, dass ein glatter, dickflüssiger Teig entsteht. Zunächst den Safran in der warmen Milch einlegen, kurz einweichen lassen und in den gedämpften Reis einrühren. Den Spinat für eine Minute in kochendem Wasser blanchieren, dann abtropfen lassen. Den schwarzen Pfeffer und ¼ Teelöffel Salz dazu geben, unterrühren und zur Seite stellen. Die *garam masala*, das übrige Kurkumapulver, die Asafötida und 1 Teelöffel Salz zu den Kartoffeln hinzufügen und zu einem feinen Brei zerstampfen.

Den Reis, den *paneer*, den Spinat und den Kartoffelbrei je in 6 gleiche Portionen teilen. Eine Portion Reis zwischen den Händen zu einem festen Ball rollen, dann eine Portion der *paneer*-Masse auf der linken Handfläche zu einer runden Scheibe abflachen, den Reisball in die Mitte legen und die Ränder nach oben um den Ball schließen, so dass dieser ganz bedeckt ist, dann zwischen den Handflächen glattrollen. Diese Kugel nun in ein oder zwei Schichten einzelner Spinatblätter und eine Schicht der Kartoffelmischung hüllen. Den Ball behutsam von einer Hand in die andere werfen, so dass er fest und glatt wird.

Wenn einige der Bällchen fertig sind, den Kichererbsenmehlteig nochmals durchschlagen, etwas davon über die Bällchen gießen und diese in rauchend heißem Ghee frittieren. Regelmäßig umdrehen, damit sie nicht verbrennen. So lange frittieren, bis sie gleichmäßig braun sind, dann herausnehmen und heiß servieren.

Zubereitungs- und Kochzeit: 50 Min. bis 1 Std.

Snacks

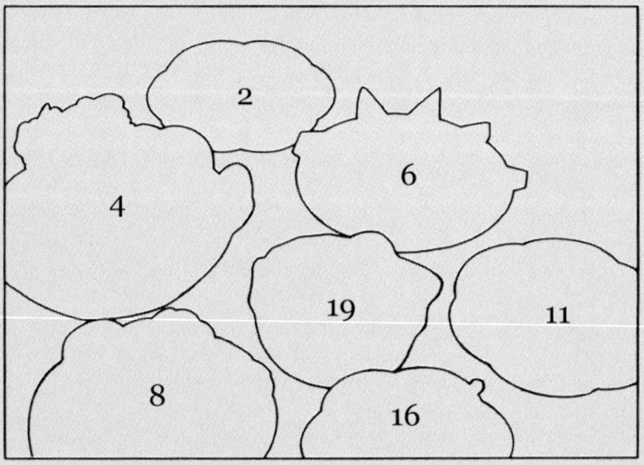
2
6
4
19
11
8
16

Die Gerichte in diesem Kapitel können als vollwertige Mahlzeit, als Beilage oder als Imbiss gegessen werden. Die meisten lassen sich gut zu einem passenden Chutney servieren. Einige, wie *pakoras* oder *sevian*-Nudeln, können im Handumdrehen zubereitet werden. Andere, wie *samosas* und *kachoris*, brauchen länger, weil man sie ausrollen und füllen muss, aber die Mühe lohnt sich. *Samosas* sind in der Tat so köstlich, dass Srila Prabhupada voraussagte, dass sie im Westen eines Tages ein Verkaufsschlager sein würden, so wie sie es heute in Indien sind.

Dieses Kapitel führt Sie in einige klassische Techniken der indischen Küche ein: das Füllen und Verschließen von *kachoris*, das Falten und plisseeartige Säumen von *samosas*, das Formen von *vadas* mit einer Hand und das Zubereiten von Kichererbsenmehlnudeln. Es gibt kein abgekürztes Verfahren und keine modernen technischen Geräte, die Ihnen die Arbeit abnehmen könnten; aber keine Angst – mit ein wenig Praxis wird es schon klappen. Die meisten Snacks können Sie im Voraus zubereiten und kurz vor dem Servieren aufwärmen.

Eine der wichtigsten Zutaten für die Zubereitung vieler Snacks ist Ghee, das zum Braten und Frittieren benutzt wird. Sie haben zwar die Wahl zwischen Ghee und Pflanzenöl, doch das feine Aroma von Ghee wird Ihren Snacks den letzten Schliff geben.

Kichererbsenmehl, auf Hindi *besan* genannt, kommt ebenfalls häufig in Snackrezepten vor. Es hat ein besonders volles Aroma, und die meisten asiatischen oder orientalischen Lebensmittelgeschäfte (auch Reformhäuser) führen es.

Papadam

Knäckechips aus *dal*-Mehl

Papadams *sind dünne, knusprige, sonnengetrocknete Fladen aus* dal-*Mehl. Sie sind in indischen Lebensmittelgeschäften erhältlich. Ihre Zubereitung ist ebenso schnell wie einfach.*

Sie sind in verschiedenen Sorten erhältlich, beispielsweise: roter Chili (scharf gewürzt), schwarzer Pfeffer (würzig, aber nicht scharf) oder natur. Es gibt sie auch in verschiedenen Größen. Die großen können nötigenfalls vor dem Zubereiten halbiert werden. Papadams *sollten knusprig serviert werden; frittieren Sie sie also nicht zu früh, sonst werden sie weich und biegsam.* Papadams *können zu praktisch allen indischen Gerichten gereicht werden.*

Ghee oder Pflanzenöl zum Frittieren
8 bis 12 *papadams*

Das Ghee bzw. Pflanzenöl in einer *karhai* oder einer tiefen Pfanne erhitzen, bis es fast anfängt zu rauchen. Einen *papadam* hineingleiten lassen. In wenigen Sekunden wird er sich ausdehnen und an den Rändern umwölben, Tauchen Sie ihn mit dem Rücken einer Schaumkelle für einen Moment unter, so dass er flach wird, und wenden Sie ihn dann. Der *papadam* sollte goldgelb sein. Geben Sie acht, dass er nicht braun wird oder gar verbrennt.

Nehmen Sie ihn nach einigen Sekunden aus dem Ghee heraus und stellen Sie ihn aufrecht in ein Sieb zum Abtropfen.

Papadams können auch direkt über offener Flamme (auf niedriger Stufe) geröstet werden. Hierzu den *papadam* mit einer Zange dicht über die Flamme halten, bis der Teil, der der Flamme am nächsten ist, Bläschen bildet und eine hellere Färbung annimmt. Dies sollte nicht länger als einige Sekunden dauern. Drehen Sie den *papadam* etwas, so dass ein anderer Teil dem Feuer ausgesetzt ist. Wiederholen Sie diesen Vorgang so lange, bis der ganze *papadam* gar ist.

Garzeit: etwa 10 Sekunden pro *papadam*

Paneer masala

Frittierte, eingelegte Käsewürfel

Es gibt viele Arten, paneer *zuzubereiten. Bei dem vorliegenden Rezept werden die frittierten Käsewürfel 20 Minuten bis 2 Tage in einer würzigen Brühe eingelegt, bis sie das Aroma der Gewürze angenommen haben und weich und saftig werden. Sie können sie zur Anreicherung von Gemüsegerichten benutzen oder als Imbiss oder Nebengang servieren.*

300 g *paneer*
Ghee oder Pflanzenöl zum Frittieren
1 EL Ghee oder Pflanzenöl
½ TL Kreuzkümmelsamen
2 Zimtstangen
4 Nelken
½ TL gem. Koriander
½ TL Kurkuma
½ TL Asafötida
¼ TL gem. schwarzer Pfeffer
1 TL Salz

Den *paneer* wie auf Seite 88 beschrieben gewinnen und 600 ml Molke aufbewahren. Die geronnene Milch durch ein Käsetuch gießen und den aufgefangenen *paneer* einige Sekunden unter fließendes kaltes Wasser halten. Jetzt den Käse im Tuch auf eine Stärke von etwa 2,5 cm flachpressen und mit einem Gewicht gleichmäßig beschweren, so dass Sie ein flaches Stück festen Käse erhalten. Für diesen Vorgang eignet sich am besten das Spülbecken, weil dann die Flüssigkeit problemlos abfließen kann. 30 Minuten stehenlassen.

Den Käse auswickeln, in 2,5 cm große Würfel oder 5 cm lange Rauten oder Rechtecke schneiden und in schwimmendem Ghee oder Pflanzenöl ausbacken. Es sollte 4 bis 5 Minuten dauern, bis die Käsestücke hellbraun sind. Herausnehmen und abtropfen lassen.

Für die *chaunk* zunächst einen Esslöffel Ghee oder Pflanzenöl in einem kleinen Topf erhitzen und darin die Kreuzkümmelsamen, die Zimtstangen und die Nelken anrösten. Nach etwa 30 Sekunden die gemahlenen Gewürze hinzufügen und einige Sekunden weiterrühren. Jetzt die Molke und das Salz in die *chaunk* schütten, kurz aufkochen lassen und den Topf von der Flamme nehmen. Die frittierten Käsewürfel in die gewürzte Flüssigkeit geben und mindestens 20 Minuten einweichen lassen. Kurz vor dem Servieren die *paneer masala* aufwärmen und die Flüssigkeit abgießen.

Zubereitungs- und Kochzeit: 25 Min.
Einweichzeit: 20 Min.

Tali hui paneer

Gebratener, würziger Käse

Um paneer*-Stücke zu braten, eignet sich sehr gut eine schwere Bratpfanne. Benutzen Sie zum Wenden einen Spatel, damit die sich bildende Kruste nicht verletzt wird.*

Aus paneer *lassen sich auch* pakoras *machen. Tauchen Sie die* paneer*-Stücke hierzu in einen gewürzten Kichererbsenmehlteig und frittieren Sie sie, so wie es im nächsten Rezept beschrieben wird.*

300 g *paneer*
3 TL Kurkuma
3 TL Salz
1 EL Ghee oder Pflanzenöl
1 EL feingehackte frische Koriander- oder Petersilienblätter
1 Zitrone oder Limette

Den *paneer* entsprechend der Beschreibung auf Seite 88 zubereiten und für 10 Minuten mit einem Gewicht beschweren, so dass der Käse zwar fest, aber noch ziemlich feucht ist. Den gepressten Käse in Stücke von etwa 10 cm Länge, 5 cm Breite und 1 bis 2,5 cm Dicke schneiden.

Das Kurkumapulver und das Salz in einer kleinen Schüssel oder auf einem Tellerchen vermischen und die feuchten *paneer*-Scheiben eine nach der anderen leicht in der Mischung wälzen, so dass beide Seiten dünn und gleichmäßig bedeckt sind. Wenn die Würzmischung zu dick ist, reicht sie nicht für alle Stücke aus. Einen Esslöffel Öl oder Ghee in der Bratpfanne erhitzen und so viele Stücke *paneer* hineinlegen, wie bequem in die Pfanne passen. Die *paneer*-Scheiben bei mäßiger Temperatur auf jeder Seite 4 bis 5 Minuten braten, bis sie hellbraun werden und mit einer dünnen Kruste überzogen sind,

Mit gehackten Korianderblättern und einer Scheibe Zitrone oder Limette garnieren.

Zubereitungs- und Kochzeit: 20 Min.

Pakora

Gemüsekrapfen

Fast jede Gemüsesorte eignet sich für pakoras. *Ganz gleich welches Gemüse Sie verwenden, schneiden Sie es in ungefähr gleich große Stücke, so dass diese gleich lang garen. Auberginen, Zucchini, Kartoffeln, Kürbis und Karotten können in Scheiben oder kleine Würfel geschnitten werden, Blumenkohl und Brokkoli in Röschen und Paprikaschoten in Ringe oder Streifen. Rosenkohl, Spargel und gefaltete Spinatblätter werden ganz gelassen.* Pakoras *sind eine willkommene Beilage für jede Mahlzeit, ein leicht zuzubereitender Snack, der besonders gut zu Chutneys passt.*

250 g Kichererbsenmehl
1 EL Kalonjisamen
½ TL gem. Zimt
½ TL Cayennepfeffer
2 TL gem. Koriander
2 TL gem. Kreuzkümmel
2 TL Kurkuma
¼ TL Asafötida
2 TL Salz
½ TL Backpulver
300 ml kaltes Wasser
700 g geputztes Gemüse
Ghee oder Pflanzenöl zum Frittieren

Das Kichererbsenmehl in eine große Schüssel sieben und die Gewürze, das Salz und das Backpulver daruntermengen. Langsam das kalte Wasser hinzugießen und so lange mit einem Schneebesen schlagen, bis ein glatter Teig entsteht, dickflüssig genug, um das Gemüse zu überziehen.

Vor dem Erhitzen des Ghee alles Gemüse kleinschneiden. Große Blumenkohlröschen eventuell vorkochen, andere Gemüsesorten roh verwenden.

Das Ghee bzw. Pflanzenöl auf mittlerer Flamme erhitzen. Es ist heiß genug, wenn ein Teigtropfen sofort zischend zur Oberfläche aufsteigt. Jetzt eine Handvoll Gemüsestücke in den Teig rühren, so dass sie vollständig bedeckt sind. Jeweils nur eine Sorte Gemüse verwenden, denn jede Sorte soll für sich frittiert werden. Das mit Teig überzogene Gemüse stückweise herausholen und schnell in das heiße Ghee legen, bis die Oberfläche des Ghee bedeckt ist. Die *pakoras* einige Minuten frittieren, bis sie goldbraun und knusprig sind. Herausnehmen und abtropfen lassen. Alle *pakoras* auf die gleiche Weise frittieren, dabei nie mehr als eine Charge auf einmal.

Zubereitungs- und Kochzeit: 20 Min.

Sada pakora

Pikante Kichererbsenmehlfrittüren

Sada pakoras *passen sehr gut zu weißem oder braunem Reis und Kadhisoße. Wenn Sie sie kleiner machen (etwa traubengroß), können Sie sie in* sabjis *mit Soße, wie* sukta *oder* matar alu tarkari, *geben. Rühren Sie sie mindestens 10 Minuten vor dem Servieren in das Gemüsegericht, so dass sie Zeit haben, in der Soße einzuweichen.* Sada pakoras *können auch zusammen mit einem Chutney als Snack gegessen werden.*

250 g Kichererbsenmehl
1 EL Kalonjisamen
½ TL gem. Zimt
¼ TL Cayennepfeffer
1 TL gem. Koriander
1 TL gem. Kreuzkümmel
1 TL Kurkuma
¼ TL Asafötida
1 TL Salz
½ TL Backpulver (kann entfallen)
200 ml kaltes Wasser
Ghee oder Pflanzenöl zum Frittieren

Den Teig genauso wie im vorangegangenen Rezept ansetzen, nur sollte er etwas dicker sein, fast wie eine Paste. Mit einem Schneebesen kräftig durchschlagen, so dass der Teig mit Luft angereichert wird. Mit einem Esslöffel oder einem kleinen Eisportionierer etwas Teig herausschöpfen und 2 oder 3 Klümpchen in das heiße Ghee bzw. Pflanzenöl tropfen lassen. Die Klümpchen werden sofort aufquellen und brutzelnd auf der Oberfläche des Ghee bzw. Öls schwimmen. Rasch mehr Teigklümpchen ins Ghee geben, bis die ganze Oberfläche mit *sada pakoras* bedeckt ist.

Die Hitze so einstellen, dass die *pakoras* 4 bis 5 Minuten brauchen, um knusprig und gleichmäßig goldbraun zu werden (drehen Sie sie ein- oder zweimal mit einem Schaumlöffel um). Die fertigen *pakoras* herausnehmen und abtropfen lassen.

Bhajas sind eine Abwandlung von *sada pakoras*. Sie können sie genauso zubereiten und frittieren, jedoch mit anderen Gewürzen. Anstatt gemahlenem Zimt, Koriander und Kreuzkümmel nehmen Sie ½ Teelöffel Kreuzkümmelsamen, 2 Esslöffel gehackte frische Korianderblätter und eine feingehackte frische Chilischote.

Zubereitungs- und Kochzeit: 20 Min.

Dokla

Gedämpfter *dal* und Joghurt

- 350 g *chana-dal,* verlesen und gewaschen
- 150 g Joghurt
- 250 ml Wasser
- 4 frische Chilis
- 2 EL geriebener Ingwer
- ½ TL Kurkuma
- ½ TL Salz
- 1 EL Zitronensaft
- 3 EL zerlassenes Ghee
- 1 TL Backpulver
- 2 EL Ghee
- 1 EL schwarze Senfkörner
- 2 EL Sesamsamen
- 1 Prise Asafötida
- 5 EL frische Kokosraspeln
- 4 EL gehackte frische Korianderblätter

Den *dal* waschen und mindestens 4 Stunden einweichen, dann abtropfen lassen und zusammen mit dem Joghurt und Wasser in einem Mixer oder einer Küchenmaschine fein zermahlen. Mindestens 6 Stunden an einem warmen Ort stehenlassen.

Doklas werden in Wasserdampf gegart. Nehmen Sie runde eine Form mit 20 cm Durchmesser und stellen Sie sie so in einen Topf oder Dämpfeinsatz, dass der Dampf den Boden der Form gut erreichen kann. Den Topf etwa 5 cm hoch mit Wasser füllen und das Wasser zum Kochen bringen.

Die frischen Chilis mit etwas Wasser zu einem Brei zermahlen und zusammen mit dem Ingwer, Kurkuma, Salz, Zitronensaft, dem zerlassenen Ghee und dem Backpulver gründlich mit dem *dal*-Brei vermischen. Die Kuchenform mit etwas Butter oder Ghee einfetten und den Teig einfüllen. Den Topf gut abdecken und den *dokla* 20 bis 25 Minuten dämpfen, bis er bei sanftem Druck elastisch zurückfedert.

Garnierung: Die 2 Esslöffel Ghee in einem kleinen Topf erhitzen und die Senfkörner, die Sesamsamen sowie eine Prise Asafötida hineingeben. Wenn die Senfkörner aufhören zu springen, die Gewürzmischung über den *dokla* kippen und die Kokosraspeln und die Korianderblätter darüberstreuen. Den abgekühlten *dokla* in 7,5 cm lange Rechtecke oder Rauten schneiden und behutsam aus der Kuchenform heben. Mit Kokosnusschutney servieren.

Einweichzeit: *dal,* mindestens 4 Std.
Stehzeit: Teig, mindestens 6 Std.
Zubereitungs- und Kochzeit: 25 Min.

Samosa

Gemüsetaschen

Wer einmal einen guten samosa *gekostet hat, weiß warum* samosas *die beliebtesten aller indischen Snacks sind. Zur Abwechslung können Sie auch frischen* paneer *unter die Füllung mengen und verschiedene Gewürzmischungen ausprobieren.*

400 g weißes Mehl
¼ TL Salz
100 g zerlassene Butter oder Ghee
150 ml kaltes Wasser
2 oder 3 mittelgroße Kartoffeln
1 kleiner Blumenkohl, in Röschen zerteilt
200 g frische Erbsen
4 EL Ghee oder Pflanzenöl
1 TL Kreuzkümmelsamen
½ TL Bockshornkleesamen
½ TL geriebener frischer Ingwer
½ TL Kurkuma
½ TL gem. Koriander
¼ TL Asafötida
¼ TL gem. Nelken
½ TL gem. Zimt
2 TL Salz
¼ TL Pfeffer
Ghee oder Pflanzenöl zum Frittieren

Das weiße Mehl zusammen mit dem Salz in eine Schüssel geben und die zerlassene Butter bzw. das Ghee darüberträufeln. Die Butter bzw. das Ghee mit den Fingerspitzen in das Mehl hineinreiben, bis die Mischung groben Brotkrumen gleicht. Langsam das Wasser daruntermischen und einen Teig formen. Den Teig 5 Minuten kräftig durchkneten, bis er weich und geschmeidig ist, aber nicht mehr an den Fingern klebt. Den Teig zu einem kompakten Klumpen formen, mit ein paar Tropfen Wasser besprengen und in ein feuchtes Tuch wickeln; nun die Füllung vorbereiten.

Die Kartoffeln schälen und in kleine Würfel schneiden. Die Blumenkohlröschen entweder mit der groben Seite einer Metallreibe raspeln oder in Stücke schneiden wie die Kartoffeln. Die Erbsen vorkochen, dann abtropfen lassen.

Eine große Bratpfanne auf mittlerer Flamme erhitzen. Die Kreuzkümmel- und die Bockshornkleesamen in 2 Esslöffeln Ghee oder Öl anrösten. Wenn sie dunkel werden, den geriebenen Ingwer und die gemahlenen Gewürze dazugeben und ein paar Sekunden mitrösten. Jetzt die gewürfelten Kartoffeln hinzufügen und für 3 bis 4 Minuten unter Rühren braten. Den geraspelten

---

Links: Zubereitung von *samosas*

bzw. gewürfelten Blumenkohl dazugeben und weitere 3 bis 4 Minuten rühren, dann 2 Esslöffel Wasser beifügen, die Pfanne bedecken und etwa 15 Minuten dünsten lassen, bis das Gemüse weich ist (passen Sie gut auf, dass es nicht anbrennt). Die Erbsen in die Mischung einrühren, mit Salz und Pfeffer würzen, den Pfanneninhalt auf einer sauberen Fläche ausbreiten und abkühlen lassen: unterdessen den Teig ausrollen.

Die Ausrollfläche mit Mehl einstäuben und aus dem Teig 10 Bällchen formen. Jedes der Bällchen zu einem kreisförmigen Fladen von 15 cm Durchmesser ausrollen. Alle Kreise halbieren und an der geraden Schnittkante einen schmalen Streifen von der Mitte bis zu einem Ende befeuchten. Die beiden Enden der geraden Seite aufeinanderklappen und so die Halbkreise zu einem Kegel formen, dabei die trockene Seite fest auf die feuchte Seite pressen, so dass die Kante gut verschlossen ist. Zwei Drittel des Kegels mit dem Gemüse füllen und den dabei entstehenden Saum fälteln.

Das Ghee bzw. Öl in einer *karhai* oder einem Wok auf mittlerer Flamme erhitzen. Mehrere *samosas* gleichzeitig frittieren (so dass die Oberfläche des Ghee mit einer Lage bedeckt ist). Etwa 10 bis 15 Minuten ausbacken lassen, dabei öfters umwenden, bis beide Seiten goldbraun sind. Herausnehmen und abtropfen lassen.

Zubereitungs- und Kochzeit: 1 Std. 15 Min.

Alu patra

Würzige Kartoffelschnecken

4 mittelgroße Kartoffeln
2 EL Kokosraspeln
2 TL Sesamsamen
2 TL brauner Zucker
2 TL geriebener frischer Ingwer
2 frische grüne Chilis, kleingehackt
1 EL frische Korianderblätter, kleingehackt
2 TL *garam masala*
1 ½ TL Salz
2 EL Zitronensaft
200 g weißes Mehl
½ TL Kurkuma
¼ TL Cayennepfeffer
2 TL zerlassenes Ghee
100 ml Wasser
Ghee oder Pflanzenöl zum Frittieren

Zunächst die Füllung zubereiten, damit sie abkühlen kann, bis der Teig fertig ist. Die Kartoffeln garkochen, unter kaltem Wasser abschrecken und schälen, dann in eine Schüssel geben und zusammen mit den Kokosraspeln und den folgenden 8 Zutaten mit einer Gabel zerdrücken. Die Mischung zum Abkühlen auf einem Blech ausbreiten, dann den Teig zubereiten.

Mehl, Kurkuma und Cayennepfeffer in einer großen Schüssel vermengen. Das zerlassene Ghee in das Mehl hineinreiben, langsam das Wasser dazugießen und dabei die Zutaten mit der Hand zu einem Teig vermischen. Den Teig auf einer Arbeitsfläche kräftig durchkneten, so dass er geschmeidig und elastisch wird.

Die Fläche großzügig mit Mehl einstäuben und den ganzen Teig zu einem Rechteck von 3 mm Dicke ausrollen. Die ausgekühlte Kartoffelmischung gleichmäßig auf dem Teig verteilen. Die Hände mit Mehl einstäuben, damit der Teig nicht an den Fingern klebenbleibt, und das Ganze zu einer festen, kompakten Rolle aufrollen. Die Rolle mit einem scharfen Sägemesser in 1 cm dicke Scheiben schneiden. Die Scheiben so drücken und formen, dass sie ihre ursprünglichen Konturen zurückerhalten, und auf ein Tablett legen.

Das Ghee bzw. Pflanzenöl in einer *karhai* oder einem flachen Topf erhitzen. Mehrere Scheiben in das Ghee legen und 3 bis 5 Minuten frittieren (zwischendurch einmal umdrehen), bis sie goldbraun werden. Heiß servieren – entweder als Beilage zu einer Hauptmahlzeit oder zusammen mit einem Chutney als Snack.

Zubereitungs- und Kochzeit: 40 Min.

Alu ki tikki

Kartoffelbratlinge

Durch langsames Braten bildet sich auf beiden Seiten dieser Kartoffelbratlinge eine Kruste, der sie ihren besonderen Geschmack und ihre Konsistenz verdanken. Ohne die Erbsen und das Kichererbsenmehl wird alu ki tikki *häufig an Ekadasi-Tagen (siehe S. 50) serviert, an denen die Gottgeweihten kein Getreide und keine Hülsenfrüchte essen.*

5 mittelgroße Kartoffeln
200 g frische Erbsen
100 g Karotten, gewürfelt
100 g Blumenkohl, feingewürfelt
1 TL *garam masala*
½ TL Kreuzkümmelsamen
2 getrocknete Chilis, zerbröselt
¼ TL Asafötida
2 EL frische Koriander- oder Petersilienblätter, gehackt
1 TL Salz
1 EL Zitronen- oder Limettensaft
3 EL Kichererbsenmehl, trocken geröstet
2 EL Butter oder Ghee

Die Kartoffeln kochen, das übrige Gemüse weichdämpfen, dann alles abtropfen lassen. Die Kartoffeln schälen, in Stücke brechen und zusammen mit dem anderen Gemüse, den Gewürzen, dem Zitronensaft und schließlich dem Kichererbsenmehl in einer großen Schüssel vermischen. Alle Zutaten mit einer Gabel oder einem Stampfer gründlich zerstampfen.

Aus dieser Mischung 8 flache Klöße von etwa 2,5 cm Dicke formen. In einer Bratpfanne mit schwerem Boden etwas Butter oder Ghee auf niedriger Flamme erhitzen. Mehrere Klöße gleichzeitig in die Pfanne legen, dabei jedoch genug Platz lassen, um noch mit dem Pfannenwender ansetzen zu können. Jede Seite 12 bis 15 Minuten braten. Wenn eine Seite goldbraun ist, mit dem Pfannenwender vorsichtig unter den Bratling fahren, ohne die Kruste zu beschädigen, und umwenden. Wenn die *alu ki tikkis* zu schnell braten, die Hitze reduzieren.

Alu ki tikkis passen gut zu Tomatenchutney und einem *raita*.

Zubereitungs- und Kochzeit: 40 Min. bis 1 Std.

Urad dal kachori

Frittierte *dal*-Pasteten

Srila Prabhupada mochte kachoris *schon von frühester* Kindheit *an so gern, dass ihm seine Mutter den Spitznamen* Kachori-mukha gab *(jemand, der seinen Mund mit* kachoris *füllt).*

400 g weißes Mehl
75 g Butter oder Ghee
1 ¼ TL Salz
225 ml Wasser
150 g *urad-dal,* gewaschen und über Nacht eingeweicht
1 EL Ghee
½ TL Kreuzkümmelsamen
½ TL gem. Anissamen
½ TL gem. Kreuzkümmel
½ TL geriebener Ingwer
1 TL Kurkuma
¼ TL Asafötida
1 TL kleingehackte frische Korianderblätter
2 EL Zitronensaft
1 ½ TL Salz

Das Mehl und 1 ¼ Teelöffel Salz in eine große Schüssel geben und die Butter bzw. das Ghee mit den Fingerspitzen hineinreiben. Langsam das kalte Wasser dazugießen und einen weichen (nicht feuchten) Teig zubereiten. Den Teig 5 Minuten kräftig durchkneten, mit einem feuchten Tuch bedecken und beiseitestellen. Den *dal* abtropfen lassen und in einem Mixer mit gerade so viel Wasser pürieren, dass ein glatter Brei entsteht. Den Esslöffel Ghee in einer kleinen Bratpfanne erhitzen und die Kreuzkümmelsamen darin bräunen. Die gemahlenen Gewürze und den pürierten *dal* dazugeben. Einige Minuten rühren, bis der *dal* halbgar ist. Nun die gehackten Korianderblätter, den Zitronensaft und das restliche Salz einrühren und abkühlen lassen.

Aus dem Teig 10 Bälle formen; auch die *dal*-Mischung in 10 Teile teilen. Mit dem Daumen ein Loch in die Teigbälle bohren und jedes Loch mit einer der *dal*-Portionen füllen. Das Loch wieder verschließen, den Ball zwischen den Handflächen etwas flachdrücken und wie einen sehr dicken *puri* ausrollen. Das Ghee auf mittlerer Flamme erhitzen. Nach einer Weile mit einem kleinen Stückchen Teig die Hitzeprobe machen. Wenn es sofort an die Oberfläche steigt und zischt, ist das Ghee heiß genug. Nun die *kachoris* hineinlegen und etwa 10 Minuten frittieren, bis sie blätterig und goldbraun sind.

Einweichzeit: über Nacht
Zubereitungs- und Kochzeit: 50 Min. bis 1 Std.

Matar dal bara

Erbsenkroketten

Dies ist eines der Rezepte, das Gopibhava dasi den Ruf einbrachte, die beste Köchin unter den Hare-Krishna-Devotees in Südafrika zu sein. Wenn Gäste ihre Speisen kosten, fühlen sie sich trotz ihrer weiten Reise wie zu Hause.

- 600 g Naturjoghurt
- 350 g grüne oder gelbe halbierte Schälerbsen
- 2 EL frische Korianderblätter, gehackt
- 2 EL geriebener frischer Ingwer
- 2 EL gem. Koriander
- 2 TL Kreuzkümmelsamen
- 2 TL gem. Zimt
- 1 frischer Chili, entkernt und kleingeschnitten
- 1 TL Kurkuma
- ½ TL Cayennepfeffer
- ¼ TL Asafötida
- 5 TL Salz
- 1 l warmes Wasser
- Ghee oder Pflanzenöl zum Frittieren

Die halbierten Erbsen über Nacht in der doppelten Volumenmenge Wasser einweichen, dann abtropfen lassen.

Die Erbsen in einem elektrischen Mixer pürieren und gerade so viel frisches Wasser hinzufügen, dass ein sehr dicker Brei entsteht. Den Brei in eine Schüssel füllen und jeweils die Hälfte aller Gewürze plus einen Teelöffel Salz daruntermischen. Gut durchrühren und beiseitestellen. Das restliche Salz bis auf einen Teelöffel in dem warmen Wasser auflösen und das Wasser beiseitestellen.

Das Ghee in einer *karhai* oder einem Topf auf mittlerer Flamme erhitzen. Mit angefeuchteten Händen aus dem Brei kleine, flache Klöße formen und diese in das heiße Ghee legen. Während des Frittierens die *baras* ein oder zweimal umwenden, bis sie von allen Seiten schön braun sind, dann herausnehmen, kurz über dem Ghee abtropfen lassen und für mindestens 15 Minuten in dem Salzwasser einlegen.

Den Joghurt mit den restlichen Gewürzen und dem übrigen Salz in eine Schüssel geben und gut durchrühren. Die eingeweichten *baras* aus der Salzwasserlösung nehmen und in eine Servierschüssel geben. Mit dem gewürzten Joghurt übergießen und servieren.

Einweichzeit: über Nacht, plus 15 Min. im Salzwasser
Zubereitungs- und Kochzeit: 25 Min.

Urad dal bara

Dal-Kroketten in Joghurt

350 g *urad-dal,* verlesen und über Nacht eingeweicht
2 frische Chilis, gehackt
¼ TL Asafötida
1 TL Natron
5 TL Salz
1 l warmes Wasser
Ghee oder Pflanzenöl zum Frittieren
600 g Naturjoghurt
1 TL Kreuzkümmelsamen, geröstet und gemahlen

Den *dal* abtropfen lassen und zusammen mit den kleingeschnittenen Chilis, der Asafötida, dem Natron und einem Teelöffel Salz in einem elektrischen Mixer pürieren. Etwas Wasser hinzugeben und heftig durchmixen, bis die Mischung so leicht wird, dass ein Tropfen davon auf Wasser schwimmt. Beiseitestellen. Das übrige Salz bis auf ½ Teelöffel in dem warmen Wasser auflösen.

Das Ghee bzw. Pflanzenöl in einer Fritteuse oder einem anderen geeigneten Gefäß auf hohe Temperatur erhitzen, jedoch nicht so weit, dass es zu rauchen beginnt. Nun den Brei esslöffelweise in das Ghee geben. In wenigen Sekunden werden die *baras* rund sein und brutzelnd an der Oberfläche schwimmen. Während des Frittierens öfters umwenden. Nach 5 bis 6 Minuten sollten sie von allen Seiten schön braun sein. Abtropfen lassen und in dem Salzwasser einlegen. Den restlichen halben Teelöffel Salz in den Joghurt geben, gut verrühren und beiseitestellen.

Nach 20 bis 30 Minuten, wenn die *baras* allmählich eine hellere Farbe annehmen, einen nach dem anderen herausnehmen und das überschüssige Wasser ausdrücken. Die *baras* in eine Servierschüssel geben, mit Joghurt übergießen und mit dem gemahlenen Kreuzkümmel garnieren. *Urad dal baras* als Gang eines Menüs oder als Appetithappen servieren.

Einweichzeit: über Nacht, plus 20 bis 30 Min. in Salzwasser
Zubereitungs- und Kochzeit: 30 Min.

Kathmir vada

Korianderwürfel

50 g frische Korianderblätter oder 100 g Spinatblätter
200 g gesiebtes Kichererbsenmehl
250 g Naturjoghurt
2 ½ TL Salz
1 oder 2 frische rote Chilis, kleingeschnitten
425 ml Wasser
Ghee oder Pflanzenöl zum Frittieren

Die Korianderblätter gründlich abwaschen und die größten Stiele entfernen. Die Blätter in kleine Stücke hacken und zusammen mit dem Kichererbsenmehl, dem Joghurt, dem Salz und den Chilistücken in eine Schüssel geben. Unter gleichzeitigem Umrühren langsam Wasser dazugießen, bis der Teig eine milchähnliche Konsistenz annimmt.

Den Teig in einen mittelgroßen Topf kippen und auf mittlerer Flamme aufsetzen. 15 bis 20 Minuten köcheln lassen. Während der Teig allmählich eindickt, mit einem breiten Holzlöffel regelmäßig umrühren, damit er nicht ansetzt. Der Teig ist fertig, wenn ein Klecks davon auf einer kühlen Fläche fest wird. Nun den Teig in eine flache Kuchenform (2,5 bis 5 cm hoch) füllen und mindestens 15 Minuten abkühlen lassen. Den festen Teig in Rauten schneiden und die Stücke in Ghee oder Pflanzenöl frittieren, bis sie goldbraun sind.

Herausnehmen, abtropfen lassen und heiß oder auf Zimmertemperatur abgekühlt mit Dattel-Tamarindenchutney oder Pfefferminzchutney servieren.

Zubereitungs- und Kochzeit: 45 Min.

Rechts: *Kathmir vada*
Gajar vada (S. 218)
Dahi vada (S. 219)

Gajar vada

Würzige Karottenkroketten

Dieser Snack wird jeden beeindrucken. Die Mischung muss dick genug sein, damit die vadas *beim Frittieren nicht auseinanderfallen. Geben Sie nötigenfalls einfach etwas mehr Kichererbsenmehl dazu, bis sie zusammenhalten.*

4 oder 5 mittelgroße Karotten, gewaschen und abgeschabt
100 g Kichererbsenmehl
2 EL Walnüsse oder Haselnüsse, grobgehackt
1 EL frische Kokosraspeln
2 frische Chilis, entkernt und kleingehackt
1 EL gehackte frische Koriander- oder Petersilienblätter
1 TL *garam masala*
½ TL Kurkuma
½ TL Salz
¼ TL Backpulver
Ghee oder Pflanzenöl zum Frittieren

Die Karotten mit der feinen Seite einer Metallreibe raspeln, bis etwa 250 g geraspelte Karotten beisammen sind. Die Karotten und alle anderen Zutaten in eine große Schüssel geben. Gerade soviel Wasser hinzugießen, dass die Masse dickflüssig genug ist, um beim Frittieren zusammenzuhalten.

Das Ghee bzw. Pflanzenöl in einer *karhai*, einem Wok oder einem Kochtopf auf mittlerer Flamme erhitzen. Einen Esslöffel der Masse mit dem Finger vom Löffel in das heiße Ghee bzw. Öl schieben. Diesen Vorgang wiederholen, bis 8 bis 10 *vadas* im Ghee schwimmen. Die Temperatur etwas erhöhen und die *vadas* oft umwenden, damit sie von allen Seiten schön braun werden. Nach 4 bis 5 Minuten die *vadas* mit einem Schaumlöffel herausnehmen und in einem Durchschlag oder Sieb abtropfen lassen.

Gajar vadas heiß oder auf Zimmertemperatur abgekühlt zusammen mit einem Gemüsegericht in Soße, mit einem *raita* oder etwas Naturjoghurt servieren.

Zubereitungs- und Kochzeit: 25 Min.

Dahi vada

Dal-Kroketten in Joghurtsoße

Dahi vadas *sind eine Variation von* urad dal baras. *In Indien wird ein angefeuchtetes Bananenblatt verwendet, um den* vada *zu halten, bevor er ins* Ghee *gleitet. Falls Ihnen kein Bananenblatt zur Verfügung steht, können Sie jedoch auch die Hand benutzen. Sie müssen nur darauf achten, dass die Masse nicht zu dünnflüssig ist und ihre Form behält.*

- 200 g *urad-dal,* verlesen und gewaschen
- 1 TL Kreuzkümmelsamen
- 2 frische Chilis, entkernt und kleingehackt
- 1 EL geriebener frischer Ingwer
- ½ TL Asafötida
- 1 ½ TL Salz
- Ghee oder Pflanzenöl zum Frittieren
- 450 g Naturjoghurt
- 1 EL Kokosraspeln
- 2 EL gehackte frische Korianderblätter
- 2 Prisen Cayennepfeffer

Den *dal* für mehrere Stunden in warmem Wasser einweichen, abtropfen lassen und in einem elektrischen Mixer mit gerade genug Wasser pürieren, so dass ein dickflüssiger, feiner Brei entsteht. Den Brei in eine Schüssel füllen und die Kreuzkümmelsamen, die Chilis, den Ingwer, die Asafötida sowie ½ Teelöffel Salz beimengen.

Das Ghee bzw. Öl in einer *karhai*, einem Wok oder einem Kochtopf auf mittlerer Flamme erhitzen. Die linke Hand anfeuchten, ca. 50 g der Mischung hineingeben und mit dem Daumen der linken Hand ein flaches „Brötchen" formen. Mit dem kleinen Finger der rechten Hand in die Mitte eine Vertiefung drücken und den *vada* behutsam in das Ghee gleiten lassen. Weil der *dal* nicht sehr fest ist, mag dieser Vorgang etwas Praxis erfordern (aber keine Sorge, Sie können den *dal* auch klümpchenweise mit einem Löffel in das heiße Ghee setzen). Die *vadas* von beiden Seiten je 6 bis 8 Minuten frittieren, bis sie rötlich-braun werden, dann herausnehmen und in einem Sieb abtropfen lassen.

Die Kokosraspeln, die Korianderblätter, den Cayennepfeffer und das übrige Salz in den Joghurt rühren. Die *vadas* eine Stunde vor dem Servieren mit der Soße übergießen. Jeden *vada* in der Vertiefung in der Mitte mit einem Klecks Dattel-Tamarindenchutney (siehe S. 234) garnieren.

Einweichzeit: mehrere Stunden für den *dal*
Zubereitungs- und Kochzeit: 40 Min.

Sevian

Nudeln aus Kichererbsenmehl

Sevian *ist einer der populärsten Snacks Indiens. Es wird praktisch überall verkauft, in den verschiedensten Formen und Mischungen.* Sevian *kann für sich allein gegessen werden oder als Beilage zu einem Gemüsegericht oder Salat. Auch passt es ausgezeichnet mit Rosinen und gerösteten Nüssen zusammen. Das einzige Problem ist, dass man nach einer Handvoll kaum mehr aufhören kann zu essen.*

225 g gesiebtes Kichererbsenmehl
½ TL Cayennepfeffer
1 TL Kurkuma
1 ½ TL Salz
150 ml kaltes Wasser
Ghee oder Pflanzenöl zum Frittieren

Das Kichererbsenmehl mit den Gewürzen, dem Salz und dem kalten Wasser zu einer glatten, dicken Masse vermischen. Das Ghee bzw. Öl auf mittlerer Flamme erhitzen. Die Masse für einige Sekunden kräftig durchrühren, dann mit einem Pfannenwender einen Esslöffel der Masse durch einen Durchschlag in das Ghee pressen. Fahren Sie mit dem Pfannenwender an der Siebunterseite entlang, um Teigreste abzuschaben und in die Schüssel zurückzugeben. Diesen Vorgang so lange wiederholen, bis die Oberfläche des Ghee mit Nudeln bedeckt ist. Sollte die Masse zu dünn sein und in langen Tropfen anstatt in Nudelform durch das Sieb fallen, können Sie die Masse einfach mit mehr Kichererbsenmehl eindicken. Die Nudeln umwenden, bis sie sich ganz leicht braun färben – sie dunkeln noch nach, wenn sie bereits aus dem Ghee herausgenommen wurden. Abtropfen lassen.

Sie können auch einen Spritzbeutel mit kleiner Öffnung verwenden und spiral- oder schleifenförmige Nudeln in das Ghee pressen. Wenn die Nudeln zu lang sind, können Sie sie nach dem Abtropfen in Stücke brechen.

Zubereitungs- und Kochzeit: 25 Min.

Khandvi

Pikante Joghurtschnecken

- 2 frische Chilis, entkernt und kleingeschnitten
- 1 EL geriebener frischer Ingwer
- 750 g Naturjoghurt
- 100 g Kichererbsenmehl
- 2 TL Salz
- ¾ TL Kurkuma
- 3 EL Ghee
- 1 ½ TL schwarze Senfkörner
- ½ TL Asafötida
- 4 TL Kokosraspeln
- 3 EL kleingehackte frische Korianderblätter

Die Chilistücke und den geriebenen Ingwer zu einem Brei zerstoßen. Den Joghurt, das Kichererbsenmehl, den Chilibrei, das Kurkumapulver und das Salz in einem Topf vermischen und zum Kochen bringen. Die Flamme kleiner stellen und unter ständigem Rühren 10 Minuten kochen lassen, bis die Mischung eindickt und sich von den Seiten des Topfes löst. Achten Sie darauf, dass sich während des Kochens keine Klümpchen bilden.

Auf einer glatten, sauberen Arbeitsfläche einige Esslöffel der eingedickten Mischung mit einem Pfannenwender möglichst dünn und gleichmäßig ausstreichen, ohne Zeit zu verlieren. Diesen Vorgang so lange wiederholen, bis die gesamte Masse zu einem großen Quadrat oder Rechteck ausgestrichen ist.

In nur wenigen Minuten sollte die Masse fest sein. Schneiden Sie sie in 2,5 cm breite Streifen. Jeden Streifen zu einer Schnecke aufrollen und auf eine Servierplatte legen. Wenn alle Streifen aufgerollt sind, das Ghee in einem Topf erhitzen und die Senfkörner darin rösten, bis sie aufhören zu springen. Dann die Asafötida hinzugeben und nach einigen Sekunden die Kokosraspeln. Eine Minute unter Rühren rösten. Die Gewürze über die Schnecken kippen und die gehackten Korianderblätter darüberstreuen. Heiß oder auf Zimmertemperatur abgekühlt servieren.

Zubereitungs- und Kochzeit: 25 Min.

Chidwa

Frittierte, würzige Knabbermischung

Eines Tages wollte Kishori dasi Srila Prabhupada eine Freude bereiten, indem sie etwas Besonderes für ihn kochte. Sie ging also zu den besten chidwa wallas *(professionellen* chidwa*-Herstellern) in Neu-Delhi, um deren Geheimnisse auszukundschaften. Als sie Tags darauf ihr eigenes* chidwa *auf Srila Prabhupadas* thali *legte, mochte dieser es so sehr, dass er Kishori rufen ließ und sie bat zu erklären, wie sie das* chidwa *zubereitet habe, was Kishori natürlich freudig tat.*

50 g frittierter Puffreis
200 g getrocknete grüne Erbsen, über Nacht in der doppelten Menge Wasser eingeweicht
50 g geraspelte Kartoffeln
50 g kleinste Blumenkohlröschen
50 g geschälte, feingewürfelte Aubergine
50 g Cashewnüsse, Mandelsplitter oder Pistazien
50 g Rosinen
1 frischer Chili, kleingehackt
½ TL gem. schwarzer Pfeffer
½ TL brauner Zucker
¼ TL Asafötida
1 ¼ TL Salz

Falls der Puffreis noch nicht frittiert ist, frittieren Sie ihn für einige Sekunden in rauchend heißem Ghee und lassen Sie ihn abtropfen. Die eingeweichten grünen Erbsen gut abtropfen lassen und 45 Sekunden bis 1 Minute frittieren, bis sie aufquellen und knusprig werden. Nun die geraspelten Kartoffeln, die kleinen Blumenkohlröschen und die Nüsse frittieren und gut abtropfen lassen. Alle Zutaten in eine Schüssel geben, die Rosinen, die Gewürze und den Zucker beimengen und gründlich durchmischen. *Chidwa* kann als Snack oder als Beilage zu einem Menü gegessen werden.

Zubereitungs- und Kochzeit: 30 Min.

Malai kofta

Frittierte Käsebällchen in Sahnesoße

- 450 g *paneer*
- 3 EL weißes Mehl
- 1 frischer Chili, kleingeschnitten
- 1 EL gehackte frische Korianderblätter
- 3 TL Salz
- Ghee oder Pflanzenöl zum Frittieren
- 6 mittelgroße Tomaten
- 2 EL Kokosraspeln
- 1 TL gem. Koriander
- 2 frische Chilis, entkernt und kleingeschnitten
- 1 TL geriebener Ingwer
- 1 TL Kreuzkümmelsamen
- ¾ TL Asafötida
- 2 EL Ghee oder Pflanzenöl
- 450 g saure Sahne
- 1 EL gehackte frische Koriander- oder Petersilienblätter
- 1 Zitrone oder Limette

Den *paneer* kräftig durchkneten, bis er geschmeidig und weich ist. Das Mehl, die Chilistücke, die gehackten Korianderblätter und einen Teelöffel Salz dazugeben und nochmals durchkneten, so dass sich die Zutaten gleichmäßig verteilen. Aus der fertigen Masse walnussgroße Bällchen rollen. Das Ghee bzw. Öl erhitzen, bis es fast anfängt zu rauchen. Die Käsebällchen mehrere Minuten frittieren, bis sie goldbraun und knusprig sind, dann abtropfen lassen und beiseitestellen.

Die Tomaten blanchieren, abziehen und zu Püree zerstampfen.

Nun einen *masala*-Brei zubereiten; dazu die Kokosraspeln und alle Gewürze außer dem restlichen Salz und den restlichen Korianderblättern zusammen mahlen (oder zerstoßen). Die 2 Esslöffel Ghee bzw. Öl in einem mittelgroßen Topf erhitzen und die *masala* etwa eine Minute andünsten. Nun das Tomatenpüree, die saure Sahne, die Korianderblätter und das restliche Salz beifügen. 10 Minuten köcheln lassen, dabei oft umrühren.

Die *kofta*-Bällchen 10 Minuten vor dem Servieren in der Soße einlegen. Jede Portion mit einer viertel Zitrone oder Limette garnieren.

Zubereitungs- und Kochzeit: 30 bis 40 Min.

Chutneys und Raitas

1 Tamatar chatni *(Tomatenchutney)* 228
2 Seb ki chatni *(Apfelchutney)* 229
3 Anannas ki chatni *(Ananaschutney)* 230
4 Narial chatni *(Kokosnusschutney)* 231
5 Dhanya chatni *(Korianderchutney)* 232
6 Pudina chatni *(Chutney aus frischer Minze)* 233
7 Khajur imli ki chatni *(Dattel-Tamarindenchutney)* 234
8 Aam chatni *(Mangochutney)* 235
9 Alu narial raita *(Kartoffelsalat mit Kokosnuss)* 236
10 Kakri raita *(Gurkensalat in Joghurt)* 238
11 Palak ka raita *(Spinatsalat in Joghurt)* 239
12 Bundi raita *(Kichererbsenmehlperlen in würzigem Joghurt)* 240
13 Kela raita *(Bananenscheiben in Joghurtsoße)* 241

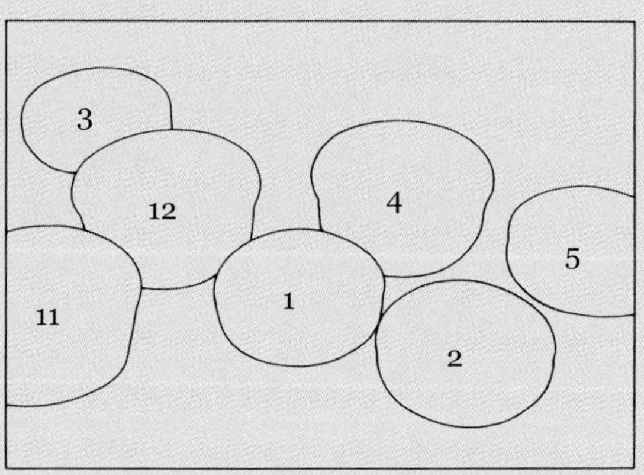

Chutneys und *raitas* bringen den Geschmack der Hauptgänge stärker zur Geltung. Würzige Chutneys bereichern milde Gerichte, kühle *raitas* bereichern scharfe Gerichte – und die lebhaften Farben beider bereichern den Anblick der Mahlzeit. Mit ein wenig Erfahrung werden Sie bald in der Lage sein, für jedes Hauptgericht das passende Chutney oder den passenden *raita* auszuwählen. In diesem Kapitel finden Sie zwei Sorten Chutneys: gekochte und frische. Gekochte Chutneys werden manchmal aus Gemüse zubereitet, meistens jedoch aus Früchten. Sie brauchen eine lange Kochzeit, da die Zutaten verkochen und eindicken müssen. Bei frischen Chutneys werden die Zutaten einfach zu einem feinen Brei zermahlen.

Alle Chutneys jedoch, ob nun gekocht oder frisch, haben eines gemeinsam: Sie sind süß und scharf. Außerdem regen sie den Appetit an und fördern die Verdauung. Ein gutes Chutney, sagte Srila Prabhupada, sei so scharf, dass man es fast nicht essen könne, doch gleichzeitig so süß, dass man nicht widerstehen könne. Ein oder zwei Teelöffel reichen aus, um eine Mahlzeit abzurunden. Servieren Sie es in einer kleinen Schüssel oder direkt auf dem Teller bzw. der *thali*, gleich neben dem Reis. Neulinge sollten gewarnt werden, nicht gleich einen ganzen Mundvoll auf einmal zu nehmen.

Manche Chutneys eignen sich gut zum Einstippen für Snacks. Tomatenchutney zum Beispiel passt gut zu Gemüse-*pakoras*, *kachoris* oder Kartoffelbratlingen.

Raitas bestehen entweder aus rohem oder gekochtem Gemüse oder aus frischen Früchten und würzigem Joghurt. Sie sind bekömmlich, erfrischend, leicht zuzubereiten und werden in kleinen Schüsseln serviert.

Tamatar chatni

Tomatenchutney

Tomatenchutney sieht vielleicht aus wie Ketchup, schmeckt aber wesentlich besser. Außerdem kann Ketchup nicht zu Krishna geopfert oder von Devotees gegessen werden, da es Essig und Zwiebeln enthält, welche nach Aussage der Veden die Erscheinungsweise der Unwissenheit hervorbringen.

8 reife Tomaten
4 EL Wasser
2 TL Ghee
2 EL schwarze Senfkörner
2 oder 3 frische Chilis, kleingeschnitten
3 Nelken
2 Lorbeerblätter
1 Zimtstange
1 TL Kreuzkümmelsamen
2 TL gem. Koriander
1 EL geriebener frischer Ingwer
1 Prise Asafötida
1 TL Salz
4 EL brauner Zucker

Die Tomaten blanchieren, mit 4 Esslöffeln Wasser pürieren und beiseitestellen. Das Ghee in einem mittelgroßen Topf auf mittlerer Flamme erhitzen und die Senfkörner hineingeben. Den Topf abdecken. Wenn die Senfkörner aufhören zu springen, die folgenden 6 Gewürze und den Ingwer eine Minute unter Rühren rösten. Nun die Tomaten, die Asafötida und das Salz dazugeben und mit einem hölzernen Kochlöffel umrühren. Den Topf zudecken und auf niedriger Flamme 20 bis 30 Minuten köcheln lassen. Zunächst nur ab und zu umrühren; wenn das Chutney dicker wird, öfters umrühren, bis fast keine Flüssigkeit mehr im Topf ist.

Jetzt den Zucker einrühren, die Temperatur erhöhen und unter schnellem Rühren für weitere 5 Minuten kochen, bis das Chutney die Konsistenz einer dicken Soße erreicht. Die Nelken, die Lorbeerblätter und die Zimtstange herausnehmen, das Chutney in eine Servierschüssel umfüllen und auf Zimmertemperatur abgekühlt zu einer Mahlzeit oder als Tunke für Snacks servieren.

Zubereitungs- und Kochzeit: 40 bis 50 Min.

Seb ki chatni

Apfelchutney

Aus fast jeder Apfelsorte lässt sich ein gutes Apfelchutney zubereiten. Suchen Sie feste, reife Äpfel aus und kaufen Sie keine übergroßen oder mehligen.

Das Rezept kann auch für Chutneys aus anderen Früchten, wie Pfirsichen, Pflaumen, Aprikosen, Mangos, Guaven, Stachelbeeren oder Brombeeren, benutzt werden. Die Asafötida konnen Sie auch weglassen. Variieren Sie die Menge der getrockneten Chilis je nach Geschmack.

1 kg Äpfel
4 EL Ghee oder Pflanzenöl
2 TL geriebener frischer Ingwer
2 Zimtstangen
1 TL Anissamen
5 Nelken
2 oder 3 getrocknete Chilis, zerbröselt
1 TL Kurkuma
1 Prise Asafötida (kann entfallen)
4 EL Wasser
4 EL brauner Zucker

Die Äpfel waschen, schälen und vom Kerngehäuse befreien, dann in kleine Stücke schneiden. Das Ghee bzw. Pflanzenöl in einem Topf erhitzen. Wenn das Ghee zu rauchen anfängt, den Ingwer, die Zimtstangen, die Anissamen, die Nelken und die Chilis hineingeben. Ständig rühren, bis die Anissamen braun werden (etwa 30 Sekunden), dann sofort das Kurkumapulver, die Asafötida und zum Schluss die Apfelstücke hineingeben. 5 bis 6 Minuten rühren, bis die Äpfel braun sind, dann das Wasser dazugießen.

Den Topf zudecken und für etwa 15 Minuten kochen lassen, dabei oft umrühren, bis die Äpfel weich sind. Nun die Apfelstücke im Topf zerstampfen. Den Zucker einrühren, die Hitze erhöhen und so lange rühren, bis das Chutney eindickt. Lassen Sie das Chutney vor dem Servieren auf Zimmertemperatur abkühlen. Apfelchutney passt sehr gut zu heißen *puris*. Sie können es auch zusammen mit einer Süßspeise zum Abschluss einer Mahlzeit anbieten.

Zubereitungs- und Kochzeit: 30 Min.

Anannas ki chatni

Ananaschutney

Die Ananas ist in Indien weit verbreitet. Am besten sind reif gepflückte Früchte. Eine Ananas ist reif, wenn die Augen hervortreten und die Frucht ein süßes Aroma ausströmen lässt.

1 mittlere bis große Ananas
1 EL Ghee
1 TL Kreuzkümmelsamen
2 frische Chilis, entkernt und kleingeschnitten
½ TL Kurkuma
½ TL gem. Zimt
4 EL Wasser
150 g brauner Zucker

Die Ananas aufrecht halten und mit einem scharfen Messer die Haut abschälen, dann die Augen herausschneiden. Die geputzte Frucht der Länge nach vierteln und jeweils den harten Kern entfernen. Jedes der Viertel der Länge nach in drei Streifen schneiden und jeden Streifen in Stücke. Die Ananasstücke in eine Schüssel füllen und beiseitestellen.

Das Ghee in einem Topf erhitzen und die Kreuzkümmelsamen sowie die Chilis darin anbräunen. Nun das Kurkumapulver, den gemahlenen Zimt und gleich darauf die Ananasstücke hinzufügen. 4 bis 5 Minuten rühren, dann das Wasser dazugießen und den Topf bedecken. Auf niedriger Flamme 15 Minuten köcheln lassen, dabei gelegentlich umrühren. Nun den Deckel abnehmen und fast alle Flüssigkeit verkochen lassen. Schließlich den Zucker einrühren und auf der gleichen niedrigen Flamme weiterkochen lassen, bis das Chutney wieder eingedickt ist (etwa 10 Minuten).

Ananaschutney kann mit *puris* gegen Ende einer Mahlzeit oder zusammen mit einem anderen Dessert, wie *shrikhand* oder *kulfi*, serviert werden.

Zubereitungs- und Kochzeit: 30 Min.

Narial chatni

Kokosnusschutney

Achten Sie beim Einkauf darauf, dass die Kokosnüsse frisch und voller Wasser sind. Auch sollte die Schale keine Sprünge aufweisen. Gutes Kokoswasser riecht angenehm und schmeckt süß. Wenn es ölig riecht und sauer schmeckt, ist die Kokosnuss wahrscheinlich sauer. Kokosnusschutney passt gut zu dosas, *und es kann als Tunke für Snacks wie* doklas, pakoras *und* gajar vadas *gereicht werden.*

200 g frische Kokosnuss oder 100 g Kokosraspeln
1 EL feingehackte frische Koriander- oder Petersilienblätter
1 EL Kristallzucker
1 EL geriebener frischer Ingwer
2 oder 3 frische Chilis, entkernt und kleingeschnitten
2 EL Zitronensaft
1 TL Salz

Den Backofen auf 200 Grad vorheizen. Zwei der drei dunklen Augen der unbeschädigten Kokosnuss mit der Spitze eines Eispickels oder eines Schraubenziehers durchstechen und das Kokoswasser in eine Tasse laufen lassen. Die leere Kokosnuss für 15 Minuten in den Ofen legen, danach auf ein Hackbrett. Die noch heiße Nuss mit einem kräftigen Hammerschlag zertrümmern. Dabei sollte sich das Fruchtfleisch von der Schale lösen. Anhaftendes Fleisch mit einem kleinen Messer abschneiden,

Nun mit einem Kartoffelschäler die braune Haut abschälen. Das Fruchtfleisch in kleine Stücke schneiden und zusammen mit den anderen Zutaten in einen Mixer geben. So viel Kokoswasser oder Wasser dazugeben, dass ein feiner Brei entsteht. Falls Sie keinen Mixer haben, können Sie die Kokosnuss raspeln; verwenden Sie in diesem Falle Mörser und Stößel oder einen Mahlstein, um die Zutaten zu einem feinen Brei zu verarbeiten. Anstatt Kokoswasser oder Wasser können Sie auch Joghurt nehmen, was dem Chutney eine cremigere Konsistenz verleiht.

Zubereitungszeit: 25 Min.

Dhanya chatni

Korianderchutney

Benutzen Sie für die Zubereitung von Korianderchutney nur den oberen Teil der Pflanze – die unteren dicken Stängel zerfasern beim Zerkleinern.

Korianderchutney sollte noch am Tage der Zubereitung verzehrt werden. Der Joghurt macht es zu einem relativ milden Chutney. Eine kleine Menge Korianderchutney – 2 oder 3 Esslöffel – sind für eine Mahlzeit ausreichend.

50 g frische Korianderblätter (ohne Stiele gewogen)
4 EL Kokosraspeln
1 EL geriebener frischer Ingwer
1 oder 2 frische Chilis, kleingehackt
3 EL Zitronen- oder Limettensaft
250 g Naturjoghurt
1 TL Zucker
1 TL Salz
½ TL Kreuzkümmelsamen, geröstet und gemahlen

Die Korianderblätter gründlich waschen, fein zerhacken, zusammen mit den Kokosraspeln, dem Ingwer, den Chilis und dem Zitronensaft in einen Mixer geben und zu Brei zermahlen.

Joghurt, Zucker, Salz, Kreuzkümmel und den Brei in eine Schüssel füllen und gut verrühren. Zudecken und bis zum Servieren in den Kühlschrank stellen.

Zubereitungszeit: 15 Min.

Pudina chatni

Chutney aus frischer Minze

Dieses Chutney passt in kleinen Mengen zu jeder Mahlzeit.

50 g frische Minzblätter
1 EL geriebener frischer Ingwer
2 frische Chilis, kleingeschnitten
4 EL Zitronensaft
1 TL Salz
2 TL Zucker

Die Minzblätter gründlich abwaschen und das Wasser abschütteln. Nur die Blätter und die feinen Stängel verwenden; die dicken Stängel wegwerfen. Alle Zutaten in einem elektrischen Mixer mit gerade so viel Wasser pürieren, dass ein feiner Brei entsteht.

Am besten gekühlt servieren.

Eine schmackhafte Variante ist das folgende Chutney aus Pfefferminz- und Korianderblättern: Geben Sie die gleichen Zutaten in einen elektrischen Mixer, jedoch nur 25 g frische Minze; dazu 25 g Korianderblätter, 75 g geröstete oder frittierte Erdnüsse und 50 g Tamarindenfruchtfleisch (siehe S. 78). Gut durchmixen. Dieses Rezept kann etwa 10 Minuten länger in Anspruch nehmen als *pudina chatni*.

Zubereitungszeit: 15 Min.

Khajur imli ki chatni

Dattel-Tamarindenchutney

Dieses Chutney ist gleichzeitig süß, sauer und scharf. Es passt zu den meisten frittierten oder gebratenen Snacks.

50 g Tamarinde
300 ml Wasser
150 g Datteln, entsteint und kleingehackt
2 TL Zucker
½ TL Salz
½ TL gem. Kreuzkümmel
1 Prise Cayennepfeffer

Den Klumpen Tamarinde in kleine Stücke brechen und 10 Minuten in dem Wasser kochen. Dann die Tamarinde und das Wasser durch ein Sieb gießen und mit einem hölzernen Löffel so viel Fruchtfleisch wie möglich durch das Sieb in das Wasser pressen, dabei immer wieder am Boden des Siebs entlangschaben, bis alles Fruchtfleisch durchgepresst ist und nur noch die Kerne und Fasern übrig sind.

In diesen Saft alle anderen Zutaten hineingeben und auf mittlerer Flamme unbedeckt kochen, bis die meiste Flüssigkeit verkocht ist und das Chutney die Konsistenz von Marmelade annimmt. Dieses Chutney passt gut zu Snacks wie *kathmir vadas, dahi vadas* und *urad dal kachoris.*

Zubereitungs- und Kochzeit: 35 Min.

Aam chatni

Mangochutney

Wussten Sie schon, dass der Geschmack einer grünen, unreifen Mango dem einer reifen rot-bunten Mango Konkurrenz machen kann? Oft ist das Fleisch unter der Haut einer grünen Mango orangefarben. Durch Hinzugabe des Zuckers erhält das Chutney einen süß-sauren Geschmack

1 große grüne Mango
1 frischer Chili
½ TL geriebener frischer Ingwer
1 TL Salz
1 TL Zucker (kann entfallen)
2 EL frische Minzblätter

Die Mango schälen, das Fleisch in Streifen abschneiden und den Stein sauber abschaben. Das Fruchtfleisch zerhacken und zusammen mit den anderen Zutaten in einem Mixer (oder mit Mörser und Stößel) pürieren, so dass ein dickflüssiger Brei entsteht. In kleinen Schälchen als Beilage zu einer Mahlzeit servieren.

Zubereitungszeit: 15 Min.

Alu narial raita

Kartoffelsalat mit Kokosnuss

Dieser raita*, der aus gekochten Kartoffeln, Kokosraspeln und gewürztem Joghurt besteht, passt zu jeder Mahlzeit.*

Kartoffeln enthalten reichlich B-Vitamine, Vitamin C sowie verschiedene Minerale und Proteine. Verwenden Sie keine Kartoffeln mit grüner Schale (sie sind oft bitter) und keine gekeimten Kartoffeln (sie sind meistens wässrig).

6 mittelgroße Kartoffeln
450 g Naturjoghurt
2 TL Salz
100 g Kokosraspeln
1 EL Ghee
1 TL schwarze Senfkörner
1 EL geriebener frischer Ingwer
1 frischer Chili, kleingeschnitten
2 feste, reife Tomaten, gewaschen und geachtelt
einige Stängel Petersilie

Die Kartoffeln weichkochen, schälen, würfeln, in eine Schüssel geben und in den Kühlschrank stellen.

Das Salz und die Kokosraspeln in den Joghurt einrühren. Das Ghee in einem kleinen Topf erhitzen und die Senfkörner hineingeben. Den Topf sofort abdecken, damit sie sich nicht über den ganzen Herd ausbreiten. Wenn die Senfkörner aufhören zu springen, den Ingwer und die Chilistücke hinzufügen und einige Sekunden unter Rühren andünsten. Diese *chaunk* in die Schüssel mit Joghurt rühren, die Kartoffeln beimengen und durchrütteln, so dass die Kartoffeln von einer gleichmäßigen Schicht Joghurt und Gewürzen bedeckt sind.

Mit einem Stängel Petersilie und ein paar Tomatenachteln garnieren und gekühlt servieren.

Zubereitungs- und Kochzeit: 30 Min.

Rechts: *Alu narial raita*

Kakri raita

Gurkensalat in Joghurt

Laut Hari Caran dasa, Chefkoch unseres Restaurants „Gopal“ in Auckland, Neuseeland, sind die besten Gurken 25 cm lang, fest, hellgrün und glänzend. Wenn die Schale zäh ist, können Sie sie abschälen oder der Länge nach mit einer Gabel einritzen: wenn die Samen groß sind, lohnt sich die Mühe, sie zu entfernen.

½ TL Kreuzkümmelsamen
2 mittelgroße Gurken
250 g Naturjoghurt
½ TL *garam masala*
½ TL Salz
¼ TL gem. schwarzer Pfeffer
2 Prisen Asafötida (kann entfallen)

Die Kreuzkümmelsamen in der Pfanne rösten und zu Pulver zermahlen. Die Gurken schälen und durch die großen Löcher einer Metallreibe raspeln. Die überschüssige Flüssigkeit herauspressen und die Gurken mit den anderen Zutaten in einer Schüssel vermischen. Gekühlt servieren.

Zubereitungszeit: 15 Min.

Palak ka raita

Spinatsalat in Joghurt

Jede Art Spinat oder spinatähnliches Blattgemüse kann für palak ka raita *verwendet werden. Rippenmangold und Schnittmangold sehen ähnlich aus wie Spinat, haben aber nicht dessen ausgeprägten Geschmack. Sie gedeihen den ganzen Sommer und Herbst hindurch problemlos im eigenen Garten.*

450 g frischer Spinat
400 g Naturjoghurt
1 TL Kreuzkümmelsamen, geröstet und gemahlen
½ TL *garam masala*
¼ TL gem. schwarzer Pfeffer
1 TL Salz

Die Stängel von den Spinatblättern entfernen und den Spinat mehrmals in frischem Wasser waschen. Die Blätter einige Sekunden in kochendem Wasser blanchieren, so dass sie schlaff werden, dann abtropfen lassen, das überschüssige Wasser auspressen und die Blätter grob zerhacken.

Den Joghurt mit dem Spinat und den übrigen Zutaten in eine große Schüssel geben und mit einer Gabel vermischen. *Palak ka raita* schmeckt besonders gut mit *puris* oder als erfrischende Beilage zu einem opulenten Mahl.

Zubereitungs- und Kochzeit: 20 Min.

Bundi raita

Kichererbsenmehlperlen in würzigem Joghurt

100 g Kichererbsenmehl
3 TL Salz
4 EL kaltes Wasser
250 ml warmes Wasser
500 g Naturjoghurt
½ TL gem. Kreuzkümmel
2 Prisen Cayennepfeffer
Ghee zum Frittieren
¼ TL Paprika
2 EL feingehackte frische Koriander- oder Petersilienblätter

Das Kichererbsenmehl in eine große Schüssel sieben und ½ Teelöffel Salz dazugeben. Langsam das kalte Wasser hinzugießen, dabei ständig umrühren, bis sich ein dickflüssiger, glatter Teig gebildet hat. Beiseite stellen. 2 Teelöffel Salz in dem warmen Wasser auflösen und ebenfalls beiseite stellen. Den Joghurt zusammen mit dem übrigen halben Teelöffel Salz, dem gemahlenen Kreuzkümmel (bis auf einen kleinen Rest zum Garnieren) und dem Cayennepfeffer in eine Schüssel geben. Gut verrühren und in den Kühlschrank stellen.

Das Ghee zum Frittieren auf mittlerer Flamme erhitzen. Das Ghee ist heiß genug, wenn ein Tropfen Teig, den Sie ins Ghee fallen lassen, sofort zischend zur Oberfläche steigt. Halten Sie über das Ghee ein Durchschlagsieb mit großen Löchern (3 mm Durchmesser). Mit Hilfe eines Pfannenwenders einige Löffel Teig durch die Löcher pressen, bis die Oberfläche des Ghee mit Teigtropfen bedeckt ist. Die *bundis* sollten langsam garen, so dass sie nach etwa 5 Minuten goldgelb sind. Warten Sie nicht, bis sie braun werden. Geben Sie sie nun ins Salzwasser. Den ganzen Teig zu *bundis* verarbeiten und diese 20 Minuten einweichen lassen.

Kurz vor dem Servieren die *bundis* aus dem Wasser nehmen und zwischen den Handflächen behutsam das überschüssige Wasser auspressen. Geben Sie acht, dass Sie sie nicht zerdrücken. Den größten Teil der *bundis* unter den Joghurt mengen, den Rest zum Garnieren verwenden. Den gemahlenen Kreuzkümmel, den Paprika und die feingehackten Korianderblätter darüberstreuen. Gekühlt servieren.

Zubereitungs- und Kochzeit: 30 Min.

Kela raita

Bananenscheiben in Joghurtsoße

Dieses Rezept stammt aus dem Back to Godhead, *dem Monatsmagazin der Hare-Krishna-Bewegung, und zwar aus der Rubrik „Lord Krishna's Cuisine" von Yamuna dasi, die zu den besten Köchen der Hare-Krishna-Bewegung zählt. Dies ist ihr Lieblingsrezept für* raita.

4 kleine, feste, reife Bananen
400 g Naturjoghurt
1 TL Salz
2 EL gehackte frische Minzblätter
2 EL Ghee oder Pflanzenöl
2 TL schwarze Senfkörner
1 frischer Chili, entkernt und kleingehackt

Die Bananen schälen, in 3 mm dicke, schräge Scheiben schneiden und beiseitestellen. Den Joghurt, das Salz und die gehackten Minzblätter in einer Schüssel verrühren, dann die Bananenscheiben untermengen.

Das Ghee bzw. Pflanzenöl auf mittlerer Flamme in einem kleinen Topf erhitzen. Wenn es heiß ist, die Senfkörner hineingeben und den Topf zudecken. Wenn die Senfkörner aufhören zu knacken und zu springen, den Topf von der Flamme nehmen, die Chilistücke hineinwerfen und den Topf schwenken, um die Zutaten zu vermischen. Die Gewürzmischung in den Joghurt mit den Bananen kippen, gut durchmischen und bedecken. Mindestens 1 Stunde vor dem Servieren in den Kühlschrank stellen.

Zubereitungs- und Kochzeit: 10 Min.
Kühlzeit: 1 Std.

Süßspeisen

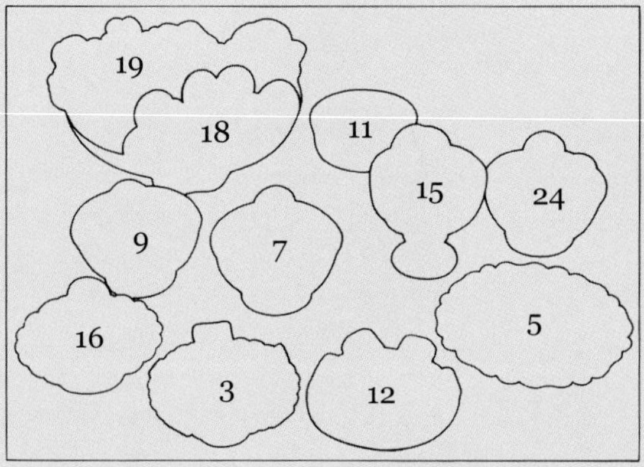
19
18
11
15
24
9
7
16
5
3
12

Die Rezepte dieses Kapitels sind nur eine kleine Auswahl der buchstäblich tausenderlei Süßspeisen und Milchsüßigkeiten, die aus Indien kommen, insbesondere aus Westbengalen, der „Heimat der Süßigkeiten“. Einige Transzendentalisten vermeiden Süßspeisen um jeden Preis, da sie befürchten, ihre Sinne könnten zu sehr erregt werden und sie könnten auf ihrem spirituellen Pfad zu Fall kommen. Geweihte Krishnas jedoch genießen alles, was Krishna geopfert wurde, auch Süßspeisen, und erfahren so die unbegreifliche Gnade Gottes. Srila Prabhupada legte allerdings immer großen Wert auf Mäßigung bei allem, was ein Gottgeweihter tut. Obwohl sich die Gottgeweihten gesund ernähren und indische Süßigkeiten gewöhnlich aus bekömmlichen Zutaten zubereitet werden, empfahl Srila Prabhupada daher den Gottgeweihten – um Gefahren auf dem „rasierklingengleichen“ Pfad des spirituellen Lebens aus dem Wege zu gehen –, unter der Woche nur sehr wenig Süßigkeiten zu essen (und sie lieber für Tempelgäste aufzuheben), um sich dann vollen Herzens am sonntäglichen Festmahl zu laben.

Indische Süßspeisen werden im Allgemeinen aus Milchprodukten, frischen Früchten, Vollkornmehl, Kichererbsenmehl und Nüssen zubereitet. Wenn Sie keinen Kristallzucker verwenden möchten, können Sie unraffinierten Zucker oder milden Honig verwenden. Interessanterweise wurde raffinierter Zucker in Indien erst während der Mogulperiode eingeführt – vorher kannte man ihn in der vedischen Küche gar nicht. Anstelle dessen wurde Rohzucker, wie zum Beispiel *gur* (Rohrzucker) und *jaggery* (Palmzucker), benutzt. Beides sind hervorragende Süßstoffe, und es lohnt sich, etwas davon zu kaufen, um ihre Aromen kennenzulernen. Gemäß dem Ayurveda ist Honig eines der besten Süßmittel, entwickelt jedoch Giftstoffe, wenn man ihn kocht. Vermeiden Sie es also, Honig zum Backen oder Kochen zu verwenden (Sie können ihn stattdessen in eine sehr heiße, jedoch nicht kochende Flüssigkeit einrühren). Andere Süßstoffe, wie Reissirup, Gerstenmalz und sogar Ahornsirup, können ebenfalls benutzt werden. Wenn Sie alternative Süßstoffe verwenden, müssen Sie jedoch ein wenig mit den Mengen herumexperimentieren, denn aufgrund der unterschiedlichen Süßkraft variieren die Maße, ähnlich wie beim Mehl, von einer Zuckersorte zur anderen. Im Allgemeinen entspricht ein Teil Kristallzucker einem Teil gepresstem braunen Zucker oder ½ bis ¾ Teilen Honig.

Von allen indischen Süßspeisen sind die Milchsüßigkeiten am köstlichsten. Und Sie können sie nach bewährten, traditionellen Rezepten in großer Vielfalt herstellen. Auf hoher Flamme heruntergekochte Milch ergibt *khir*, *burfi* oder *misthi dahi*. Frischkäse mit Zucker ergibt *sandesh* oder *rasgulla*. Abgehangener Joghurt mit Aromastoffen ergibt ein herrlich cremiges Dessert, *shrikhand*. Frittierte Milchpulverbällchen, einlegt in dickem Sirup, ergeben eine der delikatesten Süßigkeiten, die die Welt aufzuweisen hat – *gulab jamuns*.

Eine andere Gruppe von Süßigkeiten, zu der unter anderem auch *dvaraka burfi, luglu* und *laddu* gehören, wird aus geröstetem Kichererbsenmehl und getrockneten Früchten gemacht. Sie können sie in großer Menge herstellen und tagelang aufbewahren. Außerdem gibt es die verschiedensten Sorten *halava*, die jedoch nichts mit der gleichnamigen türkischen Süßspeise zu tun haben, sondern aus frischen Früchten, Haselnüssen, Karotten oder Grieß oder aus Kombinationen dieser Zutaten hergestellt werden.

Khir

Nektarreis

Srila Prabhupada lehrte uns, dass ein Festmahl ohne Nektarreis kein wahres Festmahl sei. Aus diesem Grunde bleiben die Chefköche unserer Zentren am Samstagabend oft spät auf, um den Nektarreis für das Sonntagsfest zu kochen. Es gibt zwar viele verschiedene Arten der Zubereitung, aber das vorliegende Rezept ist das traditionelle und außerdem ein sehr beliebtes.

50 g weißer Rundkornreis
2,3 l Vollmilch
½ TL gem. Kardamomsamen
2 Lorbeerblätter
100 g Zucker
2 EL Mandelblättchen, leicht geröstet

Den Reis waschen und zum Abtropfen beiseitestellen. In einem großen Topf, der mindestens das doppelte Volumen der Milch fasst, die Milch zum Kochen bringen und die Flamme so einstellen, dass die Milch ständig hochsteigt und schäumt, aber nicht überkocht. Um die Kochzeit zu verkürzen, sollte die Milch in den ersten 15 Minuten ohne Deckel heftig kochen; währenddessen mit einem Pfannenwender regelmäßig umrühren, um die dickflüssige Milch am Boden vor dem Anbrennen zu bewahren,

Den Reis zusammen mit den Lorbeerblättern in die Milch geben und für weitere 20 Minuten unter sorgfältigem Rühren auf mittlerer Flamme kochen lassen, bis der Reis zerfällt und mit der kochenden Milch aufwallt. Die Milch sollte inzwischen auf zwei Drittel heruntergekocht sein. Jetzt den Zucker, die Mandeln und die gemahlenen Kardamomsamen hineinrühren und nochmals 5 Minuten kochen lassen; dann den Topf vom Feuer nehmen. Nektarreis sollte nur leicht dickflüssig sein, wenn er vom Herd genommen wird, da er im Kühlschrank noch nachdickt. Vor dem Servieren kaltstellen – je kälter der Nektarreis, desto besser schmeckt er.

Um andere klassische Aromen zu erreichen, können Sie statt des gemahlenen Kardamoms auch einen Teelöffel Rosenwasser und einige Prisen Safranpulver hineingeben oder auch nur mit Lorbeerblättern würzen und am Ende eine verschwindend kleine Prise echten Kampfer hinzufügen.

Zubereitungs- und Kochzeit: 1 Std. 15 Min.
Kühlzeit: 2 Std.

Shrikhand

Cremiges Joghurtdessert

Diese köstliche Süßspeise – leicht zuzubereiten, gelingt garantiert – ergibt, zusammen mit puris *serviert, das vollendete Dessert, ob gekühlt oder ungekühlt. Sie können* shrikhand *auch in Kompottschüsselchen abfüllen und ins Gefrierfach stellen – eine besondere Delikatesse.*

1,5 kg Joghurt
250 g Puderzucker
¼ TL Safranpulver oder 5 Safranfäden

Den Joghurt in zweilagigem Käsetuch über einer Schüssel aufhängen, so dass das Tropfwasser aufgefangen wird. Über Nacht oder mindestens 5 Stunden abtropfen lassen, dann die Joghurtcreme in eine Schüssel schaben. Der abgetropfte Joghurt sollte dick und cremig sein und die Hälfte der ursprünglichen Menge ergeben. Nun den Puderzucker und den Safran in den Joghurt geben und mit einem Schneebesen durchschlagen. Falls Sie Safranfäden verwenden, so weichen Sie sie zunächst in etwas Rosenwasser ein.

Sie können *shrikhand* auch mit 50 g zerdrückten Beeren, zerstoßenen Pistazien, einigen Tropfen Rosenwasser oder Ghee oder einem Teelöffel feingeriebener Orangen- oder Zitronenschale aromatisieren.

Abhängezeit: über Nacht oder mindestens 5 Std.
Zubereitungszeit: 10 Min.

Burfi

Milchtoffees

Diese Milchsüßigkeit, die in unseren Tempeln niemals auf Krishnas morgendlichem Opferteller fehlt, ist nichts anderes als Milch, die auf hoher Flamme so lange heruntergekocht wird, bis schließlich eine dicke Paste übrigbleibt. Nachdem die Paste dann gesüßt wurde, lässt man sie erstarren.

Um den burfi *noch reichhaltiger zu machen, können sie anstatt Butter und Milch eine Mischung aus zwei Teilen Sahne und einem Teil Milch verwenden.*

2 l Vollmilch
200 g Zucker
2 EL Butter

Die Milch in einen weiten Topf aus Gusseisen oder Edelstahl mit schwerem Boden schütten und auf höchster Flamme aufsetzen. Wenn die Milch zu steigen beginnt, die Flamme niedriger stellen, so dass die Milch beständig kocht, ohne zu steigen. Rühren Sie regelmäßig und gleichmäßig um, damit die Milch nicht am Topfboden ansetzt. Je dicker die Milch wird, desto öfter müssen Sie rühren. Verwenden Sie einen breiten Holzspatel, um am Boden des Topfes entlangzuschaben. Entweder stellen Sie die Flamme niedriger und rühren mäßig, oder Sie rühren heftig auf höherer Flamme. Rühren müssen Sie aber auf jeden Fall, damit die Milch nicht anbrennt.

Wenn die Milch zur Paste wird und der Spatel kurzweilig eine Spur hinterlässt, den Zucker und die Butter hinzufügen. Weiterkochen und rühren, bis der *burfi* sehr zähflüssig und klebrig wird. Lassen Sie die Milch so lange kochen, bis Sie denken, die Milch könne nicht weiter herunterkochen. Dann lassen Sie sie noch einige Minuten länger kochen. *Burfi* ist an sich schon sehr wohlschmeckend, aber wenn Sie die Geschmacksrichtung variieren möchten, können Sie jetzt Aromazusätze beimengen: kleingehackte Nüsse, Vanillekonzentrat, geröstete Kokosnuss, gemahlenen Kardamom – dies alles sind typische Geschmacksstoffe für *burfi*.

Nun den *burfi* auf einem eingefetteten Tablett ausstreichen. Wenn er kühl genug zum Anfassen ist, formen Sie ihn zu einer 2,5 cm dicken, rechteckigen Schicht. Wenn der *burfi* fest genug ist, um seine Form zu halten, können Sie ihn in Stücke schneiden.

Zubereitungs- und Kochzeit: 45 Min. bis 1 Std.

Misthi dahi

Süßer Kondensjoghurt

Mit seinem Diorama-Museum, seinem Tempelraum im indischen Stil, seinen spektakulären Parkanlagen und seiner stilvollen Architektur gewährt das Bhaktivedanta-Kulturzentrum (die ehemalige „Fisher-Villa“) in Detroit dem Besucher einen ersten Einblick in die Schönheit des Krishna-Bewusstseins und ist nun eine der touristischen Hauptattraktionen in Michigan. Der misthi dahi *von Mukhya dasi, der langjährigen Chefköchin des Tempels, ist eine der Spezialitäten im „Govinda's“, dem Restaurant des Zentrums.*

3 l Vollmilch
100 g Zucker
1 TL Safranfäden, zerbröselt
50 g Naturjoghurt

Die Milch herunterkochen wie in dem Rezept für *burfi* (siehe Beschreibung S. 249), bis sie auf die Hälfte reduziert ist, dann die kondensierte Milch in eine kleinere Metallschüssel oder ein Steingutgefäß umfüllen. Die Milch durchseihen, um jegliche Klumpen auszusondern, dann abkühlen lassen, bis die Temperatur auf 45 Grad herabsinkt. Mukhya benutzt nie ein Thermometer, wenn sie *misthi dahi* macht. Sie weiß, dass die Milch fertig ist, wenn sie den kleinen Finger hineinhalten kann, ohne ihn sich zu verbrennen, und zwar gerade lange genug, um das Hare-Krishna-Mantra zu sprechen: Hare Krishna, Hare Krishna, Krishna Krishna, Hare Hare/Hare Rama, Hare Rama, Rama Rama, Hare Hare.

Jetzt die Hautschicht von der Milchoberfläche abschöpfen. Den Zucker, den Safran und den Joghurt in die Milch hineinrühren. Den Behälter verschließen und an einem ruhigen Platz in der Nähe einer Wärmequelle abstellen, damit sich die Temperatur hält. Der *misthi dahi* sollte nach 4 bis 6 Stunden fest sein. Stellen Sie ihn nun in den Kühlschrank.

Misthi dahi gekühlt und mit etwas geriebener Muskatnuss besprenkelt servieren.

Zubereitungs- und Kochzeit: 45 Min.

Links: *Misthi dahi*

Sandesh

Indisches Käsedessert

Auf Krishnas frühmorgendlichem Opferteller ist stets auch sandesh *dabei. Das hier abgedruckte Grundrezept für* sandesh *ist an sich bereits eine Delikatesse; aber wenn Sie möchten, können Sie Geschmacksstoffe hinzugeben oder auch verschiedene Formen daraus pressen.*

550 g *paneer*
150 g Zucker

Die Milch zum Gerinnen bringen und den *paneer* nach der Beschreibung auf Seite 88 gewinnen, dann unter fließend kaltem Wasser abspülen und das überschüssige Wasser durch mehrmaliges festes Ausdrücken des Käsetuches herauspressen. Den *paneer* 45 Minuten abhängen oder 20 Minuten mit einem Gewicht beschweren, so dass er einigermaßen trocken wird. Den fertigen *paneer* auf einer sauberen Arbeitsfläche kräftig durchkneten, bis er seine bröselige Konsistenz verliert und zu einem weichen Teig ohne Klumpen wird. Je weicher der Teig, desto besser der *sandesh*.

Den Teig in zwei Hälften teilen. In die eine Hälfte die halbe Volumenmenge Zucker hineinkneten und in einer Bratpfanne auf niedriger Flamme erhitzen, dabei ständig mit einem Holzlöffel umrühren. Die feste *sandesh*-Masse wird zunächst weich werden, um sich dann wieder zu verfestigen. Wenn sie wieder fest wird und sich vom Boden der Pfanne zu lösen beginnt (was nach 4 bis 6 Minuten der Fall sein sollte), die Pfanne von der Flamme nehmen. Der *sandesh* sollte nicht zu lange rösten, sonst wird er trocken und bröselig.

Zum Schluss den gerösteten und ungerösteten *paneer* (sowie eventuell einen natürlichen Aroma- oder Farbstoff) miteinander verkneten und zu einer 2,5 cm dicken Schicht formen. Abkühlen lassen und in Quadrate schneiden.

Bei einer anderen traditionellen Art, *sandesh* zuzubereiten, wird der Teig mit ein paar Tropfen roter oder grüner Lebensmittelfarbe verknetet und in 5 cm lange Rechtecke geschnitten. Sie können diesen *sandesh* auch mit gerösteten oder ungerösteten Kokosraspeln bestreuen.

Zubereitungs- und Kochzeit: 40 Min.

Kasturi sandesh

Exquisites indisches Käsedessert

Unsere Farm „Gita-nagari" in Port Royal in Pennsylvania hat von der Molkereigenossenschaft bereits mehrere Preise für die beste Herde Schweizer Braunviehs im Bundesstaat erhalten. Beim Festbankett der Molkereimesse steht der Hare-Krishna-Ausstellungsstand mit Milchsüßigkeiten wie diesem herrlich aromatischen sandesh, *der manchmal auch* „sandesh royal" *genannt wird, immer im Rampenlicht.*

550 g *paneer*
150 g Zucker
1 ½ TL gem. Kardamomsamen
3 Prisen Safranpulver
2 EL geriebene Pistazien
1 TL Rosenwasser
1 kleine rote Rose (kann entfallen)

Das Grundrezept für *kasturi sandesh* gleicht dem vorhergehenden Rezept. Während des Knetens die gemahlenen Kardamomsamen und das Safranpulver als Aromastoffe hineingeben. Mit einer Gabel die Oberfläche leicht einritzen. Rosenwasser darübersprengen, mit den geriebenen Pistazien bestreuen und diese mit den Händen leicht hineindrücken.

Den abgekühlten *sandesh* in Quadrate oder Rechtecke schneiden und nach Wunsch mit einem Rosenblatt garnieren.

Zubereitungs- und Kochzeit: 40 Min.

Rasgulla

Gekochte Käsebällchen in Rosenaromasirup

Dies ist eine der Milchsüßspeisen, denen Bengalen seinen Weltruhm als die Heimat der Süßigkeiten verdankt. Weichen Sie die gekochten Käsebällchen 4 Stunden bis 2 Tage in dem Sirup ein. Srila Prabhupada sagte einmal, das Gütezeichen eines rasgulla *sei, dass er beim Hineinbeißen einen quietschenden Ton von sich gebe.*

300 g *paneer*
750 ml Wasser
300 g Zucker
1 EL Rosenwasser

Falls Sie bei der *paneer*-Gewinnung unbehandelte Milch verwenden, müssen Sie den größten Teil des Rahms abschöpfen. Wenn der *paneer* zu ölig ist, können die Bällchen während des Kochens auseinanderfallen. Hängen Sie den frischen *paneer* ab oder beschweren Sie ihn mit einem Gewicht, bis er einigermaßen trocken ist. Ein Rest Feuchtigkeit sollte jedoch erhalten bleiben.

Den *paneer* auf einer sauberen Arbeitsfläche zerbröseln und mit kräftigen Vorwärtsbewegungen der Handballen gut durchkneten, bis er glatt und weich wird und die Hände sich fettig anfühlen. Dann walnussgroße Stücke abbrechen und zu Bällchen formen, die vollkommen glatt und rund sein müssen und keine Risse aufweisen dürfen.

Nun einen Sirup ansetzen; hierzu das Wasser und den Zucker in einem mittelgroßen Topf für 5 Minuten kochen. Die Hälfte des Sirups in eine Schüssel gießen, das Rosenwasser hinzufügen und abkühlen lassen. Den Topf mit der anderen Hälfte des Sirups wieder auf die Flamme setzen und vorsichtig die Bällchen hineinlegen. Es muss genug Platz bleiben, dass sie aufquellen können – sie werden fast doppelt so groß. Die Flamme so einstellen, dass der Sirup leicht vor sich hin kocht. Den Topf schließen und 10 Minuten kochen lassen, bis die *paneer*-Bällchen aufquellen. Während des Kochens ein oder zwei Mal kaltes Wasser auf die Bällchen sprengen – dadurch werden sie schwammig und blass. Nun die Bällchen behutsam einzeln mit einem Löffel in den kalten Sirup geben und kaltstellen.

Jedem Gast 2 oder 3 *rasgullas* mit etwas Sirup reichen.

Zubereitungs- und Kochzeit: 45 Min.
Einweichzeit: mindestens 4 Std.

Ras malai

Käsebällchen in Sahnesoße

Ras malai *ist das opulenteste Mitglied der* rasgulla-*Familie und eine der auserlesensten indischen Süßspeisen. Eine durchschnittliche Portion besteht aus zwei oder drei Bällchen mit etwas Sahnesoße.*

- 300 g *paneer*
- 425 g Zucker
- 2 TL gem. Pistazien
- 2 TL gem. Mandeln
- 1,2 l Milch
- 4 EL Sahne
- 3 oder 4 Tropfen Mandelaroma
- 600 ml Wasser

Die Käsebällchen nach dem Rezept für *rasgulla* zubereiten, dann eine Mischung aus je einem Teelöffel Zucker, gemahlenen Pistazien und gemahlenen Mandeln herstellen. In der Mitte eines jeden Käsebällchens eine Vertiefung hineindrücken und eine kleine Menge der Mischung hineingeben. Den gefüllten Käseball wieder schließen und zwischen den Händen glattrollen. (Wenn Sie möchten, können Sie die Füllung auch weglassen.)

Das Wasser mit 350 g Zucker in einem Topf vermischen und 15 Minuten kochen lassen, dann eine Tasse Wasser hinzufügen, die Hitze reduzieren und die Käsebällchen in den Sirup legen. Den Topf schließen und den Sirup leicht kochen lassen. Nach 10 Minuten den Deckel abnehmen und weitere 10 Minuten kochen lassen. Die Bällchen werden zu fast doppelter Größe aufquellen.

Um festzustellen, ob die Käsebällchen gar sind, können Sie eines mit dem Finger antupfen. Wenn es sich weich anfühlt, sind sie fertig. Den Topf vom Feuer stellen, die Bällchen aus dem Sirup nehmen und für mindestens 30 Minuten in der Milch einweichen; danach wieder herausnehmen und beiseitestellen.

Die Milch auf hoher Flamme kochen, dabei ständig umrühren, bis sie etwa auf zwei Drittel der ursprünglichen Menge heruntergekocht ist. Nun die Sahne und den restlichen Zucker hinzufügen, das Ganze zum Kochen bringen und dann über die Käsebällchen gießen. Zum Schluss mit Mandelaroma beträufeln und die gemahlenen Nüsse darübersprenkeln. Warm oder gekühlt servieren.

Zubereitungs- und Kochzeit: 1 Std. 15 Min.
Einweichzeit: 30 Min.

Suji ka halava

Indische Grießspeise

Wenn die Gottgeweihten auf den Straßen rund um die Welt den heiligen Namen des Herrn chanten, verteilen sie oft kostenlos halava *an die Passanten. Häufig findet das* halava *so großen Anklang, dass sie nach dem Rezept gefragt werden.*

1 l Wasser oder Milch, oder eine Mischung aus Sahne und Milch
280 g Zucker
10 Safranfäden (kann entfallen)
½ TL geriebene Muskatnuss
40 g Rosinen
250 g Butter
280 g Mais- oder Hartweizengrieß
40 g gehackte Hasel- oder Walnüsse

Das Wasser (bzw. die Milch) mit dem Zucker, dem Safran und dem Muskat für 1 Minute in einem Topf kochen. Die Rosinen hinzugeben, die Hitze verringern und köcheln lassen.

Die Butter in einer Kasserolle auf mittlerer bis niedriger Flamme schmelzen, den Grieß hinzufügen und mit einem hölzernen Kochlöffel für 10 bis 15 Minuten konstant umrühren, bis der Grieß goldbraun ist und die Butter wieder aus dem Grieß heraustritt. Die Hitze reduzieren und langsam mit einer Hand die gesüßte Flüssigkeit in den Grieß gießen, dabei mit der anderen Hand umrühren. Achtung! Die Mischung wird Blasen werfen und spritzen, wenn die Flüssigkeit auf den heißen Grieß trifft. Kurz und energisch umrühren, um alle Klümpchen zu zerdrücken. Nun die Nüsse dazugeben, den Topf zudecken und 2 bis 3 Minuten sieden lassen, bis der Grieß alle Flüssigkeit absorbiert hat. Zum Schluss den *halava* mit ein paar schnellen Schlägen durchrühren, um ihn aufzulockern. Heiß oder auf Zimmertemperatur abgekühlt servieren.

Zubereitungs- und Kochzeit: 25 Min.

Bhuni hui chinni ka halava

Indische Grießspeise mit Karamellgeschmack

Dieser reichhaltige halava *mit Karamellgeschmack, der mit Milch zubereitet und dampfend heiß serviert wird, ist ein unwiderstehliches Dessert. Auch wenn Sie noch so viel gegessen haben, irgendwie ist am Ende immer noch genug Platz für ein oder zwei Portionen Karamell-*halava.

1 l Milch
280 g brauner Zucker
250 g Butter
40 g Rosinen
280 g Mais- oder Hartweizengrieß
2 ½ TL geriebene Orangenschale und der Saft einer Orange

Die Milch in einem Topf auf mittlerer Flamme zum Kochen bringen; dann den Zucker bei mittlerer bis niedriger Flamme in einer mittelgroßen Kasserolle schmelzen, dabei ständig mit einem hölzernen Kochlöffel umrühren, damit der Zucker nicht anbrennt. Sobald der geschmolzene Zucker hellbraun wird, die Hitze reduzieren und langsam die heiße Milch hinzugießen. Der Zucker wird auf der Stelle kristallisieren. Einige der Kristalle zerstoßen, umrühren und auf niedriger Flamme sieden lassen, so dass sich die Kristalle auflösen können.

Den zuerst benutzten Topf auswaschen und die Butter auf kleiner Flamme erhitzen. Den Grieß für etwa 15 Minuten unter Rühren in der Butter rösten, bis er leicht bräunlich wird; nun die Flamme auf kleinste Stufe stellen. Die Rosinen, die geriebene Orangenschale und den Orangensaft zu der Karamellmilch hinzufügen und diese Mischung langsam in den Grieß kippen. Ein- oder zweimal umrühren, um jegliche Klumpen zu zerstoßen. Den Topf gut verschließen und auf gleicher Flamme für einige Minuten weiterköcheln lassen, bis der Grieß alle Flüssigkeit absorbiert hat. Den Deckel abnehmen und mehrmals umrühren, um den *halava* aufzulockern und die Rosinen gleichmäßig zu verteilen.

Zubereitungs- und Kochzeit: 30 Min.

Gajar halava

Süßes Karottendessert

Diese Süßspeise ist in Nordindien sehr populär. Es ist wichtig, die Karotten sorgfältig zu raspeln. Die Stücke sollten fein und so lang wie möglich sein. Gajar halava *kann auch ohne Milch zubereitet werden. Geben Sie einfach etwas Butter dazu und lassen Sie den* halava *einkochen, bis er die Konsistenz von Marmelade annimmt.*

900 g frische Karotten
180 g Butter
600 ml Milch
300 g Zucker
3 EL Rosinen
3 EL Mandelblättchen, leicht angeröstet
½ TL gem. Kardamom

Die Karotten waschen, abschaben und mit der feinen Seite einer Metallreibe raspeln. Die Hälfte der Butter in einem Topf schmelzen und die geraspelten Karotten hineingeben. Auf mittlerer Flamme unbedeckt 10 Minuten kochen lassen, dabei häufig umrühren, so dass die Karotten gleichmäßig garen und nicht anbrennen. Jetzt die Milch, den Zucker, die Rosinen, die Mandeln und die restliche Butter hinzufügen und abermals 15 bis 20 Minuten kochen, bis der *halava* eindickt und eine einheitliche Masse bildet.

Den *halava* auf einen Servierteller stürzen. Sobald er kühl genug zum Anfassen ist, aus der Masse eine runde, 2,5 cm dicke Schicht formen. Mit dem gemahlenen Kardamom garnieren und für 30 Minuten in den Kühlschrank stellen. In Stücke schneiden und als Nachspeise oder Imbiss servieren.

Zubereitungs- und Kochzeit: 50 Min.
Kühlzeit: 30 Min.

Badam aur pista ka halava

Indischer Nougat

Achten Sie darauf, diesen halava *bis zu erforderlichen Konsistenz herunterzukochen, so dass er beim Abkühlen fest wird. Ein noch reichhaltigerer* halava *ergibt sich, wenn Sie die Milch durch Sahne ersetzen und Cashewkerne oder Pistazien verwenden.*

250 g gem. Haselnüsse oder Mandeln
250 g brauner Zucker
300 ml Vollmilch

Zunächst die drei Zutaten in einem Topf vermischen und auf mittlerer Flamme erhitzen. Die Hitze so regulieren, dass die Mischung etwa 15 Minuten leicht vor sich hin kocht. Zu Beginn gelegentlich umrühren, dann umso öfter umrühren, je mehr die Mischung eindickt. Es kann sein, dass Sie die Flamme kleiner stellen müssen, wenn die Milch allmählich verkocht.

Wenn die Mischung eine einheitliche Masse bildet und sich vom Boden des Topfes löst, gibt man sie zum Abkühlen auf ein eingefettetes Blech oder Tablett. (Wenn der *halava* noch heiß ist, können Sie ihn auch als Garnierung auf einem Kuchen verwenden.) Die Hände anfeuchten und den *halava* zu einem 2,5 cm dicken Rechteck formen. Wenn er fest genug ist, den *halava* in Stücke schneiden und jedes Stück mit einem halben gerösteten Cashewkern garnieren.

Die geschnittenen Stücke vorsichtig mit einem dünnen Pfannenwender vom Blech nehmen und zum Servieren auf einem Teller anrichten.

Zubereitungs- und Kochzeit: 30 Min.

Phal ka halava

Fruchtschnitten

Die einfache Methode, saftige Früchte und Zucker zu kochen, bis alle Flüssigkeit verdampft und die Mischung dick genug ist, um zu einer festen Form zu erstarren, ist in Indien seit Jahrtausenden bekannt. Phal ka halava *ist eine Delikatesse, die in großen Mengen zubereitet werden kann. Im Kühlschrank ist er für mehrere Tage haltbar. Kinder haben eine besonders große Schwäche für Frucht-*halava. *Sie können auch aus reifen Birnen, Mangos oder anderen saftigen Früchten* halava *machen.*

10 mittelgroße Äpfel, geschält, vom Kerngehäuse befreit und in Stücke geschnitten
3 EL Butter
300 g Zucker
150 g Rosinen
3 EL Mandelblättchen

Die Butter in einem Topf erhitzen und die Äpfel für 4 bis 5 Minuten unter häufigem Rühren anbraten. Wenn sie weich und braun sind, 2 Esslöffel Wasser dazugeben, die Hitze reduzieren und unbedeckt für weitere 15 Minuten kochen lassen, bis die Äpfel zerfallen und eindicken. Die Apfelstückchen mit einem Kochlöffel zerdrücken und oft umrühren, um ein Ansetzen zu verhindern. Nun den Zucker hinzugeben und unter Rühren weiterkochen, bis die Mischung anfängt, eine einheitliche Masse zu bilden, und sich vom Topfboden löst. Die Flamme auf mittlere Stufe hochstellen und ununterbrochen rühren, damit die Flüssigkeit restlos verdampft. Wenn es schwierig wird, den Kochlöffel zu bewegen und die Mischung an den Rändern glasig wird, den Topf von der Flamme nehmen. Die Rosinen und die Mandelblättchen einrühren und noch 2 Minuten weiterkochen, dann den Topf wieder von der Flamme nehmen.

Den *halava* auf ein Tablett stürzen und zu einem 2,5 cm dicken Rechteck formen. Abkühlen lassen und in Stücke schneiden.

Zubereitungs- und Kochzeit: 50 Min. bis 1 Std.

Rechts: *Khir sevian* (S. 262)
Bhuni hui chinni ka halava (S. 257)
Phal ka halava

Khir sevian

Vermicelli in Sahnesoße

Dieses Gericht geht auf die Mogul-Schule des Kochens zurück, und seine Beliebtheit bei den Vaishnavas zeigt uns, dass alle vegetarischen Gerichte, egal woher sie kommen, Sri Krishna geopfert werden können. Ebenso können alle Menschen, ganz gleich wo sie geboren wurden, die heiligen Namen Krishnas chanten und Seine reinen Geweihten werden. Zum Beispiel stammten einige der engsten Beigesellten Sri Caitanya Mahaprabhus – der Inkarnation Krishnas, die auf der Erde erschien, um das Chanten der heiligen Namen Krishnas zu verbreiten – aus Muslim-Familien.

1,4 l Vollmilch
1 EL Butter
6 Nelken
1 TL gem. Kardamom
125 g feine Vermicelli (Fadennudeln)
100 g Zucker
1 EL gem. Pistazien
1 EL gem. Mandeln
450 ml Sahne
1 TL Rosenwasser

Die Milch zum Kochen bringen, dann sieden lassen. In einem anderen Topf die Butter schmelzen und die Nelken sowie die Hälfte des gemahlenen Kardamoms kurz darin anrösten; dann die Fadennudeln hinzufügen und so lange rühren, bis sie leicht angebräunt sind. Die Milch hineingießen und auf mittlerer Flamme 5 Minuten kochen lassen, dabei öfters umrühren. Den Zucker und die Nüsse hinzugeben und die Hitze reduzieren. 15 Minuten oder so lange kochen lassen, bis die Mischung leicht eindickt, dabei alle paar Minuten einmal umrühren, um ein Anbrennen zu vermeiden. Bedenken Sie, dass das Gericht noch weiter eindickt, nachdem Sie es bereits vom Feuer genommen haben.

Den Topf vom Herd nehmen, die Sahne darunterziehen und das Rosenwasser hinzufügen. Den fertigen *khir sevian* in eine Servierschüssel füllen, mit dem restlichen gemahlenen Kardamom garnieren und heiß oder kalt servieren.

Zubereitungs- und Kochzeit: 20 bis 25 Min.

Kulfi

Indische Eiscreme

Bis vor wenigen Jahrzehnten wurde kulfi *ausschließlich von* kulfi wallas *(professionellen* kulfi-*Machern) hergestellt. Seit der Verbreitung der Kühltechnik jedoch kann jeder bei sich zu Hause* kulfi *zubereiten.* Kulfi *ist die Eiscreme für Devotees, denn gewöhnliche Eiscreme enthält oft Eier.*

Kulfi *ist härter als normale Eiscreme, und daher müssen Sie es 2 bis 3 Stunden vor dem Servieren aus dem Kühlschrank nehmen.*

2 EL Reismehl
2,3 l Vollmilch
150 g Zucker
1 EL Rosenwasser
4 EL gem. Pistazien
½ TL gem. Kardamom

Das Reismehl mit 4 Esslöffeln der Milch in einer Schüssel zu einem glatten Teig verrühren, dann beiseitestellen. Die restliche Milch etwa 45 Minuten lang kochen, dabei alle paar Minuten umrühren, bis sie auf zwei Drittel heruntergekocht ist. Nun die Reismehlmischung sowie die gemahlenen Pistazien und den Zucker in die Milch rühren und weitere 10 Minuten kochen lassen. Den Topf vom Feuer nehmen.

Als Nächstes das Rosenwasser und den gemahlenen Kardamom hinzufügen, die Mischung auf Zimmertemperatur abkühlen lassen, in Formen füllen und ins Gefrierfach stellen. Alle 20 bis 30 Minuten umrühren, um die sich bildenden Kristalle zu zerstoßen. Wenn das *kulfi* zu dick zum Umrühren wird, lassen Sie es vollends gefrieren. Reichen Sie individuelle Portionen auf vorgekühlten Tellerchen.

Zur Abwechslung können Sie *kulfi* mit Malz- oder Landkaffee, Carob-Pulver, Vanille, gemahlenen Haselnüssen oder Cashewkernen oder zerdrückten Beeren ausprobieren.

Für westliche Eiscreme ist folgendes einfaches Rezept zu empfehlen: 1 l gut gekühlte flüssige Sahne, 250 g Zucker sowie einen der Aromastoffe in einem Elektromixer durchquirlen. Nach ein paar Sekunden, wenn die Mischung die Konsistenz von Schlagsahne angenommen hat und die Messer freilaufen, wieder ausschalten. Die Mischung in Tassen füllen und einfrieren. (Falls Sie keinen Mixer haben, können Sie die Mischung auch mit dem Schneebesen schlagen.)

Zubereitungs- und Kochzeit: 1 Std. 15 Min.
Kühlzeit: 2 Std.

Besan laddu

Süßigkeit aus geröstetem Kichererbsenmehl

Krishna hatte einen Freund mit Namen Madhumangala, der so gern laddus *mochte, dass er davon mehr aß als jeder andere und dann immer noch nach mehr fragte. Wir können dies als Hinweis verstehen,* laddus *in reichlichen Mengen zuzubereiten, auf dass niemand enttäuscht sein möge.*

350 g Butter
400 g Kichererbsenmehl
2 EL Wal- oder Haselnüsse, grobgehackt
2 EL Kokosraspeln
½ TL frisch gem. Kardamomsamen oder 1 TL gem. Zimt
275 g Puderzucker

Die Butter in einer Bratpfanne mit schwerem Boden auf kleiner Flamme schmelzen, dann das Kichererbsenmehl mit einem hölzernen Kochlöffel einrühren. Nach 15 Minuten ständigem Rühren sollte das Mehl soweit geröstet sein, dass es einen nussartigen Geruch ausströmen lässt. Jetzt die Kokosraspeln, die Walnüsse und den gemahlenen Kardamom hinzufügen. Für weitere 2 Minuten rösten, dabei alle Zutaten gut durchmischen. Die Pfanne vom Feuer nehmen, den Puderzucker dazugeben und mit einer Gabel gründlich durchrühren, um alle Klumpen zu zerdrücken und die Zutaten gleichmäßig zu verteilen. Dann zum Abkühlen ein paar Minuten beiseitestellen.

Wenn die Masse soweit erkaltet ist, dass man sie anfassen kann, die Hände anfeuchten und 12 bis 15 walnussgroße Bällchen formen. Sie können die Masse auch auf einem leicht eingefetteten Tablett oder Kuchenblech glatt ausstreichen und nach dem Abkühlen in kleine Rechtecke oder Rauten schneiden.

Zubereitungs- und Kochzeit: 30 Min.

Dvaraka burfi

Konfekt aus geröstetem Kichererbsenmehl

In Schweden ist „Vergleichende Religion“ ein Pflichtfach für alle Schüler, und ein gelegentlicher studiebesök *(Exkursion) ist seit jeher ein fester Bestandteil des Unterrichts. Viele Schüler haben bekundet, dass ihnen der* studiebesök *im Hare-Krishna-Zentrum, etwas außerhalb von Stockholm, am besten gefallen habe. Während der Schulzeit kommt fast täglich ein Bus voller Jugendlicher zur Farm, um das freudvolle Leben des Krishna-Bewusstseins – Chanten, Tanzen und* prasada *– kennenzulernen. Der Koch macht zu dieser Gelegenheit immer einen großen Teller mit* dvaraka burfis *zurecht. Sie gewinnen unfehlbar die Herzen der schwedischen Schüler – wie auch die Herzen aller anderen, die sie probieren.*

400 g Butter
275 g gesiebtes Kichererbsenmehl
275 ml Milch
275 ml Wasser
250 g Zucker
25 g Cashewkerne, grobgehackt
2 EL Kokosraspeln

Die Butter in einem mittelgroßen Topf schmelzen, das Kichererbsenmehl hineinrühren und auf niedriger Flamme rösten, dabei ständig umrühren und gut aufpassen, dass es nicht anbrennt. Nach etwa 15 Minuten, wenn das Mehl leicht angebräunt ist, den Topf vom Herd nehmen.

In einem anderen Topf den Sirup zubereiten; dazu Milch, Wasser und Zucker so lange zusammen kochen, bis ein Tropfen des Sirups zwischen Daumen und Zeigefinger einen Faden zieht. Nun die Kokosraspeln und die Cashews in den Sirup hineinrühren und den Sirup in das Kichererbsenmehl gießen. Auf sehr niedriger Flamme unter Rühren kochen, bis die Mischung eindickt und weniger klebrig wird.

Nachdem die Masse soweit abgekühlt ist, dass Sie sie anfassen können, streichen Sie sie auf einem Blech oder Tablett rechteckig aus. Warten Sie, bis die Masse erstarrt ist, und schneiden Sie sie dann in Stücke. Jedes Stück mit einem halben Cashewkern oder kleingehackten Pistazien garnieren.

Zubereitungs- und Kochzeit: 30 Min.

Luglu

Bunte Krokantkugeln

Viele Pilger laufen Hunderte von Kilometern weit, um den berühmten Jagannath-Tempel in der heiligen Stadt Jagannath Puri, 460 km südlich von Kolkata, zu besuchen. Sie kommen, um Krishna in Seiner Gestalt als Jagannath zu sehen, und kosten das prasada, *das Ihm geopfert wurde. Die* pujaris *dort machen* luglus *von der Größe einer Faust für Sri Jagannath. Die* luglus *halten sich mehrere Tage frisch und sind bei den Pilgern als Reiseproviant sehr beliebt.*

- 500 ml Wasser
- 300 g Zucker
- ½ TL frisch geriebene Muskatnuss
- ¼ TL gem. Nelken
- 150 g Rosinen
- 150 g gehackte, getrocknete Feigen
- 150 g gehackte, getrocknete Datteln
- 175 g Kichererbsenmehl
- 200 ml Wasser für *bundis*
- Ghee zum Frittieren
- 175 g gehackte Haselnüsse, Mandeln oder Pistazien
- 75 g Kokosraspeln

Das Wasser mit dem Zucker, den Gewürzen und den Trockenfrüchten solange kochen, bis die Datteln weich werden und die Mischung einer dickflüssigen Soße gleicht. Nun die Flamme kleinstellen.

Als Nächstes brauchen Sie *bundis* (frittierte Kichererbsenmehlperlen). In einer großen Schüssel das Kichererbsenmehl mit so viel Wasser vermischen, dass eine dicke, glatte Paste entsteht. Das Ghee in einer *karhai*, einem Wok oder einem flachen Topf auf mittlerer Flamme erhitzen. Über das heiße Ghee eine Kelle mit großen Löchern halten. Jetzt mit einem Pfannenwender so viel Paste durch die Löcher drücken, dass die Oberfläche des Ghee mit Teigtropfen bedeckt ist. Langsam etwa 4 Minuten brutzeln lassen, bis die *bundis* knusprig und goldgelb sind. Sie sollten nicht braun werden.

Die fertigen Lagen jeweils aus dem Ghee nehmen, kurz abtropfen lassen und in eine große Schüssel füllen. Diesen Vorgang so lange wiederholen, bis sämtlicher Teig aufgebraucht ist. Den Sirup, die Nüsse und die Trockenfrüchte zu den *bundis* dazugeben und gründlich miteinander vermengen. Mit angefeuchteten Händen 20 kompakte Kugeln formen und auf einem Tablett hart werden lassen.

Zubereitungs- und Kochzeit: 30 bis 40 Min.

Jalebi

Knusperspiralen in Sirup

Jalebis *sind triefend süße Leckerbissen zum Fingerlecken. Es gibt zwei Geheimnisse bei der Zubereitung: Frittieren Sie sie in wenig Ghee (etwa 5 bis 7 cm tief), so dass die Spiralen nicht absinken können, und achten Sie darauf, dass sie in dem Sirup gut durchweichen und dennoch knusprig bleiben.*

280 g weißes Mehl
150 g Reismehl
280 g Naturjoghurt
½ TL Safranpulver
warmes Wasser
½ TL Backpulver
600 ml Wasser
500 g Zucker
1 EL Rosenwasser
Ghee zum Frittieren

In einer großen Schüssel das Mehl, den Joghurt, die Hälfte des Safrans und so viel warmes Wasser vermischen, dass ein dickflüssiger Teig entsteht. Die Schüssel mit einem Tuch zudecken und für einen Tag an einem warmen Ort abstellen, so dass der Teig natürlich gären kann. (Sie können diesen Vorgang beschleunigen, indem Sie ½ Teelöffel Backpulver hinzugeben.) Der Teig ist fertig, wenn an der Oberfläche Blasen erscheinen.

Nun einen Sirup ansetzen; dazu das Wasser, den Zucker und den übrigen Safran 10 Minuten kochen lassen. Den Sirup von der Flamme nehmen und das Rosenwasser hinzufügen. Das Ghee in einem Wok oder einem flachen Topf erhitzen und den Teig nochmals durchschlagen. Er sollte die Konsistenz eines dicken Pfannkuchenteigs haben. Nehmen Sie einen Spritzbeutel mit kleiner Öffnung oder einen kleinen Trichter und pressen Sie Spiralen oder Schleifen (13 cm Durchmesser) in das Ghee. Während des Frittierens die Spiralen einmal umdrehen. Wenn sie auf beiden Seiten knusprig und goldbraun sind, die *jalebis* mit einer Siebkelle herausholen, einen Augenblick über dem Ghee abtropfen lassen und dann höchstens eine halbe Minute in dem Sirup einweichen lassen, so dass sie noch knusprig bleiben.

Die *jalebis* auf einem Servierteller aufstapeln und heiß, kalt oder lauwarm servieren.

Stehzeit: 12 bis 24 Std.
Zubereitungs- und Kochzeit: 45 Min.

Mithe samosa

Obsttaschen

Sie werden schon etwas üben müssen, um die Technik zu beherrschen, wie man die Ränder eines samosa *faltet, doch selbst wenn Ihre* samosas *nicht ganz ebenmäßige Ränder aufweisen sollten, werden sie dennoch exzellent schmecken.*

Zur Abwechslung können Sie für die Füllung fast alle süßen Früchte, wie Erdbeeren, Pfirsiche, Ananas, Mangos oder Feigen verwenden. Um die Füllung noch köstlicher zu machen, können Sie auch gesüßten paneer *oder Milch*-burfi *hinzufügen.*

100 g zerlassene Butter
300 g weißes Mehl
¼ TL Salz
200 ml kaltes Wasser
5 Äpfel, vom Kerngehäuse befreit, geschält und in kleine Stücke geschnitten
1 TL gem. Zimt
¼ TL Ingwerpulver
½ TL gem. Kardamom
6 EL Zucker
Ghee oder Pflanzenöl zum Frittieren
2 EL Puderzucker

In einer großen Schüssel die Hälfte der zerlassenen Butter mit den Fingerspitzen in das Mehl hineinreiben, bis die Mischung Vollkornschrot gleicht. Das Salz, dann langsam das kalte Wasser hinzugeben. (Einige Köche bevorzugen einen reichhaltigeren Teig, indem sie Joghurt statt Wasser verwenden oder halb kaltes Wasser und halb Joghurt.) Die Zutaten mit den Händen zu einem Teig vermischen; den Teig auf eine mit Mehl bestäubte Arbeitsfläche legen und so lange durchkneten, bis er glatt und fest ist. Nun den Teig zu einem kompakten Klumpen formen, in ein feuchtes Tuch wickeln und eine halbe Stunde ruhen lassen.

Währenddessen die Äpfel in der anderen Hälfte der Butter auf mittlerer Hitze unter Rühren anbraten, dann die Gewürze und den Zucker dazugeben. Die Flamme reduzieren und weiterrühren, bis fast alle Flüssigkeit verkocht ist und die Mischung eindickt. Die fertige Apfelmasse auf einen Teller umfüllen und abkühlen lassen.

Den Teig nochmals durchkneten und daraus 10 Bällchen formen.

Die Arbeitsfläche einfetten und die Bällchen wie dicke *puris* ausrollen.

Links: Zubereitung von *mithe samosas*

Jeweils einen Esslöffel der Füllung auf eine Hälfte des Teigfladens setzen und den Teig dort anfeuchten, wo die Ränder aufeinandertreffen werden; dann die andere Hälfte darüberklappen, die beiden Teigschichten am Rand der Füllung fest zusammenpressen und den überschüssigen Teigrand abnehmen (siehe Foto auf der vorletzten Seite). Den *samosa* in eine Hand nehmen und mit der anderen Hand den übrigen zusammengepressten Rand Stück für Stück übereinanderfälteln, so dass die Rundung plisseeartig verschlossen ist. Jeder *samosa* sollte 10 bis 12 dieser gepressten Falten haben. Vergewissern Sie sich, dass keine Löcher im Teig sind, aus der die Füllung während des Frittierens hervortreten könnte. Alle *samosas* auf diese Weise zubereiten und auf einen Teller legen.

Das Ghee bzw. Pflanzenöl auf mittlerer Flamme in einer Fritteuse oder einem Topf, der sich zum Frittieren eignet, erhitzen. So viele *samosas* wie möglich auf einmal hineinlegen, ohne dass sie sich gegenseitig berühren. Jede Charge 10 bis 12 Minuten frittieren, dabei ab und zu behutsam mit einer Schaumkelle umdrehen, bis sie auf beiden Seiten goldbraun sind. Herausnehmen und in einem Sieb abtropfen lassen.

Mithe samosas entweder heiß oder kalt servieren. Mit Puderzucker bestreuen oder kurz in einen dickflüssigen Zuckerglasursirup tauchen.

Zubereitungs- und Kochzeit: 1 Std. 15 Min.

Phal ka pakora

Obstkrapfen

Praktisch alle Früchte eignen sich für phal ka pakoras. *Bananen können in Scheiben, Ananas in kleine Stücke, Äpfel und Birnen in Achtel oder Ringe geschnitten werden. Kleine Früchte können ganz in den Teig getaucht und dann frittiert werden. Ohne Backpulver wird die Kruste etwas härter, jedoch genauso schmackhaft.*

200 g weißes Mehl
1 EL Milchpulver (kann entfallen)
½ TL Backpulver (kann entfallen)
1 TL gem. Zimt
275 ml warme Milch
Ghee zum Frittieren
450 g frische Früchte, geputzt und in gleich große Stücke geschnitten
1 EL Puderzucker

In einer großen Schüssel alle Zutaten bis auf die Früchte, das Ghee und den Puderzucker zu einem Teig vermischen, der dick genug ist, um die Früchte zu überziehen. Nun eine Handvoll der geschnittenen Früchte in den Teig mischen, so dass sie völlig bedeckt sind.

Das Ghee in einer *karhai*, einem Wok oder einem flachen Topf auf mittlerer Flamme erhitzen. Das Ghee ist heiß genug, wenn ein Teigtropfen im Ghee sofort brutzelnd zur Oberfläche steigt. Die mit Teig überzogenen Obststücke eines nach dem anderen aus dem Teig holen und vorsichtig in das heiße Ghee legen, bis die Oberfläche des Ghee mit einer Lage *pakoras* bedeckt ist. Nach 3 bis 4 Minuten, wenn sie goldbraun und knusprig sind, die *pakoras* mit einer Schaumkelle herausnehmen und in ein Sieb zum Abtropfen geben. Falls am Schluss noch Teig übrig ist, schneiden Sie noch ein paar Früchte klein, um ihn aufzubrauchen.

Mit Puderzucker bestreuen und heiß oder warm servieren. Zu *phal ka pakaras* passen besonders gut Milchspeisen wie *shrikhand* oder *khir*, sie schmecken aber auch für sich allein vorzüglich.

Zubereitungs- und Kochzeit: 25 Min.

Kerwai

Gefüllte Bananenbällchen

10 unreife Bananen oder Kochbananen
4 EL Ghee oder Butter
100 g gemischte Nüsse, gehackt
50 g Rosinen
½ TL geriebene Muskatnuss
½ TL gem. Kardamom
100 g Zucker

Die Bananen schälen, in Stücke schneiden und beiseitestellen. 1 oder 2 Esslöffel Ghee bzw. Butter erhitzen und die gehackten Nüsse darin rösten. Wenn sie angebräunt sind, die Rosinen dazugeben, ein paar Sekunden weiterbraten, dann Muskat und Kardamom hineinrühren und das Ganze zum Abkühlen beiseitestellen.

Das restliche Ghee bzw. die restliche Butter erhitzen und die Bananen so lange braten, bis sie weich sind und braune Flecken bekommen. Seien Sie nicht beunruhigt, wenn sich am Boden des Topfes eine Haut bildet. Geben Sie den Zucker dazu und rühren Sie weiter, bis die Mischung eindickt und zu einer festen Masse wird. Dies sollte ungefähr 10 Minuten dauern. Den Topf vom Feuer nehmen und die Masse abkühlen lassen.

Die Bananenmasse in 15 gleiche Teile teilen und einen Teil davon mit der Nussmischung vermengen. Dann die Bananen-Nussmischung in ebenso viele Portionen teilen wie die Bananenmasse. Alle Portionen der Bananenmasse zu Kugeln formen und diese etwas flachdrücken. Je eine dieser flachgedrückten Kugeln in die linke Hand nehmen und mit dem Daumen eine Vertiefung hineindrücken. Eine Portion der Nussmischung in die Vertiefung geben und mit den Rändern der Bananenmasse umhüllen. Gut verschließen und behutsam zu einem glatten Ball rollen. Den gleichen Vorgang mit den restlichen Zutaten wiederholen.

Das Ghee erhitzen und die Bällchen etwa 2 Minuten lang frittieren, bis sie braun sind. Versuchen Sie, die Bällchen voneinander weg zu halten, damit sie beim Frittieren und Servieren nicht aneinander kleben. Heiß servieren.

Zubereitungs- und Kochzeit: 25 Min.

Malpura

Süße Klöße in Fruchtjoghurt

Malpuras *sollten an der Oberfläche etwas knusprig und gut durchgebacken sein, so dass sie die Joghurtsoße aufsaugen und saftig werden. Die Devotees in unserem Tempel in Lima, Peru, halten stets* malpuras *für ihre Gäste bereit. Oft fahren städtische Polizeibeamte mit ihren Motorrädern vor dem Tempel vor und fragen: „¿Me guardaron mis tortas?" (Habt ihr mir ein paar Kuchen übriggelassen?)*

250 g weißes Mehl
125 g Puderzucker
½ TL Backpulver
200 ml Milch
Ghee zum Frittieren
600 g Naturjoghurt
150 g Kristallzucker
200 g Erdbeeren oder andere Beeren, gewaschen und zerstampft

Das Mehl, den Puderzucker, das Backpulver und die Milch zu einem Teig vermischen, der so dick ist, dass er an einem hölzernen Kochlöffel klebenbleibt, ohne abzutropfen. In einer *karhai,* einem Wok oder einem flachen Topf das Ghee erhitzen, so dass es heiß ist, aber noch nicht raucht. Mit einem Esslöffel etwas Teig aufnehmen und vom Löffel in das heiße Ghee schieben. So viele Teigklümpchen wie möglich ins Ghee geben, ohne dass sie sich berühren. Die Hitze so einstellen, dass die *malpuras* sowohl von innen als auch von außen garen. Nach 6 bis 8 Minuten Frittieren und gelegentlichem Umdrehen sollten sie knusprig sein. Mit einer Schaumkelle herausnehmen und zum Abtropfen in ein Sieb geben.

Den Joghurt, den Kristallzucker und die zerstampften Beeren in eine Schüssel geben, mit einem Schneebesen gut durchrühren und die *malpuras* mit dieser Soße übergießen. Vor der Opferung mindestens 10 Minuten einweichen lassen.

Zubereitungs- und Kochzeit: 20 Min.
Einweichzeit: mindestens 10 Min.

Gulab jamun

Frittierte Milchpulverbällchen in Sirup

Srila Prabhupadas erste Schüler sprechen oft von dem Ladenlokal in New York City, der Wiege der Bewegung für Krishna-Bewusstsein im Westen. Srila Prabhupada, der wie ein gütiger Vater für seine Schüler sorgte, hielt stets einen Topf voller gulab jamuns *für sie bereit.*

Devotees nennen gulab jamuns *liebevoll „ISKCON-Kanonenkugeln", da sie eine mächtige Waffe im Krieg gegen* maya *(Illusion) sind. Sie sind so süß, dass sie das materielle Leben sauer erscheinen lassen.*

2,3 l Wasser
1,8 kg Zucker
1 EL Rosenwasser oder ein paar Tropfen Rosenessenz
375 g Milchpulver
100 g weißes Mehl
2 TL Natron
1 TL gem. Kardamomsamen
2 EL zerlassene Butter oder Ghee
250 ml Vollmilch
25–30 kleine Stücke Kandiszucker (kann entfallen)
sauberes Ghee zum Frittieren

Zunächst den Sirup ansetzen. Das Wasser mit dem Zucker in einem Topf erhitzen und für etwa 3 Minuten kochen lassen, so dass sich der Zucker auflöst. Dann das Rosenwasser einrühren und den Topf von der Flamme nehmen. Als Nächstes die Milch aufsetzen.

Das Milchpulver mit dem Mehl, dem Natron und dem gemahlenen Kardamom in einer Schüssel vermengen und das Ghee bzw. die Butter mit den Fingerspitzen hineinreiben. Langsam die heiße Milch dazugießen und die Zutaten gut vermischen, so dass Sie einen festen, geschmeidigen Teig erhalten.

Aus dem Teig 20 bis 25 Bälle von etwa 2,5 cm Durchmesser formen, und zwar folgendermaßen: Die für einen Ball erforderliche Teigmenge zwischen die Handflächen nehmen und den Teig mit einer kreisförmigen Bewegung rollen. Dabei die Hände flach, nicht gewölbt, halten und die Handflächen, nicht die Finger, benutzen. Es ist ein gutes Zeichen, wenn etwas Teig an den Händen klebenbleibt.

Nach 4 bis 5 Sekunden langsam den Druck zwischen den Händen bei gleichzeitiger Beschleunigung der kreisfömigen Bewegungen verringern. Wenn Sie es richtig machen, sollte eine Teigkugel entstehen, die vollkommen glatt und frei von Rissen ist. Den restlichen Teig ebenfalls zu Kugeln rollen. Wenn der Teig zu trocken wird, mehr Milch hineinkneten. (Wenn Sie möchten, können

Sie in jeden Ball ein Stückchen Kandiszucker hineinstecken und die Öffnung hinterher sorgfältig verschließen. Wenn die Milchpulverbällchen frittiert werden, schmilzt der Kandiszucker.)

Das Ghee in einer *karhai* oder einem Wok auf niedriger Flamme erhitzen. Die Flamme muss auf niedriger Stufe bleiben, damit die Milchpulverbällchen langsam und vollkommen durchbacken. Die Bällchen einen nach dem anderen vorsichtig ins Ghee legen. Sie werden zunächst für ein bis zwei Minuten auf den Boden sinken. Um sie vor dem Anbrennen auf dem Boden zu bewahren, wenden Sie sie ab und zu mit einem Schaumlöffel. Wenn sie zur Oberfläche steigen und dort schwimmen, sollten Sie sie im Ghee umdrehen, indem Sie alle 30 Sekunden mit der Rückseite des Schaumlöffels sachte über sie hinwegstreifen. Auf diese Weise werden sie gleichmäßig gar. Lassen Sie sie für etwa 25 Minuten im Ghee schwimmen, bis sie schön braun sind. Zwischendurch können Sie die Flamme etwas höher stellen, damit sie besser anschwellen.

Um zu prüfen, ob sie schon gar sind, einen Ball herausnehmen, mit einem Finger eine Delle hineindrücken und den Finger wieder entfernen. Wenn der Ball sofort wieder seine ursprüngliche Form annimmt, sind die *gulab jamuns* fertig. Ein anderer Test besteht darin, den Ball in den Sirup zu legen; wenn er nach 3 Minuten nicht zusammengefallen ist, sind die Bällchen gar. Die fertigen *gulab jamuns* herausnehmen und in einem Sieb abtropfen lassen, dann in den Sirup einlegen, wo sie weich und porös werden. 30 Minuten bis 4 Tage einweichen lassen. *Gulab jamuns* können kalt, auf Zimmertemperatur abgekühlt oder lauwarm serviert werden.

Zubereitungs- und Kochzeit: 45 Min.
Einweichzeit: mindestens 30 Min.

Getränke

1 Nimbu pani *(Zitronen- oder Limettentrank)* 280
2 Jeera pani *(Kreuzkümmel-Tamarindentrank)* 280
3 Adrak chai *(Ingwertee)* 281
4 Gulab sharbet *(Kaltgetränk mit Rosenaroma)* 281
5 Phal ka ras *(Frischer Fruchtsaft)* 282
6 Thandai *(Anismilch mit Rosinen und Pistazien)* 283
7 Namkin lassi *(Salziger Joghurt- oder Buttermilchtrank)* 284
8 Mithi lassi *(Süßer Joghurt- oder Buttermilchtrank)* 285
9 Garam doodh *(Heiße Milch)* 286
10 Masala doodh *(Safranmilch mit Pistazien)* 288
11 Narial doodh *(Heiße Milch mit Kokosgeschmack)* 289
12 Panch amrita *(Nektartrank)* 290

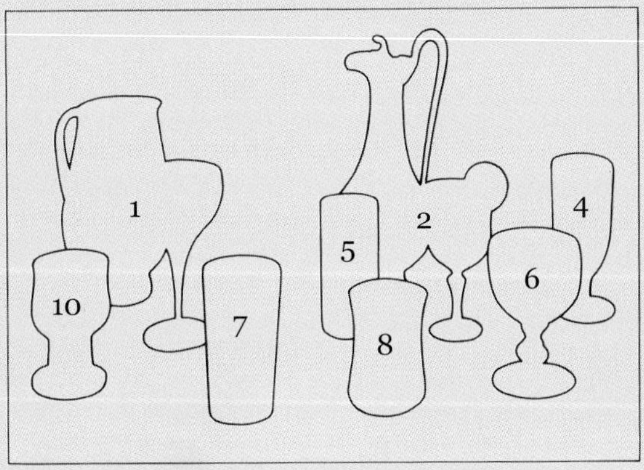

Laut dem Ayurveda ist es für die Verdauung förderlich, den Magen während des Essens zu einem Viertel mit Flüssigkeit zu füllen. Zwischen den Mahlzeiten zu trinken, ist nicht nur gut, um den Durst zu löschen, sondern auch, um den Körper bei Hitze zu kühlen und ihn bei Kälte aufzuwärmen.

Getränke auf der Grundlage von Joghurt, wie zum Beispiel *lassi*, kühlen den Körper. Im Sommer können Sie sie daher unbekümmert genießen; vor dem Schlafengehen hingegen oder wenn der Körper kühl ist, vor allem im Winter, sollten sie lieber darauf verzichten. Zitrone kann zu jeder Jahreszeit Verwendung finden. Ingwertee mit Zitrone und etwas Honig steigert die Abwehrkräfte des Körpers gegen Erkältungen im Winter. Und Zitronengetränke wie *nimbu pani* und *jeera pani* sind eine willkommene Erfrischung für den Sommer. Wenn Sie beabsichtigen, an einem heißen Tag ein süßes Getränk zu reichen, empfiehlt es sich, es im Voraus zuzubereiten und einen Teil von dem Getränk für Eiswürfel zu benutzen.

Das beste Getränk, um den Körper aufzuheizen, ist kochendheiße Kuhmilch. Im Ayurveda heißt es, dass Milch auch die Gehirnzellen nährt. Aber die Milch muss richtig heiß getrunken werden, damit das Verdauungssystem ihre feinen Nährstoffe absorbieren kann. Milch sollte daher vor dem Servieren immer kurz aufkochen, es sei denn, sie soll ganz frisch, direkt nach dem Melken, getrunken werden.

Die Veden sagen, das Mindeste, was man einem Gast, ob Freund oder Feind, anbieten solle, sei ein bequemer Sitzplatz, etwas zu trinken und ein paar freundliche Worte. Kein fertiges Getränk zur Hand? Dann bieten Sie Ihrem Gast einfach ein Glas Wasser an.

Nimbu pani

Zitronen- oder Limettentrank

150 ml Zitronen- oder
  Limettensaft
1 l Wasser
5 EL Zucker
1 EL Rosenwasser
¼ TL Salz
Eis (nach Belieben)

Alle Zutaten gut durchmischen. Gekühlt servieren, mit einer dünnen Scheibe Zitrone oder Limette garniert. Die Menge an Zitronensaft und Zucker kann je nach Geschmack variiert werden.

Zubereitungszeit: 5 Min.

Jeera pani

Kreuzkümmel-Tamarindentrank

175 g Tamarinde, in kleine
  Stücke gebrochen
450 ml Wasser
3 TL feingeriebener frischer
  Ingwer
2 TL Kreuzkümmelsamen,
  geröstet und gemahlen
½ TL *garam masala*
3 EL brauner Zucker
1 Prise Salz
1 l Eiswasser
zerstoßenes Eis, Minzblätter
  und Zitronenscheiben
  zum Garnieren

Die Tamarinde 15 Minuten lang in dem Wasser kochen, dann so viel Saft und Fruchtfleisch wie möglich herausquetschen, indem Sie die Tamarinde durch ein Sieb pressen – wenn nötig, sogar mehrmals. Alle anderen Zutaten mit dem Saft vermischen, gut umrühren und 15 Minuten stehenlassen, dann durch ein Käsetuch filtern. Kaltstellen.

Kurz vor dem Servieren den Saft mit dem Eiswasser verdünnen. In jedes Glas zerstoßenes Eis füllen und mit Minzblättern und einer Zitronen- oder Limettenscheibe garnieren.

Zubereitungs- und Kochzeit: 40 Min.

Adrak chai

Ingwertee

1,2 l Wasser
3 EL feingeriebener frischer Ingwer
4 EL Zucker oder 3 EL Honig
1 Prise gem. schwarzer Pfeffer
3 EL Zitronen- oder Orangensaft

Das Wasser und den Ingwer in einem unbedeckten Topf etwa 10 Minuten sprudelnd kochen lassen. Nun den Zucker bzw. Honig hineinrühren, bis er sich aufgelöst hat. Den Tee durch ein Sieb gießen und den Ingwer fest auspressen, um soviel Ingwerextrakt wie möglich im Tee zu haben.

Nun den Pfeffer und den Zitronen- bzw. Orangensaft hinzugeben. Heiß servieren.

Zubereitungs- und Kochzeit: 20 Min.

Gulab sharbet

Kaltgetränk mit Rosenaroma

550 g Zucker
1,2 l Wasser
1 EL Rosenwasser
1 TL rote Lebensmittelfarbe
Eiswasser und zerstoßenes Eis
Pfefferminzblätter

Zunächst einen Sirup ansetzen. Hierzu den Zucker und das Wasser in einem Topf auf mäßiger Flamme kochen, bis sich der Zucker auflöst. Kaltstellen, anschließend das Rosenwasser und die Lebensmittelfarbe hineinrühren.

Kurz vor dem Servieren 2 Esslöffel Sirup in jedes Glas geben und mit Eiswasser und zerstoßenem Eis auffüllen. Die Menge Sirup kann dem individuellen Geschmack angepasst werden.

Zubereitungs- und Kochzeit: 20 Min.

Phal ka ras

Frischer Fruchtsaft

Krishna, der Herr, hat uns vielerlei köstliche Früchte gegeben, aus denen wir Saft gewinnen können: Äpfel, Birnen, Grapefruits, Pfirsiche, Aprikosen, Pflaumen, Melonen, Beeren, Kirschen, Ananas, Mangos, Kiwis und Guaven, um nur einige zu nennen. Verarbeiten Sie entweder eine oder mehrere Obstsorten zu einem gutgemischten, wohlschmeckenden Getränk. Fruchtsaft schmeckt am besten gekühlt.

reife Früchte
eisgekühltes Wasser
Süßmittel
gemahlene Kuchengewürze (nach Belieben)
Eiswürfel oder zerstoßenes Eis

Zur Beachtung beim Zubereiten von Fruchtsäften

- Reife Früchte schmecken besser und haben mehr Vitamine.
- Pürieren Sie die Früchte in einem Mixer und geben Sie gerade so viel Wasser hinzu, dass die Flüssigkeit die richtige Konsistenz annimmt – nicht zu dick und nicht zu dünn.
- Gießen Sie Guaven-, Trauben-, Ananas-, Wassermelonen- und Mangosaft durch ein Sieb, um die faserigen Bestandteile und die Kerne herauszufiltern.
- Wenn Sie Zitrusfrüchte, wie Mandarinen, Orangen und Grapefruits, verwenden, sollten Sie das Fruchtfleisch von den Kernen trennen und mit in den Saft geben.
- Manche Früchte passen besonders gut zusammen: Pfirsiche und Bananen, Pfirsiche und Aprikosen, Grapefruit und Preiselbeeren, Ananas und Orangen, Äpfel und Birnen, Melonen und Mangos.
- Um dem Braunwerden von Bananen- und Apfelsaft entgegenzuwirken, können Sie etwas Zitronen- oder Limettensaft hinzugeben.
- Apfelsaft und Birnensaft schmecken besonders gut mit Joghurt, Milch oder Sahne.
- Zum Abschluss können Sie jeden Fruchttrank mit einem Zweiglein frischer Minze und einer frischen Fruchtscheibe garnieren.

Zubereitungszeit: 15 Min.
Kühlzeit: 45 Min.

Thandai

Anismilch mit Rosinen und Pistazien

Sie müssen thandai *nicht unbedingt mit Milch zubereiten. Sie können stattdessen auch Wasser verwenden, und dies wird auch oft so gehandhabt, obwohl man sagen muss, dass Milch den Geschmack der Gewürze verfeinert.*

100 g Rosinen
2 EL Anissamen
400 ml Wasser
25 g Pistazien
600 ml Vollmilch
½ TL gem. Kardamomsamen
4 EL Honig oder 6 EL Zucker

Die Rosinen mit warmen Wasser bedecken und 10 Minuten einweichen lassen. Die Anissamen 5 Minuten in einem Topf mit 400 ml Wasser kochen, dann die Hitze verringern und 10 Minuten weiterköcheln lassen.

Die Pistazien, die abgetropften Rosinen, den gemahlenen Kardamom und die Milch in einem Elektromixer durchquirlen und beiseitestellen. Das Aniswasser durchsieben und den Honig hineinrühren, dann das Wasser in die Milchmischung schütten, gut durchrühren und kaltstellen.

Jedes Glas *thandai* mit einem kleinen Zweig frischer Minze garnieren.

Zubereitungs- und Kochzeit: 25 Min.

Namkin lassi

Salziger Joghurt- oder Buttermilchtrank

Lassi *ist wegen seines Geschmacks und seines Nährwertes in ganz Indien ein sehr beliebtes Getränk.* Lassi *eignet sich wegen seiner kurzen Zubereitungsdauer besonders gut für größere Veranstaltungen.*

1 TL Kreuzkümmelsamen, geröstet und gemahlen
850 g Naturjoghurt oder Buttermilch
600 ml Wasser
3 EL Zitronensaft
2 TL Salz
zerstoßenes Eis (nach Belieben)

Alle Zutaten bis auf eine Prise gemahlenen Kreuzkümmel mit einem Schneebesen oder einem Mixer durchquirlen. Die fertige Mischung in Gläser (mit oder ohne Eis) füllen und mit einer Prise gemahlenem Kreuzkümmel garnieren. Gekühlt oder ungekühlt servieren.

Eine schmackhafte Variante von *namkin lassi* ergibt sich, wenn Sie 25 g frische Minze hinzufügen. Behalten Sie einige Minzblätter zum Garnieren zurück. Alle Zutaten (außer den Eiswürfeln) in einen Mixer geben und so lange mahlen, bis die Blätter fein zerhackt sind. Dies sollte etwa 30 Sekunden dauern. Dann die Eisstücke hinzufügen und nochmals durchmixen, bis der Trank schaumig wird. Den fertigen Minz-*lassi* in Gläser füllen und mit Minzblättern garnieren.

Zum Schluss noch ein ganz einfaches *lassi*-Rezept: Den Joghurt bzw. die Buttermilch, den gemahlenen Kreuzkümmel und das Wasser vermischen und mit einem Schneebesen oder Mixer durchquirlen. In Gläser mit zerstoßenem Eis füllen und servieren.

Zubereitungszeit: 10 Min.

Mithi lassi

Süßer Joghurt- oder Buttermilchtrank

Mithi lassi *ist der Milchshake Indiens und das am häufigsten angebotene Getränk bei Hare-Krishna-Veranstaltungen. Es ist leicht zuzubereiten und wird stets geschätzt. Um das beste Resultat zu erzielen, lösen Sie den Zucker bzw. Honig in einer kleinen Menge heißem Wasser auf, bevor Sie ihn mit den anderen Zutaten vermischen.*

850 g Naturjoghurt oder Buttermilch
600 ml Eiswasser
6 EL Zucker oder 5 EL Honig
1 TL Rosenwasser
¼ TL gem. Kardamomsamen
zerstoßenes Eis (nach Belieben)

Sämtliche Zutaten mit einem Schneebesen oder einem Mixer durchquirlen, bis die Oberfläche des *lassi* schaumig wird, gekühlt servieren – fügen Sie entweder zerstoßenes Eis hinzu oder stellen Sie den *lassi* in den Kühlschrank.

Zur Abwechslung können Sie dieses Rezept anstatt mit Rosenwasser und Kardamom auch mit 2 Esslöffeln Zitronen- oder Limettensaft, 2 Esslöffeln Fruchtsirup oder 50 g zerdrückten roten Beeren, reifen Bananen oder reifen Mangos ausprobieren.

Zubereitungszeit: 10 Min.

Garam doodh

Heiße Milch

Durch Krishnas Vorkehrung frisst die Kuh Gras und wandelt es in Milch um, ein Getränk, das sowohl köstlich schmeckt wie auch reichlich mit allen Nährstoffen versehen ist, die für eine gute Gesundheit und spirituellen Fortschritt nötig sind. Durch die Proteine, Fette und Vitamine in der Milch bilden sich die feineren Gehirnzellen. Daher ist Milch die ideale Nahrung für jemanden, der im spirituellen Leben vorankommen möchte.

Srila Prabhupada empfahl, morgens und abends ein Glas heiße Milch zu trinken.

1 l Vollmilch
2 EL Zucker oder 1 EL Honig

Die Milch entweder dreimal zum Kochen bringen – achten Sie darauf, dass sie nicht überkocht – oder 5 Minuten auf kleiner Flamme köcheln lassen. Die Milch von der Flamme nehmen, den Zucker bzw. Honig hinzugeben und so lange rühren, bis er sich aufgelöst hat.

Sie können die Milch auch mit 3 oder 4 zerstoßenen Kardarmomenkapseln, mit 1 oder 2 Tropfen Rosenwasser, einem Esslöffel Malz- oder Landkaffee oder Carob-Pulver, einer großen Prise gemahlenem Muskat oder Zimt oder mit ein paar Safranfäden würzen.

Aus heißer Milch lässt sich auch ein exzellenter Bananen- oder Mangonektar zubereiten: Eine reife Banane oder Mango zu Brei zerdrücken und in die heiße, gesüßte Milch einrühren. 1 Esslöffel Butter, 1/4 Teelöffel gemahlenen Zimt und 1/4 Teelöffel gemahlene Muskatnuss hinzugeben.

Kurz bevor Sie die heiße Milch – egal um welche Variation es sich handeln mag – servieren, sollten Sie sie mehrmals von einem Becher in einen anderen schütten. Dadurch kühlt sie ein wenig ab und wird mit Luft durchsetzt.

Zubereitungs- und Kochzeit: 10 Min.

Rechts: *Garam doodh*

Masala doodh

Safranmilch mit Pistazien

1 l Milch
10 Safranfäden oder
¼ TL Safranpulver
4 Nelken
½ TL gem. Zimt
3 EL Honig oder 4 EL Zucker
1 EL feingemahlene Pistazien

Milch, Safran, Nelken und Zimt in einem Topf zum Kochen bringen und die Flamme so einstellen, dass die Milch für 5 Minuten sanft vor sich hin kocht. Die Milch vom Feuer nehmen, den Honig einrühren und die Nelken herausnehmen, dann die gemahlenen Pistazien darüberstreuen und kochend heiß servieren.

Zubereitungs- und Kochzeit: 10 Min.

Narial doodh

Heiße Milch mit Kokosgeschmack

1 frische Kokosnuss
1 l Milch
½ TL Kardamomsamen
4 schwarze Pfefferkörner
1 EL geriebener Ingwer
5 EL Zucker oder 4 EL Honig

Die Kokosnuss öffnen wie in dem Rezept auf Seite 231; dann die braune Haut abschälen und das Fruchtfleisch in Würfel schneiden. Die Milch aufsetzen. Während sie heiß wird, die Kardamomsamen ohne Fett rösten und zusammen mit den Pfefferkörnern zu einem feinen Pulver zermahlen. Beiseitestellen. Die Kokosnussstücke und 1 Liter Milch für 1 bis 2 Minuten in einen Mixer geben, bis die Kokosnuss völlig zu Brei zermahlen ist.

Ein Sieb auf einem Topf anbringen, der mindestens 2 Liter fasst.

Die Mischung durch das Sieb gießen, dabei die Kokosnuss gegen den Siebboden pressen, um die Essenz herauszudrücken. Langsam die übrige heiße Milch durch das Sieb gießen und weiterpressen wie zuvor. Die restliche Flüssigkeit mit der Hand ausdrücken und den trockenen Kokosbrei wegwerfen. Die Kokosmilch, die gemahlenen Gewürze, den Ingwer und das Süßmittel in die Milch geben und die Mischung erneut erhitzen, bis sie beinahe kocht. Heiß servieren.

Zubereitungszeit: 30 Min.

Panch amrita

Nektartrank

150 g frische Kokosnuss, gewürfelt
1 mittelgroße, reife Mango, gewürfelt
125 ml Honig
500 ml Milch
350 g Naturjoghurt
250 ml kaltes Wasser
das Fruchtwasser einer Kokosnuss
2 EL Rosenwasser
zerstoßenes Eis

Die Kokosnuss öffnen wie in dem Rezept auf Seite 231, dann die braune Haut abschälen und das Fruchtfleisch kleinschneiden.

Die gewürfelte Kokosnuss, die Mangostücke und den Honig in einem elektrischen Mixer (oder mit großem Mörser und Stößel) zerkleinern, so dass eine Art Mus entsteht. Diese Mischung in eine große Schüssel geben, die Milch, den Joghurt, das Wasser und die Kokosmilch dazugießen und mit einem Schneebesen alle Zutaten gut verrühren.

Das Rosenwasser und das zerstoßene Eis dazugeben und einige Sekunden umrühren. Vor dem Servieren noch 10 bis 15 Minuten kaltstellen.

Zubereitungszeit: 25 Min.

Anhang

Opferungsgebete

Falls Sie Ihr Essen bisher nicht Krishna dargebracht haben, es aber einmal ausprobieren möchten, empfehlen wir Ihnen zunächst das Sprechen des Hare-Krishna-Mantra – dies ist die einfachste Methode. Wenn Sie möchten, können Sie aber auch die gleichen Gebete wiederholen, die die Gottgeweihten sprechen. In dem Bewusstsein, dass Krishna nur durch die Barmherzigkeit des spirituellen Meisters und Sri Caitanyas unsere Opferungen annimmt, wiederholt jeder Gottgeweihte drei Mal das *pranama*-Mantra zu seinem spirituellen Meister sowie die darauf folgenden beiden Gebete zu Sri Caitanya Mahaprabhu und Sri Krishna.

nama om vishnu padaya krishna presthaya bhu tale
shrimate bhaktivedanta swaminn iti namine

„Ich erweise meine achtungsvollen Ehrerbietungen His Divine Grace A. C. Bhaktivedanta Swami Prabhupada, der Krishna sehr lieb ist, da er völlig bei Seinen Lotosfüßen Zuflucht gesucht hat."

namas te sarasvate deve gaura vani pracharine
nirvishesha shunyavadi pas-chatya desha tarine

„O spiritueller Meister, Diener Sarasvati Goswamis, ich erweise dir meine achtungsvollen Ehrerbietungen. In deiner Güte predigst du die Botschaft Sri Caitanyas und befreist die westlichen Länder, die von Unpersönlichkeit und Leere erfüllt sind."

namo maha vadanyaya krishna prema pradaya te
krishnaya krishna caitanya namne gaura tvishe namaha

„O freigebigste Inkarnation! Du bist Krishna Selbst in Seiner Form als Sri Caitanya Mahaprabhu. Du hast die goldene Hautfarbe Srimati Radharanis angenommen und verteilst großzügig reine Liebe zu Krishna. Ich erweise Dir meine achtungsvollen Ehrerbietungen."

namo brahmanya devaya go brahmana hitaya cha
jagad dhitaya krishnaya govindaya namo namaha

„Mein Herr, Du bist der wohlmeinende Freund der Kühe und der *brahmanas*, der gesamten Menschheit und der ganzen Welt. Immer wieder erweise ich Govinda meine Ehrerbietungen, dem die Freude für alle Sinne innewohnt."

PORTEE

Bezugsquellen für die wichtigsten Zutaten

Die meisten der in diesem Buch erwähnten Zutaten dürften nicht allzu schwer zu finden sein. In allen größeren Städten gibt es orientalische oder asiatische Lebensmittelgeschäfte, Bio-, Natur- und Feinkostläden sowie Reformhäuser, und mit wachsendem Gesundheitsbewusstsein erweitert sich auch die Auswahl an natürlichen Produkten auf den Regalen gewöhnlicher Supermärkte.

Asafötida, schwarze Senfkörner, schwarze Kreuzkümmelsamen, Curryblätter, Tamarinde und andere seltene Gewürze und Kräuter gibt es in indischen und pakistanischen Lebensmittelgeschäften. Die meisten dieser Geschäfte führen auch diverse indische Küchengeräte und Kochutensilien. Wenn der nächste indische Lebensmittelladen zu weit entfernt ist, dann versuchen Sie es einfach im Internet. Vollkornprodukte, *dal,* Kichererbsenmehl und unraffinierten Zucker können Sie in vielen Lebensmittelgeschäften und den meisten Bioläden finden. Sie können Geld sparen, wenn Sie Waren in größerer Menge oder vom Großhändler kaufen.

Weitere Informationen darüber, wo Sie die wichtigsten Zutaten bekommen, können Sie jederzeit in dem nächstgelegenen Hare-Krishna-Tempel erfragen. Eine Liste einiger unserer Tempel, Farmgemeinschaften und Restaurants finden Sie am Ende dieses Buches.

Nachwort

Liebe Freunde!

Wie Sie gesehen haben, ist dies ein ganz besonderes Kochbuch. Man lernt, die gesündesten und natürlichsten Nahrungsmittel nach den erlesensten Rezepten der vedischen Kochkunst zuzubereiten – leicht zu verstehen und nachzuvollziehen. Dazu haben wir auch viel Wissenswertes über den vedischen Hintergrund erfahren.

Aus der indischen Literatur weiß ich bereits seit Langem, dass es für Geist und Körper besser ist, Fleisch, Fisch und Eier zu meiden. Das habe ich im Laufe der Jahre selbst erlebt. Ich denke anders, ich lebe anders. Ich merke auch, wie viel schneller und konzentrierter ich arbeiten kann. Auf meinen Tourneen muss ich oft ein unheimliches Tempo zulegen. Gerade habe ich 200 Auftritte hinter mir. Das kostet natürlich eine Menge Kraft. Und da merke ich einfach, dass mir die vegetarische Ernährung viel besser bekommt. Die Kraft kommt nicht durch fette Steaks, sondern durch Getreide und Milchprodukte.

Früher habe ich natürlich auch Fleisch gegessen – ich hatte ja ursprünglich Koch gelernt –, aber seitdem ich Srila Prabhupadas Bücher lese, ist mir klar geworden, dass das Töten der Tiere eine furchtbare Schwingung mit sich bringt. Diese Schwingung, die Angst der Tiere vor dem Tod, überträgt sich dann auf den Menschen, der das Fleisch isst. Heute kann ich kein Fleisch mehr sehen, ja ich habe eine regelrechte Abscheu davor. Die Umstellung auf vegetarische Ernährung fiel mir ganz leicht. Ich bin jetzt schon seit acht Jahren Vegetarier.

In der vedischen Zeit gab es keine Schlachthäuser. Es gab viele Kühe, aber die wurden nicht getötet. Die Milch der Kuh war für die Ernährung des Volkes da. Es ist doch ein Wahnsinn, was da heute vor sich geht: Die Industrialisierung wird vorangetrieben, mit all dem künstlichen Zeugs, und das alles auf Kosten der Landwirtschaft.

Eine gute, vernünftige Alternative bietet das Krishna-Bewusstsein. Ich bin vollkommen an der Krishna-Philosophie interessiert, denn ich weiß, dass sie mich weiterbringt. Ich weiß, dass ich dadurch zu Gott, zu Krishna, kommen kann. Seit ich das Krishna-Bewusstsein kennengelernt habe, habe ich ein sicheres Gefühl.

Und dann dieses Essen! Jedes Mal wenn ich *prasada* bekomme, baut mich das unheimlich auf. Wenn ich nur daran denke, läuft mir schon das Wasser im Munde zusammen.

Apropos Geschmack: Das Geheimnis beim indischen Kochen liegt in erster Linie in den Gewürzen. Als alter Koch kenne ich natürlich viele Gewürze, doch die Gewürze der vedischen Küche sind völlig anders als die herkömmlich bekannten. Durch sie wird das Essen so leicht und bekömmlich, und der Geschmack ist einmalig. Die Kunst, indisch zu würzen, bringt eine ungeheure Vielfalt in den Speiseplan.

Ich denke, dieses Buch ist ein wahres Geschenk für die Menschheit. Ich selbst werde die Rezepte alle ausprobieren. Es ist gar nicht schwer. Und viele Gewürze kann man sich immer frisch besorgen. Die Hauptsache ist, dass man eine Schachtel oder ein Brettchen hat, wo alles drauf ist.

Lernen Sie mit diesem Buch, vegetarisch zu kochen, verwöhnen Sie sich selbst und Ihre Gäste. Und wenn Sie wollen, können Sie Ihr Essen Krishna opfern und dadurch spiritualisieren. Dann schmeckt's noch besser.

Für alle Leserinnen und Leser viel Vergnügen und guten Appetit.

Ihr

Georg Thomalla
Januar 1987
Frankfurt am Main

Glossar

Asafötida – ein stark aromatisches Gewürz, das in kleinen Mengen in Snacks, Suppen und Gemüsegerichten Verwendung findet.

Ayurveda – vedische Schriften, die vorbeugende und heilende Arzneien sowie deren Anwendung behandeln.

Bhagavad-gita – der heilige Dialog, der vor 5 000 Jahren zwischen Sri Krishna und dessen Geweihtem Arjuna auf dem Schlachtfeld von Kuruksetra in Indien gesprochen wurde. Die *Bhagavad-gita* hat fünf Hauptthemen: die absolute Wahrheit, die Lebewesen, die materielle Natur, Zeit und Karma. Sie ist die Essenz des vedischen Wissens.

Bhakti-yoga – hingebungsvoller Dienst für den Höchsten Herrn.

Caitanya-caritamrita – die Lebensbeschreibung Sri Caitanya Mahaprabhus, verfasst vor etwa 400 Jahren von Krishnadas Kaviraj Goswami.

Caitanya Mahaprabhu – die Inkarnation Krishnas, die vor 500 Jahren in der Rolle Seines Geweihten erschien, um durch das Chanten der heiligen Namen den Vorgang des hingebungsvollen Dienens zu lehren.

Chapati – flache, runde Vollkornfladen; auf einer Bratpfanne vorgebacken und so lange über die offene Flamme gehalten, bis sie sich wie ein Ballon aufblähen.

Chaunk – kurz in heißem Ghee oder Pflanzenöl geröstete Gewürze

Dal – 1) gespaltene Hülsenfrüchte; zur Zubereitung von Snacks, Süßigkeiten und Suppen verwandt; 2) die Suppe aus den gleichnamigen Hülsenfrüchten.

Devotee – ein Geweihter der Höchsten Persönlichkeit Gottes.

Dosa – eine Art indischer Pfannkuchen, manchmal mit gewürzten Kartoffeln gefüllt.

Ekadasi – jeweils der elfte Tag nach Neu- und Vollmond. Am *Ekadasi* verzichten die Geweihten Krishnas bei ihrem Essen auf Getreide und Hülsenfrüchte. Dafür versuchen sie, ihr Hören und Chanten über Krishna zu intensivieren.

Garam masala – (wörtlich: „scharfe Gewürze") eine Mischung gemahlener Gewürze, die am Ende des Kochens hinzugefügt wird.

Ghee – geklärte Butter. Sein feiner Geschmack, seine Hitzebeständigkeit und seine Haltbarkeit machen es zum besten aller Kochmittel. Ghee wird im Handel auch als Butterschmalz oder Butterreinfett angeboten.

Gulab jamun – frittierte Milchpulverbällchen, eingeweicht in Rosenaromasirup.

Halava – eine Nachspeise aus geröstetem Grieß, Butter und Zucker.

Hare-Krishna-Mantra – ein Gebet aus sechzehn Worten, das sich aus den Namen *Hare*, *Krishna* und *Rama* zusammensetzt: Hare Krishna, Hare Krishna, Krishna Krishna, Hare Hare / Hare Rama, Hare Rama, Rama Rama, Hare Hare.

Hare ist die Personifikation von Gottes Freudenenergie, Seiner ewigen Gefährtin: Srimati Radharani. Krishna, „der Allanziehende", und Rama, „die höchste Freudenquelle", sind Namen Gottes. Das Gebet bedeutet: „Meine liebe Radharani, mein lieber Krishna, bitte beschäftigt mich in Eurem hingebungsvollen Dienst." Die Veden empfehlen das Chanten des Hare-Krishna-Mantra als die einfachste und zugleich erhabenste Methode, unsere schlummernde Liebe zu Gott zu erwecken.

ISKCON – Abkürzung für „International Society for Krishna Consciousness", die Internationale Gesellschaft für Krishna-Bewusstsein bzw. Hare-Krishna-Bewegung.

Karhai – eine tiefe, gewölbte Pfanne mit zwei Henkeln, die zum Frittieren und Braten benutzt wird.

Karma – fruchtbringende Handlungen, die immer eine Reaktion hervorrufen, entweder eine gute oder eine schlechte.

Krishna – ein Name der Höchsten Persönlichkeit Gottes mit der Bedeutung „der Allanziehende".

Masala – eine Gewürzmischung.

Panch masala – eine Mischung aus fünf ganzen Gewürzen, die bei der Zubereitung von Gemüsegerichten benutzt wird.

Paneer – aus geronnener Milch gewonnener Frischkäse, der in der indischen Küche vielseitige Verwendung findet.

Prasada – „die Barmherzigkeit Sri Krishnas". Nahrung, die zur Freude Krishnas zubereitet und Ihm mit Liebe und Hingabe dargebracht wurde. Weil Krishna die Opferung kostet, wird die Nahrung spiritualisiert und läutert jeden, der sie isst.

Puri – kleines, frittiertes Fladenbrot aus weißem Mehl, Vollweizenmehl oder einer Mischung aus beidem.

Raita – Früchte oder halbgekochtes Gemüse in mildwürzigem Joghurt.

Sabji – Gemüse oder Gemüsegericht.

Samosa – Frittierte Teigtaschen, entweder mit gekochten Früchten oder gewürztem Gemüse gefüllt.

Srila Prabhupada (1896–1977) – Gründer-Acarya der Internationalen Gesellschaft für Krishna-Bewusstsein. Srila Prabhupada war ein völlig gottesbewusster Heiliger, der die vedischen Schriften vollkommen verwirklicht hatte. Er arbeitete unermüdlich, um Krishna-Bewusstsein auf der ganzen Welt zu verbreiten.

Srimad-Bhagavatam – von Vyasadeva (einer Inkarnation Gottes) verfasste vedische Schrift, in der die Spiele Krishnas beschrieben werden.

Tava – eine leicht gewölbte, gusseiserne Bratpfanne, die zum Backen von *chapatis* und anderen indischen Fladenbroten verwendet wird.

Thali – ein Metallteller mit niedrigem Rand.

Vaishnava – ein Geweihter Krishnas, der Höchsten Persönlichkeit Gottes.

Vrindavana – ein Ort in Nordindien, wo Krishna in Seiner Kindheit lebte; das höchste transzendentale Reich des Höchsten Herrn im spirituellen Universum.

Yogi – ein Transzendentalist, der sich bemüht, den Höchsten zu erreichen.

Rezept- und Sachregister

Der Autor

Nachdem Adiraja Dasa (Tom Milano) 1971 von der New York University seinen Mastergrad erhielt, verließ er die USA und begab sich aus Interesse an fernöstlicher Religion und exotischem Kochen nach Asien. In Indien erfuhr er über den Pfad der Hingabe für Krishna, bei dem das Kochen, wie alle anderen menschlichen Handlungen, perfekt ins spirituelle Leben integriert wird.

Er schloss sich 1975 in der Schweiz der Bewegung für Krishna-Bewusstsein an. Während seines Aufenthaltes in Frankreich veröffentlichte er 1983 *Un Goût Supérieur* und nutzte die Einnahmen, um Bedürftige zu speisen. Bald darauf erschien die erweiterte Fassung auf Deutsch als *Vedische Kochkunst* sowie auch in anderen Sprachen, darunter Englisch, Russisch, Spanisch und Tschechisch.

Heutzutage lebt Adiraja nahe dem Hare-Krishna-Tempel in Detroit, Michigan. Er und seine Partnerin Nancy Weigandt haben „The Garden Detroit" gegründet, eine Organisation mit dem Ziel, Brachen nutzbar zu machen und durch den Anbau von Blumen zu produktiven Zufluchtsorten in der Stadt zu verwandeln. Adiraja und Nancy leiten auch eine Farm für Schnittblumen und bauen auf 8 000 m^2 Bio-Gemüse an.

Adiraja ist davon überzeugt, dass Detroit eine Renaissance erleben wird, aus der die ganze Welt Inspiration schöpfen wird. Er betont, dass diese Renaissance nicht auf materiellen Errungenschaften gründen wird, sondern auf den dort lebenden Menschen, die ihre wahre spirituelle Identität und den wirklichen Sinn des Lebens begreifen. Wir sind nicht bloß menschliche Wesen, sondern spirituelle Seelen voll transzendentalen Wissens und Glückseligkeit. Die Verwirklichung der Identität unserer Seele wird auch offenbaren, dass wir eine Familie sind – gleich geschaffen, um den einen spirituellen Lebenszweck zu teilen und einander auf dem Weg nach Hause zu unterstützen.

Adiraja lehrt seit 20 Jahren spirituellen Vegetarismus und schreibt gerade ein Buch darüber. Er betont, dass die Menschheit zu einer Ernährung zurückkehren muss, die das Leid der anderen Wesen so gering wie möglich hält. Er ruft uns dazu auf, uns dieser gemeinsamen Vision anzuschließen, nämlich diesem Planeten auf Grundlage der Tatsache, dass wir alle zu einer liebenden Familie gehören, Frieden zu bringen. Interessenten erfahren Näheres auf seiner Webseite www.thegardendetroit.org oder auf der Facebook-Seite „The Garden Detroit".

Zentren der Internationalen Gesellschaft für Krishna-Bewusstsein

Gründer-Acarya: His Divine Grace A. C. Bhaktivedanta Swami Prabhupada

Für Informationen zu Vorträgen, Veranstaltungen, Kursen mit Unterkunft, Festivals und örtlichen Treffen kontaktieren Sie bitte ein Zentrum in Ihrer Nähe.

DEUTSCHLAND

Abentheuer – Goloka Dhama, Böckingstraße 4a–8, 55767 Abentheuer; Tel. +49 (0)6782 2214; www.goloka-dhama.de

Berlin – ISKCON, Berliner Allee 209, 13088 Berlin; mail@tempelberlin.de; www.tempelberlin.de

✦ **Hamburg** – ISKCON, Krummholzberg 9, 21073 Hamburg; Tel. +49 (0)151 10652236; vaidyanath.acbsp@pamho.net; www.bhaktiyogazentrum.de; www.govindas-hamburg.de

Heidelberg – ISKCON, Zuzenhäuser Straße 13, 74909 Meckesheim; Tel. +49 (0)6226 9530741; www.iskcon-heidelberg.de

Köln – ISKCON, Taunusstraße 40, 51105 Köln; Tel. +49 (0)221 8303778; kontakt@gauradesh.com; www.gauradesh.com

Leipzig – Krishna-Tempel Leipzig, Zschochersche Straße 55, 04229 Leipzig; Tel. +49 (0)159 02414953; office@krishna-tempel-leipzig.de; www.krishnakrishna.de

München – ISKCON, Wachenheimer Straße 1, 81539 München; Tel. +49 (0)89 68800288; iskcon.muenchen@krishnatempel.de; www.krishnatempel.de

Wiesbaden – Hari Nama Desh, Aarstraße 8, 65329 Burg Hohenstein; Tel.+49 (0)6120 904107; iskconwiesbaden@pamho.net; www.iskconwiesbaden.de

Bauernhof

Jandelsbrunn – Simhachalam, Zielberg 20, 94118 Jandelsbrunn; Tel. +49 (0)8583 316; info@simhachalam.de; www.simhachalam.de

SCHWEIZ

Zürich – Krishna-Tempel; Bergstrasse 54, 8032 Zürich; Tel. +41 (0)44 262 33 88; kgs@pamho.net; www.krishna.ch

Langenthal – Gaura Bhaktiyoga Center, Dorfgasse 43, 4900 Langenthal; Tel. +41 (0)62 922 05 48; gaura.bhaktiyoga.center@gmx.ch; www.gaura-bhakti.ch

Restaurant

Locarno – Govinda Ristorante, Via della Motta 10, 6600 Locarno; Tel. +41 (0)91 752 38 52; info@govinda-locarno.ch; www.govinda-locarno.ch

✦ Tempel mit Restaurant oder Verköstigung

ÖSTERREICH

Wien – Vedisches Zentrum Wien, Loquaiplatz 2, 1060 Wien; Tel. +43 (0)650 9429480; iskconwien@gmail.com

ANDERE LÄNDER

Bergamo, Italien – Villaggio Hare Krishna (da Medolago strada per Terno d'Isola), 24040 Chignolo d'Isola (BG); Tel. +39 035 4940706

Budapest, Ungarn – Lehel u. 15–17, 1039 Budapest; Tel. +36 1 391 0435; info@krisna.hu; www.krisna.hu

✦ **Durbuy (Radhadesh), Belgien** – Château de Petite Somme, 6940 Septon (Durbuy); Tel. +32 86 322926; info@radhadesh.com; www.radhadesh.com

✦ **London, Großbritannien** – Sri Sri Radha-Krishna Temple, 10 Soho Street, London W1D 3DL; Tel. +44 20 74373662; london@pamho.net; www.iskcon-london.org
Govinda's Restaurant: Tel. +44 20 7437 4928; govindas@iskcon-london.org;

✦ **Mailand, Italien** – via Valpetrosa 5, 20123 Milano; Tel. +39 02 862417; Fax +39 035 4940705; iskcon.milano@radharamana.it; www.radharamana.it

Paris, Frankreich – 230 Avenue de la Division Leclerc, 95200 Sarcelles; Tel. +33 68 2590079 paris@pamho.net; www.krishnaparis.com

Prag, Tschechien – Lužce 48, 26718, Karlštejn; Tel. + 420 311516558; info@harekrsna.cz; www.harekrsna.cz

Stockholm, Schweden – New Radhakunda, Korsnäs Gård, 14792 Grödinge; info@pamho.net; www.krishna.se

Watford, Großbritannien – Bhaktivedanta Manor, Hilfield Lane, Watford WD25 8EZ; Tel. +44 1923 851000; info@krishnatemple.com; www.krishnatemple.com

Bauernhöfe

Brihuega (Nueva Vraja Mandala), Spanien – (Santa Clara), 19411 Brihuega; Tel. +34 949 280436; www.nuevavrajamandala.es

✦ **Somogyvámos, Ungarn** – Krisna-völgy, Fő u. 38., 8699 Somogyvámos; Tel. +36 85 540 002; info@krisnavolgy.hu; www.krisnavolgy.hu

Restaurants

Barcelona, Spanien – Restaurante Govinda, Plaça de la Villa de Madrid 4–5, 08002 Barcelona; Tel. +34 93 3187729; www.govinda.es

Budapest, Ungarn – Govinda Restaurant, Vigyázó Ferenc utca 4., 1051 Budapest; Tel. +36 1 473 1310; govinda1.etterem@gmail.com; www.govinda.hu

Prag, Tschechien – Góvinda, Soukenická 2060/27, 11000 Praha-Nové Mûsto; Tel. +420 605 700871; info@govindarestaurace.cz; www.govinda.cz